走进如海的东坡世界

苏海拾贝

陈才智 著

河南人民出版社
·郑州·

图书在版编目(CIP)数据

苏海拾贝:走进如海的东坡世界 / 陈才智著. --
郑州:河南人民出版社, 2024.10
ISBN 978-7-215-13517-8

Ⅰ.①苏... Ⅱ.①陈... Ⅲ.①苏轼(1036-1101)-
人物研究 Ⅳ.①K825.6

中国国家版本馆CIP数据核字(2024)第045645号

苏海拾贝:走进如海的东坡世界

陈才智 著

出 版 人:李向午
选题统筹:温新豪 杨 光
责任编辑:张珺楠
封面设计:刘 僮
责任校对:吴 曦

出版发行:河南人民出版社(郑州市郑东新区祥盛街27号   邮政编码   450016)
          发行部   0371-65788036

经   销:各地新华书店经销
印   刷:河南金之汇信息技术有限公司
开   本:710 mm×1000 mm   1/16
印   张:20.25
字   数:210千
版   次:2024年10月第1版   2024年10月第1次印刷
定   价:98.00元

目　录

入　话

　　这部书想和大家分享的，是宋代大文豪苏东坡，内容的核心是想回答——为什么我爱苏东坡，主要是笔者走进如海的苏东坡世界，尤其是在 20 世纪末硕士论文选择以苏轼为题以来，通过文本研读，结合实地考察所获得的认知与心得。一共十讲，不妨一语双关，即称"苏海拾贝"。"苏海"即苏东坡之海，喻指苏轼其人其作那种海涵地负的浩瀚气象。苏轼曾云"万人如海一身藏"，这句诗正可谓其自家写照，一如"苏海"之恰切。

　　苏海无涯，拾贝有径。介绍苏海，自然要先从苏轼谈起。苏轼（1037—1101），字子瞻，号东坡居士，眉州眉山（今属四川）人。仁宗嘉祐二年（1057）进士。六年，应试制科，除大理评事、签书凤翔府节度判官厅公事。英宗治平二年（1065），除判登闻鼓院，召试秘阁，直史馆。治平三年四月，父苏洵卒，护丧归蜀。神宗熙宁二年（1069），服除，除判官告院兼判尚书祠部，权开封府推官。熙宁四年，通判杭州，继知密州、徐州。元丰二年（1079），移知湖州，"乌台诗案"狱起，贬黄州团练副使。元丰七年，移汝州团练副使。元丰八年春，得请常州居住，十月知登州。寻召起居舍人。哲宗元祐元年（1086）迁中书舍人，改翰林学士。元祐四年，知杭州。元祐六年，除翰林学士承旨，寻知颍州。历知扬州、定州。绍圣元年（1094），贬惠州。绍圣四年，再贬儋州。徽宗即位，赦还，提举玉局观。建中靖国元年（1101），卒于常州。至孝宗朝，追谥礼部尚书端明殿学士赠资政殿学士苏轼为"文忠"，有《苏文忠公全集》。《宋史》卷三三八有传。

在苏轼身上，既有作家的身份、文人的气质，也有学者的风范。纵观《三苏全书》《苏轼全集校注》各洋洋 20 册，及《苏轼著述考》①，就可以感知苏轼非常全面的才华与学养、素质和成就，诗词文赋，经史子集，传统的中国文学体裁、学术研究领域，他大都有所涉及，且堪称专家。可以说，苏轼是中国历史上罕见的"三位一体"者，也就是将学者、文人以及朝臣这三种身份完美融合于一身者，他做过翰林学士，也做过三部（吏部、兵部、礼部）尚书，还做过八州（密州、徐州、湖州、登州、杭州、颍州、扬州、定州）太守，又前后八次进京做过朝官。

在中国历史上，"三位一体"——将三种身份合于自己一身的名

---

① 曾枣庄、舒大刚主编《三苏全书》，语文出版社 2001 年版；张志烈、马德富、周裕锴主编《苏轼全集校注》，河北人民出版社 2010 年版（以下引用《苏轼全集校注》如无另行标注，均为此版本）；卿三祥、李景焉编著《苏轼著述考》，四川大学出版社 2016 年版。

人，苏轼不是第一位。前面，有他的老师欧阳修；与他同时，还有同事同僚王安石，同被称为政治家、思想家和文学家，也都是这样的"三位一体"的人物（巧的是，欧、王、苏三人皆享寿六十六岁）。尽管苏轼不是第一个"三位一体"者，但是他的名气最大，因为什么呢？因为他背后有"天下第三行书"《寒食帖》，有《赤壁赋》，有《念奴娇·赤壁怀古》《定风波·莫听穿林打叶声》和《水调歌头·明月几时有》，还有在杭州写下的"水光潋滟晴方好，山色空蒙雨亦奇。欲把西湖比西子，淡妆浓抹总相宜"；在庐山写下的"横看成岭侧成峰，远近高低各不同。不识庐山真面目，只缘身在此山中"……这些作品，但凡仅留一篇，即足以名垂千秋，就像他平生所慕的唐代大诗人白乐天，是以《长恨歌》和《琵琶行》闻名一样，作品就是他们作为文人的符号、代表、象征。

研究苏轼其人其作，窃意最恰切的概念就是"苏海"，这一概念可以完美地统摄并帮助我们把握这样一位中国历史上罕见的文艺全才和天才，这样一个"三位一体"的通才，这样一位英魄长存、影响深远的重量级人物。

千年英魄在，代代昭后人。中国文化讲，五百年出一个英雄，而千年才能出一位苏东坡。也就是说苏轼的身后寿已达千年。《孟子·公孙丑下》所谓"五百年必有王者兴，其间必有名世者"。杜甫眼中，诸葛亮是英雄，所以《蜀相》诗说："出师未捷身先死，长使英雄泪满襟。"但是，与诸葛亮同时的曹操眼中，他和刘备才是英雄："天下英雄，唯使君与操耳。"白居易对好友元微之引述过这句话。刘禹锡去世时，白居易《哭刘尚书梦得》又说："杯酒英雄君与操，文章微婉我知丘。"于是，金元之际著名文人元好问（1190—1257）《感兴四首》第二首里说："并州未是风流域，五百年中一乐天。"意思是说，并州五百年才出了一个白乐天。并州是九州之一，主要指山西太原一带，白居易常常自称"太原白居易"，因为太原是他的祖籍。明代华亭人宋存标（1601？—1666）在《古英雄三语赞》里也赞白居易为英雄，赞云："琴一张，酒一壶。月为镜，云为图。天地宽，任浩歌。琵琶行，池上篇。陶然醉，不参禅。香山老，白乐天。"但是清代桐城人刘开（1784—1824）《琵琶亭》却说："白傅风流迹尚存，萧条亭外又黄昏。人间多少英雄眼，不把青衫拭泪痕。"可见，白居易并非是众口一词所公认的英雄，苏轼则不同，他是无可争议的英雄。

什么是英雄？英雄的概念，我们有中国人的理解，也有外国人的理解。《牛津字典》给"英雄"（hero）所下的定义大要有四：第一是具有超人的本领，为神灵所默佑者；第二是声名煊赫的战士，曾为国争战者；第三是其成就及高贵性格为人所景仰者；第四是诗和戏剧中的主角。可见，凡是英雄必定是非常人，得天独厚，能人之所难能，在艰危时代能为国家杀敌御侮，在承平时代他的事业和品学也能为民族的楷模，在任何重大事件中，他必是倡导推动者，如戏剧中的主角。名称有时不很一致，圣贤、豪杰、至人，所指则大致相同。

苏格兰历史学家托马斯·卡莱尔（Thomas Carlyle，1795—1881）著有《论英雄、英雄崇拜和历史上的英雄业绩》（*On Heroes and Hero-Worship, and the Heroic in History*），他认为："伟人一个重要的基本品质就是：他本身是伟人，他这个人是伟大的"，"伟大人物总是像天上的闪电，普通人只是备用的燃料，有了伟人这个火花，他们才能燃烧发光。"但是，中国人向来相信"时势造英雄"，没有天时、地利、人和，英雄的闪电不过是一种徒劳的光亮而已，历史很可能会重新安排。无人响应的闪电和奇迹，只能在寂寞的原野里自生自灭。所以托尔斯泰《战争与和平》认为："英雄只是贴在历史上的标签，他们的姓名只是历史事件的款识。"

　　英雄的形象，也有今天比如大片儿——张艺谋导演的电影《英雄》建构的银幕上的英雄，也就是李连杰饰演的那个角色。追溯"英雄"的本义，有影评者认为，就是能"以一敌众"。其实我理解，无论哪个角色的英雄性格，一言以概之，应该是——明知其不可为而为之，所谓"明知山有虎，偏向虎山行"，"我不入地狱谁入地狱"，也就是法兰西哲人罗曼·罗兰（Romain Rolland, 1866—1944）所说：

Il n'y a qu'un héroïsme au monde: c'est de voir le monde tel qu'il est, et de l'aimer.

(There is only one heroism in the world: it's to see the world as it is, and to love it.)

陈筱卿先生译为：

　　世上只有一种英雄主义：那就是看出世界的本来面目——并且去爱它。

傅雷先生译为：

　　世界上只有一种英雄主义，便是注视世界的真面目——并且爱世界。

　　有人认为，英雄主义者，不是诗人。对此，朱光潜（1897—1986）表示异议，专门撰写了《诗人与英雄主义》，认为与诗的精神相悖的不是英雄主义，而是犬儒主义。他引述卡莱尔的话说："英雄崇拜就是对于伟大人物的极度的爱慕。在人类胸中没有一种情操比这对于高于自己者的爱慕更为高贵的了。"正所谓"高山仰止，景行行止，虽不能至，然心向往之"。

〔元〕赵孟頫《东坡小像》

　　至于"千年英雄"的称号和概念，则来自域外。法国的一家报纸，在公元 2000 年那个时间点上，回溯甄选公元 1000 年至 2000 年前后的英雄。法国这家《世界报》的副主编回忆说："我们决定写一篇专栏文章，分为十二期，讲述在公元 1000 年前后生活的世界知名的 12 位重要人物的生活，覆盖欧洲、阿拉伯—伊斯兰世界以及亚洲。"12 位世界伟人，中国只有一位，就是苏轼。法国纪念历史的活动，反馈到中国，大家觉得，确实和我们从前认识的苏轼很契合。《人民日报》为此还专门刊发名为《西方人眼中的苏东坡》的评论员文章，给予介绍。从此，苏轼有了一个新的称呼——千年英雄。

千年英雄也好，天才通才全才也罢，确实是有尺度的。就算重要和重量，也是有档次的，不是所有人都可以进入重量级这个级别的。像唐代，我们讲李白、杜甫、白居易，这是现在中国文学史上公认的重量级，那么宋代呢，就是苏轼、陆游、辛弃疾，不仅作品好，而且人格没有瑕疵，又魅力十足。有一个概念叫"文如其人"，但在历史长河当中，经常有文与人不对称不对等的现象。举个例子，明代有一个严嵩，在历史上是一个负面人物的典型，但是他的诗做得非常好，文品和人品极不对等。这种人物就无法进入重量级，不像苏陆辛、李杜白，都是经得起历史考验的，人和文都值得我们去学习效仿。

在这一点上，苏轼一生所展示出来的，不愧是一位令人尊重的英雄。他说自己的平生功业，径直忽略上面提到的种种显赫要职，只提到黄州、惠州、儋州三个他人生的低谷，正是在这三个低谷里，才激发出中国历史上这位千年英雄最亮丽的文学光芒和"大江东去，浪淘尽，千古风流人物"的吟唱，"千古风流人物"，也正是"千年英雄"的同位语。绍圣四年（1097），苏轼自惠州出发，准备渡海，写信给王敏仲说："某垂老投荒，无复生还之望，殆与长子迈决，已处置后事矣。今到海南，首当作棺，次便作墓。乃留手疏与诸子，死则葬于海外……生不挈家，死不扶柩，此亦东坡之家风也。"① 视死如归的英雄气态，跃然纸上。

从黄州、惠州、儋州这三个苏轼总结平生功业的地方，再放大了看去，今天的中国有 18 个城市，在轮流举行纪念苏轼的活动，看似毫无联系的 18 个城市，因为东坡曾经涉足而联系在了一起。从东坡的出生地眉山，到他的仙逝之地常州、归葬之地郏县（今属河南平顶山市），算下来，苏轼一生经行之地，或者说到过的地点，有具体地名或名称者近千处。其中主要是以下 18 个城市：

眉山、开封、凤翔、杭州、密州、徐州、湖州、黄州、登州、颍州、扬州、润州、定州、惠州、儋州、廉州、常州、郏县。

此外还有真州、江宁（金陵）等地。统计下来，苏轼一生中约有 8 年的时间是走在路上，整个行程超过 30000 里。关于苏轼一生行踪轨迹与文学地理的研究，目前最为翔实的成果是李常生先生的《苏轼行踪考》。李常生先生是一位常州籍的台湾学者，基本上考察过苏轼所到的 18 个城市，非常值得我们钦佩和学习。有老人家在

---

① 苏轼：《与王敏仲书》，《苏轼全集校注》，第 6244 页。文中之"挈棺"，或作"挈家"。从语义上说，作"棺"不通，既然挈棺，何故到海南要"首当作棺"？鄙意当以"挈家"字为胜。生不携家，死不扶柩，意思是：活着不携家带口，宦游四方，死后也不用子嗣扶柩返乡。苏轼贬黄州、惠州时，都没有把夫人子女带在身边，外任知州时，亦多无家累。如今自觉死期将近，于是嘱咐儿子，无须扶柩还乡，随四处埋葬即可。中国归葬习俗确实各地不同，随时代变化，人口迁移等，造成客死他乡之后，扶柩归葬和负骨归葬往往难以实现。此书札所言，一方面可见苏轼因时而改，随势而变，另一方面这也是其豪气的体现。影印文渊阁《四库全书》本苏集及庞俊《养晴室遗集》卷十所引，亦取"挈家"。孔凡礼校点《苏轼文集》及《苏轼全集校注》皆从《永乐大典》和《重编东坡先生外集》，舍"挈家"而取"挈棺"，窃意不妥。

前引路，我们后辈责无旁贷。2020年可以算是我的苏轼年，为什么呢？因为尽管深受疫情影响，但我还是沿着苏轼的行踪、李常生先生的足迹，踏访了眉山、开封、徐州、扬州和海南的海口、儋州等地，此外，还有苏轼好朋友黄庭坚的家乡——江西修水，等等。有些是第一次，更多的是第二次、第三次，甚至是第六次，也就是扬州。

2020年夏天，我们在扬州召开了"苏东坡与扬州文化"学术研讨会。扬州人民为什么要隆重纪念苏东坡？仅仅是因为苏东坡曾经做过扬州太守吗？还是因为苏东坡给了我们在最低境遇中活出最高境界的榜样？因为苏东坡给了我们如何面对绝境的鼓舞？因为苏东坡给了我们把"一蓑烟雨"走成"清风徐来"的启示？或许后三者，才更为重要。

扬州对于东坡而言，意义重大。他的老师欧阳修在扬州建了著名的平山堂，东坡紧随其后，在平山堂后面建有谷林堂。他的弟子秦观就是扬州高邮人。坡翁总结一生功业，写下"问汝平生功业，黄州、惠州、儋州"，这首《自题金山画像》中的金山，就在扬州的对岸，所谓"京口瓜洲一水间"的地方。虽然东坡在扬州做官时间不长，只有半年，但来往次数之多却是喜爱下江南的乾隆皇帝的两倍，因此，东坡与扬州也结下了不解之缘。除了广陵和江都之外，扬州还有一个别名——"海西头"，即孟浩然所谓"遥寄海西头"。无论在大运河的脉络里，还是我们今天要谈论的苏海泛舟，扬州都是不可忽略的重要码头。扬州，这座以"烟花三月"著称的城市，与中国的香道文化有着不解之缘，在华夏嗅觉审美史上占有特殊地位，其中也留下了苏轼对香道文化的独特贡献。在扬州秀丽的湖山背后，是深厚的人文积淀，而吸引东坡的，自然还有他的老师留下的遗迹和诗词。从醉翁的"手种堂前垂柳"（《朝中措·平山堂》），到坡翁的"仍歌杨柳春风"（《西江月·平山堂》），可以一窥中国文学一脉相承的传承谱系。

我的家乡天辽地宁，也有杨柳依依，可惜没有坡翁遗迹，因此在学习和理解坡翁其人其作时，常有缺乏现场感和无法身临其境之憾。为了弥补遗憾，我几乎走遍苏轼曾经走过的城市，其中六访广陵，数探坡翁遗迹，来到名闻天下的瘦西湖，沿湖北上，即谷林堂、平山堂。因此，欧苏遗范尚可謦欬遥闻，一如其文字和书迹之可观可亲。以瘦西湖闻名天下的扬州，其实在中国文艺思想史上，也是美学风范由丰满之神向瘦瘤之韵转变的关节点，一如杭州西湖与扬州瘦西湖在外形上的环肥燕瘦之别。

瘦西湖之湖，与苏海之海，可谓境界迥别，恰如由苏海之源再到苏海之流。观夫水者，至海而止。千古文人一东坡，苏轼诚可谓海纳百川，他所师法和景仰的历代前贤，如涓涓细流，漫漫清河，在一代坡仙这里汇为江海。"苏海"正可十分形象地用来喻指苏轼其人其作那种海涵地负、海纳百川的浩瀚气象。这种气象，非海不足以言其大，非海不足以言其深，非海不足以言其广。因此，苏门弟子张耒《赠李德载》诗云："长公波涛万顷海"，宋代蜀人赵夔《集注东坡先生诗前集》序言中说，诵东坡先生诗文，"其初如涉大海，浩无津涯，孰辨淄渑泾渭，而鱼龙异状，莫识其名，既穷山海变怪，然后了然无有疑者"。可见苏轼与大海之间，有着不解之缘，用"苏海"二字来形容其成就与影响，正是水到渠成的恰切之喻，因为，非海之广不足以道其"波澜浩大，变化不测"①，非海之深不足以称其"力斡造化，元气淋漓，穷理尽性，贯通天人"②。

《四库全书总目》说，"世传'韩文如潮，苏文如海'……皆惯用而昧其出处，今检核斯语，亦具见于是书（智按：指《文章精义》）。盖其初本为世所传诵，故遗文剩语，口授至今"。而与其所引文字稍异，元初李淦的这部《文章精义》的原文是："韩如海，柳如泉，欧如澜，苏如潮。"在学术源流上，李淦是朱熹再传弟子，生活时代在许衡稍后，身为元朝国子助教，他在《文章精义》中所表达的论文标准、重韩轻苏的倾向，兼具学术理念和官方意志：既代表元初理学家对文章风格的取向，也是元朝推尊朱子之学为官学的要求，从"韩海苏潮"的定位，可以看出程朱理学在元初的上升态势。③

在李淦之后，元人陈绎曾《文式》云："韩如海，柳如泉；欧如澜，苏如海。"将"苏如潮"升级为"苏如海"，与韩并列称海。这是目前所见文献中第一次出现的"苏如海"，从中可见，"苏海"一称，其源有自。与之相映，东坡之号的取源、他格外钦慕的白乐天，则以白家池而闻名。点出池与海，当然不是意在评骘白、苏二人之高下，但时代与境界之别，于此亦可见一斑。《增一阿含经》云："四河入海，无复河名。"日本五山禅僧笑云清三所编的苏诗讲义录集，亦名为《四河入海》。虽取义有别，但与"苏海"有异曲同工之妙。

---

① 魏庆之《诗人玉屑》卷十七引《吕氏童蒙训》，王仲闻点校本，中华书局 2007 年版，第 558 页。
② 宋孝宗《御制文集赞并序》，日本宫内厅书陵部藏南宋前期刊本《东坡集》卷首。
③ 参见江枰《从"韩海苏潮"到"韩潮苏海"：关于韩愈、苏轼散文评价的一个公案及相关问题》，《学术论坛》2014 年第 3 期；《苏轼散文研究史稿》，复旦大学出版社 2020 年版，第 477 页。

明末崇祯四年（1631），吴伟业（1609—1672）为《苏长公文集》写有一篇序，《苏长公文集》是他的老师张溥（1602—1641）所编，吴伟业在序中认为，《文章精义》之说非确论也，他说：

> 李耆卿评文有云："韩如海，柳如泉，欧如澜，苏如潮。"非确论也，请易之曰：韩如潮，欧如澜，柳如江，苏其如海乎！夫观至于海，宇宙第一之大观也。虽然，以长公之文而不出吾师之手眼，为之选定，以示后世，大海洋洋，谁涉其涯？亦徒有向若长叹而已。然则宇宙之第一文字，固非真第一人不能知也，是集所为选也。①

这样一来，韩柳欧苏的顺序，变为韩欧柳苏；"柳如泉"变为"柳如江"，包容更广，格局更大，显示出柳文地位有提升。最重要的是，韩愈和苏轼对应的形容词，恰好作了调换，"韩海苏潮"变为"韩潮苏海"，在某个侧面体现出元代初期崇尚韩文到明代末年推尊苏文的转变。

晚清学者俞樾（1821—1907）对"苏海"一词亦有所辨析，他在《茶香室丛钞》卷八"韩海苏潮"这一则中说："国朝萧墨《经史管窥》引李耆卿《文章精义》云：'韩如海，柳如泉，欧如澜，苏如潮。'然则今人称韩潮苏海，误矣。"②尽管他忽略了吴伟业的分析，对"苏海"

---

① 曾枣庄、舒大刚主编：《三苏全书》，第15册，语文出版社2001年版，第584页。
② 俞樾：《茶香室丛钞》，卓凡、顾馨、徐敏霞点校本，中华书局1995年版，第192页。又见其《孙女自常熟寄诗来次韵和之》诗注。

表示"误矣"之指责，但也未能改变人们惯用的"苏海"这一评价，例如，清末才女汪藕裳（1832—1884）《子虚记》即曰："苏海韩潮文字美。"① 晚清张佩纶（1848—1903）《涧于日记》亦云："吾颇疑坡公以孟郊诗为彭蚏、以山谷诗为江珧柱皆有贬词，试问能与韩潮苏海较耶？"② 称之为"韩潮"，或许免不了让人想起韩愈在潮州做过太守；称之为"苏海"，则免不了让人想起苏东坡在海南待了三年。所以"韩潮苏海"，就是比"韩海苏潮"更加恰切一些。

清代康熙间，蔡方炳《东坡文选序》云："昔人之言曰：韩如潮，苏如海。今夫海，世之珍怪奇宝，无不出其中；巨细美恶，污洁之物，江、淮、河、汉之水，以至畎浍之流，纳之而皆不见其迹。潮亦海之所生也，然其来也，汹涌澎湃，浴日月而震天地，虽智者不能测，勇者不能撼。人可以入海，而不能逆潮，则学者难易之别也。"嘉庆间，海阳郑昌时《韩江闻见录》"韩庙苏碑"一则，也继承了"韩潮苏海"的说法，他说：

> 苏文如海，韩文如潮。海言所就之宏深，潮言其气之盛大也。韩庙而苏碑之，宜哉！人传苏文忠公在惠州作韩文公庙碑之时，沉吟良久，及得"匹夫而为百世师，一言而为天下法"二语，拍案而起曰："文成矣！"是为作文争起手法。然篇中议论之精，尤在"公之所能者天也，其所不能者人也"数行。

---

① 汪藕裳：《子虚记》卷六十四"圣天子褒功加宠渥，永平公归结大团圆"，王泽强点校本，中华书局 2014 年版，第 3023 页。
② 张佩纶：《涧于日记》辛卯上卷，民国丰润张氏涧于草堂石印本。

予题碑阴，有句曰："两代文章配潮海，千秋穷达证天人。"谓此也。①

"韩潮苏海"由此沿用至今。但需要说明的是，苏轼的韩文公庙碑，并非作于惠州，而是作于"海西头"的扬州。而大家之所以开始以讹传讹，后来又习误为是，其内在的理路，不仅仅是因为"韩潮苏海"中，与苏轼同为摩羯座的韩愈做过潮州太守，今天的韩文公祠已经成为潮州的地标，因此韩潮更容易为人熟悉，而是因为，只有苏轼才当得起这个"海"字。

因为韩文以气势雄奇盛大见长，行文充满力度，有时一唱三叹，波荡往复，以水为喻，更似汹涌澎湃的潮水。韩愈弟子皇甫湜评曰："韩吏部之文，如长江大注，千里一道，冲飙激浪，污流不滞。然而施灌溉或爽于用"，汹涌澎湃的潮流，的确不适于浇灌田亩。苏洵评韩文"如长江大河，浑浩流转，鱼鼋蛟龙，万怪惶惑"，也看到韩文浩荡如潮的特点。而苏文内容广博，风格多样，以悠游从容为主，妙趣横生，少激烈澎湃之作，无事无意不可传达，自非潮、澜、泉可以形容。万流归海，也只有海，能状其千变万化，无所不包。再者，韩文最初由其门人李汉编集，收罗已属完备，加上后人陆续所得，共358篇；而苏文今存超过4000篇，数量上也比韩文更称得上这个"海"字。因此，清代诗人查慎行（1650—1727）《送史傲弦前辈视学粤东二首》之二有"班香宋艳才相嬗，苏海韩潮量校宽"之

①郑昌时：《韩江闻见录》，吴二持校注，上海古籍出版社1995年版，第9页；暨南大学出版社2018年版，第4页。

诗句，清代著名戏曲家孔尚任（1648—1718）的《桃花扇》中，侯方域自称："早岁清词，吐出班香宋艳；中年浩气，流成苏海韩潮。"①随着这部雅俗共赏的剧作成为经典后影响力的提升，"苏海"一词流传渐广，更加深入人心。

晚清岭东杨毓辉《郑观应〈盛世危言〉跋》称："观其上下五千年，纵横九万里，直兼乎韩潮苏海，则不啻读《经世文编》焉。"清代洛阳弓翊清《（道光本）斜川集序》谓："一堂星聚，绵井里之馨香；三代云联，成诗歌之盛举。此渊源以续，宜附斜川，浩瀚无涯，益钦苏海也。"可见，作为历史上少有的文艺天才、全才和通才，苏东坡实在无愧于"苏海"这一誉称。

苏海，除了喻指苏轼本人海涵地负的浩瀚气象之外，还可以用来借指已如汪洋大海般的苏学研究。十几年前，为一探苏海之深，我曾类编《苏轼研究文献》，涉及其人其作，包括诗词文赋及书画，分为文本整理、年谱传记、研究论著等，几番增补，所用检索手段还比较原始。最近出版的《三苏文化大辞典》和《三苏文化研究资料索引》则比较全面地展示出苏海之深之广。今天，检索海量数据组成的"读秀"数据库，以书名中含"苏轼"的中文图书多达 1523 种。中国知网中篇名含有"苏轼"的文献共计 6793 篇（1957—2019）。其中期刊论文 5819 篇（1957—2019），会议论文 132 篇（1984—2019），学位论文 425 篇（2000—2019），报纸文章 93 篇（2011—2019）等。同一时段，维普期刊 7958 篇，万方数据 7316 条（其中

① 孔尚任：《桃花扇》卷一，人民文学出版社 1993 年版，第 5 页。

期刊论文 6808 条，学位论文 391 条，会议论文 117 条)。这还不包括与之相关的其他检索词，诚可谓 "苏海"。所以，王水照和巩本栋两位先生都曾写过题为 "走近苏海" 的文章，或归纳东坡的思想学术与文学创作，或反思苏轼研究。

苏轼有多方面的才能、深邃精微的人生思考、丰富的文化性格。就像研究《红楼梦》有 "红学"，研究《文心雕龙》有 "龙学"，研究莎士比亚有 "莎学"，研究许慎及《说文解字》有 "许学"，当代还有所谓 "钱学"，专门研究钱锺书先生。研究苏轼，自然也可以称之为 "苏学"，例如薛瑞生先生撰有《苏门、苏学与苏体——兼论北宋的党争与文学》，曾枣庄先生撰有《论苏学——纪念苏轼逝世 900 周年》。不过，相比 "苏学"，我更青睐用 "苏海" 来概括我们对东坡的

〔北宋〕乔仲常《后赤壁赋图》（局部）

学习和研究，因为"苏海"较"苏学"更具包容性，也更接地气。或许《辞海》与《辞源》之别，差可参照。"苏学"，侧重其体系性。就体系而言，"苏学"包含以苏轼文本及苏轼集文献整理者为主体的文集编纂史，以历代诗文选本与评点为主体的苏轼作品选本沉浮史，还有以普通读者为主体的苏轼接受效果史，以文学作品为主体的苏轼作品效仿史，以文学批评家为主体的苏轼作品评论史，以地域空间为主体的苏轼诗迹传播史，以苏轼为接受主体的接受影响史，这七个方面，大致涵盖了"苏学"的研究范围。其中，从时间线索上展开的接受史和传播史研究，从空间领域展开的诗迹及文学地理学研究，一纵一横，兼顾共时性与历时性，是未来苏轼研究需要大力拓展的两个方向。这两个方向需要我们打通学科壁垒，开阔视野，

〔北宋〕乔仲常《后赤壁赋图》（局部）

建设崭新的新学科交叉体系。

"苏海"，强调其包容性。就像大海的两个面向，既浩瀚博大，如柳宗元《东海若》所谓"今夫大海，其东无东，其西无西，其北无北，其南无南"；而走进其中，又会有一些波澜，如木华《海赋》所谓"泱漭澹泞，腾波赴势，江河既导，万穴俱流。擗拔五岳，竭涸九州"。大海既富有亲切感，又有距离感。从"走近苏海"到"走进苏海"，虽然只有一字之别，但也是境界顿异。可与"苏海"相并的概念，古人主要用于书名，如清人的《赋海大观》，今人的《清文海》，还有《子海》等，而用于作家者尚尠。物以稀为贵，名亦如是。

走进"苏海"的途径和道路很多，例如，可以在故宫（包括沈阳故宫、北京故宫和台北故宫）寻找苏东坡，通过收藏在那里的历代

〔金〕武元直《赤壁图》

书画，勾勒东坡的广大影响力。苏轼不仅博涉经史，雅爱文艺，诗词文赋造诣深厚，而且在音乐书画等艺术领域亦造诣颇深。书画是文学之外适合沟通不可名状情感的一种艺术形式。就东坡主题绘画而言，《西园雅集图》《莲炬归院图》《东坡玩砚图》都可以归入东坡肖像图画范围，而其中第一个聚光点当推赤壁。今存最早者为北宋乔仲常《后赤壁赋图》，乔仲常师法的李公麟是苏轼好友。此后，金代武元直《赤壁图》，反映着北宋晚期苏轼负冤，苏学盛于金的潮流。南宋马远、马和之、杨士贤、李嵩的《赤壁赋图》，都在为苏轼平反，尤其是孝宗追谥苏轼为"文忠"，称之为"雄视百代，自作一家，浑涵光芒，至是而大成"的"一代文章之宗"以后。元代赵孟頫作《赤壁赋》书画以降，明清继作者纷起，名家如仇英、唐寅、文徵明、徐渭，直到晚清海上画派的任颐，都有名作。[①] 在这些名作绘制的清风明月的空明和水光万顷的苍茫中，读者可以直观感受到苏轼那种潇洒旷逸的精神。

　　《东坡笠屐图》也是东坡主题绘画的重要聚光点。元人吴澄、郑元祐、张昱和明人王鏊均有《笠屐图》的题画诗，明人唐寅、尤求、朱之蕃、孙克弘、张宏和清人黄慎、费以耕都绘有此图。海南儋州东坡书院的标志性雕像，也是戴笠着屐的老年东坡。壁上石刻的《坡仙笠屐图》有宋濂明洪武十年的题词："东坡在儋耳，一日访黎子云途中遇雨，从农家假笠屐着归。妇人小儿相随争笑，群犬争吠。东坡曰：'笑所怪也，吠所怪也。'觉坡仙潇洒出尘之致，数百年后犹可想见。"

---

① 详见王一楠《同绘赤壁：与苏轼有关的图像记忆》，浙江人民美术出版社 2023 年版；谢文君《舟游与神游：江户时代的拟赤壁游和赤壁会》，《文学评论》2023 年第 6 期。

这个掌故，加上绘画的传播力，无论虚实，都使得东坡的胸襟情怀得以具象化。苏轼被流放到天涯海角之地，却在一笠一屐间化解了心理压力。旷达不是没有悲剧，而是能够化解悲剧，超越悲剧。

书画欣赏之外，也可以通过"重走东坡路"这样的研学游学方式，寻访东坡遗踪，参观眉山三苏祠，扬州谷林堂，苏州白苏二公祠，杭州苏轼纪念馆、黄州东坡赤壁，惠州苏东坡纪念馆，海口五公祠，儋州东坡书院，常州东坡公园、郏县三苏坟、三苏园……这时你会发现，自己随时可能在祖国秀丽的山水名胜中，与"身行万里半天下"的东坡不期而遇。由于苏轼的最大影响力，历代苏轼文献留存的丰富性，东坡之路应该是古代名人行迹、履历最为清晰、最为广泛的文人，诚可谓"江山何幸，但经宦辙便千秋"（金安清题，湖北黄州苏公祠联），只要是苏轼做官的地方，即使只是路过，哪怕是他被贬谪之地，那个地方也会成为风景，衍为名胜。与苏轼结缘，既是那里山水的幸运，也是后人走进"苏海"的通途。

当然，也可以参加同龄人之间的各种读书会的活动，与同好和朋友交流，同时向老师和专家讨教，或者参加中国苏轼研究学会等组织举办的各种学术会议和纪念活动，也可以借助阅读、观赏、吟诵、书写等更为便捷的方式，与东坡进行跨越时空的对话和交流。而无论哪种走进苏海的方式，都无法超越已有的研究成果，只有站在这些已有成果之上，我们才能有效地亲近苏东坡。也就是说，只有首先了解第二个义项的"苏海"，才能更准确地深入把握第一个义项的"苏海"。当然，首先是对东坡的兴趣，才能从"走近苏海"，升级为"走进苏海"。

巍巍苏学，浩浩苏海，如果沿流溯源的话，较早使用"苏海"
第二个义项者，是清代的学者，仁和（今浙江杭州）人王文诰，他
在《苏文忠公诗编注集成》附录的《苏海识余》开篇说：

> 苏海之说旧矣。绍圣四年，东坡公发惠州，迁儋耳，自新
> 会赴新康，至古劳，河涨不可渡，休于鹤山之麓者数日。公既
> 去，而所居遂为坡亭，地曰苏公渡，见前明陈献章诗中。邑令
> 黄大鹏又手劙"苏海"二字于崖之上，嗣是更名苏海，至于今
> 盖三百年矣。曩者予访公渡海轶事，尝亲至其地，察视所由，
> 则汪洋渺弥、横无涯际。观于海者，亦足致朝宗之意焉。然公
> 神在天上，犹水之无往不在。公既自为发之，岂于一驻足间，
> 独眷眷于兹土。且其诗文，跨越唐汉，衣被天下，已昭然载四
> 库中。若由今以稽之于古，是所谓"苏海"者，当穷其所至观之，
> 必不囿于一隅也。

王文诰径直省略了元代李淀、明代吴伟业以来对"韩潮苏海"
的辨析，另辟蹊径，从地理遗迹上"苏海"二字的起源说起。明代
地方官黄大鹏曾在东坡当年于古劳（今广东鹤山古劳镇）渡江处的
崖壁上刻"苏海"二字，以名该地。王文诰就此追忆自己访东坡渡
海轶事，曾经亲至其地，察视所由，则汪洋渺弥，横无涯际。"若
由今以稽之于古，是所谓'苏海'者，当穷其所至观之，必不囿于
一隅也。予招工设局，写刻本集，凡五年而工垂成。此五年间，续
有所得，皆补葺旧事，诚当以'苏海'名之。而自顾闻见短浅，囿

于峤外，尤当以'苏海'名之。下揖陈、黄，而上追赵宋，则庶几有以自处矣。爰随笔录之，名'苏海识余'云。"王文诰《苏海识余》全稿共四卷，其后《笺诗图记》曰："凡所笺未及入载者，详《苏海识余》中。其有续考人事，补《案》所不备者，亦附见焉"，其所补所附，涉及东坡诗文本事、诗集编刻、人事交游、时政背景、身后评论等各类内容，与《苏文忠公诗编注集成总案》以诗文为纲详述东坡行实不同。由此可见，王文诰所云"苏海"，早已超越苏轼及其诗文，扩大至与苏轼相关的一切。

苏轼《六月二十日夜渡海》曾写道"天容海色本澄清"，澄清与波涛汹涌，是大海迥然不同的两个样态。苏轼这样的奇才、天才、通才、全才，善于将两种迥然不同的风貌，有机而完美地融合起来。这一点与苏轼的海南经历密切相关。由于海南对苏轼有重要意义，我认为，完全可以在"苏海"以上两种含义以外，增添一个义项，用来指代苏轼在海南的成就，并借以形容近年来全国各地苏轼研究蓬勃开展中最引人瞩目的海南所取得的成绩。

举一个小例子。海南昌化江北岸，有一座峻灵山，山不在高，有庙则灵。峻灵王庙位于昌江黎族自治县昌化镇昌城村西，距离昌化港1公里，面向大海，庙宇雄秀，是当地重要的名胜古迹。有山则有庙，有庙则有碑。碑高72厘米，宽66厘米，厚15厘米。[①] 庙不在大，有碑则重。碑虽已残，但非常关键，碑文第一段是苏轼《峻灵王庙碑》原文，不足为奇，亮点在第二段跋文：

---

① 详见李公羽《峻灵独立秀且雄——苏东坡昌化江遗踪考论》，上海古籍出版社2020年版。

　　……昌化令何适以书来喻曰：东坡先生为峻灵王庙……愧之。公到儋才两月，遂获北归，愿书此文……寄责授海州团练副使府□折彦质。县令何适立。

　　其中勾稽出一位历史上的失踪者——曾经与苏轼有时空交集的立碑人何适，建炎二年（1128）时任昌化令。跋文不仅可补《全宋文》，也可补历代方志中的一位重要地方官员，虽然他品秩有限，但却是海南文化史上的重要一环，更是苏海中一朵耀眼的浪花！文中所谓折彦质（？—1161），是南宋重臣，官至签书枢密院事，也是位诗人，有《葆真居士集》传世，尝作《燕祉亭》六绝句，周必大称其"脍炙人口"。折彦质靖康元年（1126）年底责授，建炎元年（1127）年初赴任至昌化军贬所，时近中年，居儋五载，与昌化县令何适，在此因苏轼及其《峻灵王庙碑》交集，同时为残碑真实性给予坚实的背书。①

　　苏轼曾感慨自己"七年远谪，不意自全，万里生还，适有天幸"（《提举玉局观谢表》）。今抚残碑，深感残碑历近千年，不意独存，亦适有天幸，虽未存其全，然已弥足珍贵。张三光《重立峻灵王庙小记》结尾称："余特表而揭之，以著王灵如此。"我倒觉得，这与其说峻灵王之灵如此，不如说是一代坡仙、千年英雄之灵，护佑此残碑在海隅之地得以幸存于天壤。近几年，我多次因苏轼走进海南，在海口五公祠，在儋州东坡书院，深刻感受到苏轼与海南

---

① 参见拙作《相比"苏学"，我更青睐"苏海"》，载《博览群书》2020 年第 2 期。

的不解之缘。作为一个东北人来到海南——苏轼笔下"如度月半弓"的海南，心情喜憾兼有。憾的是，想起自己家乡极少中国古代文学遗迹，因此在学习和理解古代文学作品时，无法身临其境，尤其是在选择苏轼作为研究对象之后，面对这位"身行万里半天下"的文化巨人，在时间距离和文化修养差距之外，更加深深遗憾于这种遥远的空间距离。可喜的是，这种遥远的时空距离，今天有幸大大被缩短，我感觉自己也离千年英雄苏东坡更近了一步。

江山如有待，在被放逐海南的三年间，苏轼不仅实现了多舛人生的自我救赎，更将中国文学从中原和内陆延展至广阔的海洋，更把中国文学的气貌——气象和面貌，提高到了海洋一样的新境界。海洋天生具有一种雄壮而浩荡的精神气象，木华《海赋》所谓："何奇不有？何怪不储？芒芒积流，含形内虚。"苏轼不是以文学触摸海洋的第一人，却是值得被重新认识的重要作家。渡海和海南的三年生活，激发了东坡崭新的文学灵感，一种唯有从海洋中始能获得的写作灵感，由此产生，成为苏轼带给宋代文坛新篇章的原动力。

中国是大陆国，尽管是一个面朝大海的国家，但与希腊文明不同，中国政治版图一向重陆轻海。任何王朝若以华夏自称，必然以逐鹿中原为重心。有学者认为："中国失去近代化的机遇，其实并不在明代郑和下西洋以后海洋战略的趋于保守，而是早在宋代经济发展居于当时世界领先地位的时候，就已经失去向海洋发展的大好时机了。因为有宋一代缺乏向海洋发展的思想动力。"[①] 不

---

① 陈衍德：《从经济思想史的角度看宋代士人的海外贸易观》，《国家航海》第10辑，上海古籍出版社2015年版。

过，与经济和政治层面有别，窃以为，在文学领域，宋代是中国海洋文学蓬勃发展的朝代，苏轼的作品更是中国海洋文学不可忽略的重要篇章。

堪与之颉颃的是，在苏轼之前，北宋文化绚丽多彩的《清明上河图》里，还没有海南这一笔；但在苏轼之后，中国文化版图中，海南已经成为重要而不可忽略的组成部分，这是唯一既受大陆文化影响，同时又不断反哺大陆文化的一个独特区域。正如苏轼与北宋文化之间的互动关系，接受海南地域文化影响的苏轼，同时也对海南文化的发展具有启蒙功能与拓展意义。苏轼在海南三年，通过千载未朽的文章，完成自己最后的功业，由此也润泽了后世的海南文化。而别有天地的海南文化，也同样滋养了东坡，以沉香般的浓烈烘焙出、淬炼出、培育出崭新的东坡气度。苏轼与海南可谓彼此赋能，互相成就。毕竟，眉山东坡早已将海南视为其家乡，朗声宣称"我本海南民"，又说"我本儋耳人，寄生西蜀州"，还说"海南万里真吾乡"。而如今的海南人民，则把东坡视为特有的精神地标。在海南开展苏轼文化研究、发展东坡文化旅游，势必要立足于海南的历史、文化、区位与现实条件等实际，合理发掘、充分研究、系统组织、科学发展。

海南为时代玉成了坡仙，坡仙也从此改变了海南的文化僻壤地位。再放宽放远一些，当更可体察到，一代有一代之文化，一代文化哺育一代文人。北宋文化吸纳前此数千年的历史积淀，皮毛落尽，精神独存，不仅各个文化领域、各类文化形式、各种雅俗文化百花齐放，更以独树一帜的北宋文化精神卓然自立。苏轼正是受北宋这一特定历史时期的文化所滋养和孕育，同时又成为中国传统文化最具典型性的文人代表。尤其值得珍视的是，其智慧光芒照耀之下的"不可救药"的乐天主义和旷达胸怀，在今天显得格外宝贵。

在介绍了"苏海"的概念之后，我想谈谈理解苏海的几对关键词。第一对关键词，是苦难与超越；第二对关键词，是日常与风流；第三对关键词，是绚烂与平淡。我认为，以上三对关键词，彼此支撑，互补相融，是成就东坡那种温暖却不刺眼、热烈而不张扬的文学个性的源泉，可以作为解开苏子瞻如何成为苏东坡这一问题的钥匙。比如苦难与超越，正如东坡和陶诗所云"美好出艰难"，东坡自己的一生，可谓充满坎坷，一路曲折，承受了巨大的苦难，但他以智者的胸襟、乐观的精神、顽强的斗志，不断寻觅玉汝于成的超越之道，以自己的诗文和一生经历，提供了超越艰难困苦的快乐样板。这个样板的重要内涵，即由风流回归日常，从绚烂走向平淡，同时始终拥有超越平淡和日常的一种精神追求，有价值，重尊严，摆脱功利，远离庸俗，脱离私欲，无所畏惧。经历四十年宦海沉浮之后，苏轼自黄州、惠州而儋州，尤其是来到海南后，摆脱了最初的阴郁，抵抗住了开始的绝望，由建房定居开始，逐渐结交好友，感受到儋州人物对自己心灵的滋养，最终爱上海南，爱上儋州。苏轼在海南建立的"功业"，既有物质性的民生功业，如凿井理水、劝勉农耕、推广医药、教育子弟、和谐黎汉，更有非物质性的文章功业，如诗百首、文百篇，还撰就《东坡易传》等，最终成就的是其人格功业，即对中国文人产生深远影响的"东坡范式"。高启《东坡小像赞》说："或置诸銮坡玉堂,或放之朱崖黄冈。众皆为先生之憾,余则谓先生之常。

先生盖进不淫，退不伤，凌厉万古，挥斥八荒，而大肆其文章者也。"①
确实，官场的进退得失早已无足轻重，人生坎坷玉成了东坡"大肆
其文章"的伟业。

　　正如学者、文人和朝臣三位一体的完美融合于一身，这三对关
键词也彼此互融、辩证有机地融合于子瞻走向东坡的成长之路上，
使得"苏海"蕴含着潇洒的人生、包容的思想、超然的审美、温和
的改革、实干的精神、亲和的人性、智慧的观照等东坡之为东坡的
一些要素，也蕴含着陶渊明的平淡悠然、李太白的旷逸超凡、杜子
美的坚守执着、白乐天的随缘自适等东坡之不仅为东坡的一些要素；
正如大海的朵朵浪花一样，反映出博大精深的"苏海"的种种面向，
也正如苏东坡之才与智，如此广泛而迷人。在他身上，体现着敏捷
的诗才、词才、文才，以及书法、绘画、美食等多方之才，正所谓"语
及长公，其人已往而其神日新，其行日益远，千古一人而已，古今
文人一人而已"②，加上其浩荡的才情，渊博的学识，幽默的风格，
从容的气度，刚正的气节，洒脱的气质，就像大海一样，无不吸引
前人与你我。这就是我眼中的苏轼。

---

① 金檀辑注，徐澄宇、沈北宗校点：《高青丘集》，上海古籍出版社 1985 年版，第 915 页。
② 陈继儒：《晚香堂小品》卷十一《苏长公小品叙》。

一、形影神到身心意

——苏轼与晋唐前贤

赤壁賦

壬戌之秋七月既望蘇子與客泛
舟遊于赤壁之下清風徐來水
波不興舉酒屬客誦明月之詩

苏东坡的人格范式，上承陶渊明、白乐天，因为苏轼自云"出处依稀似乐天"，而白居易曾自比"异世陶元亮"①。就影响与接受而言，有时并非单一的二元授受关系，有可能是三元或多元，需要开启转益多师的模式。从承传上看，陶渊明，晋代之白乐天也；苏东坡，宋朝之白居易也。陶诗融激情于沉静，白诗融风流于日常，苏诗融豪旷于枯澹，各自在诗歌史上独树一帜，而精神却又一脉相承，共通着超越庸常的人生境界，因此构成中国文人的三大人格范式。先以苏轼的一首诗作为由头，谈谈中国文人范式的重要三家——陶渊明、白居易、苏轼，对形影神、身心意这一话头或议题的承与变。

一、话头：乐天身心相物

苏轼有一首诗，作于颍州（今安徽阜阳），题为《刘景文家藏乐天〈身心问答三首〉，戏书一绝其后》（以下简称《戏书一绝》），诗云：

> 渊明形神自我，乐天身心相物。而今月下三人，他日当成几佛。

---

① 《醉中得上都亲友书以予停俸多时忧问贫乏偶乘酒兴咏而报之》，见《白居易集》第 837 页；《白居易集笺校》第 2530 页。

解读这首作于元祐六年（1091）的六言诗，不但要通晓陶渊明和白居易相关诗作，还要先了解诗题中的刘景文，即刘季孙（1033—1092）。季孙是名将刘平之子，笃志好学，博通史传，工诗能文，性好异书古文石刻，仕宦四十余年，所得禄赐，尽于藏书之费。元祐中，以左藏库副使为两浙兵马都监，因苏轼的推荐，知隰州（今山西隰县），官至文思副使。苏轼的名作"荷尽已无擎雨盖，菊残犹有傲霜枝。一年好景君须记，最是橙黄橘绿时"，就是赠给他的。这首《戏书一绝》作于元祐五年（1090）苏轼任杭州太守时，而其后一年，刘景文就形销神逝、身亡心灭了。苏轼写下《乞赙赠刘季孙状》，希望朝廷优与赠赙，以励奖劝之道，其中称刘季孙为"慷慨奇士"。

这位慷慨奇士收藏的乐天《身心问答三首》，即《自戏三绝句》，开成五年（840）作于洛阳，题下白居易自注云："予闲卧独吟，无人酬和，聊假身心相戏，往复偶成三章。"其中《心问身》云：

> 心问身云何泰然，严冬暖被日高眠。放君快活知恩否，不早朝来十一年。

《身报心》云：

> 心是身王身是宫，君今居在我宫中。是君家舍君须爱，何事论恩自说功？

《心重答身》云：

> 因我疏慵休罢早，遣君安乐岁时多。世间老苦人何限，不放君闲奈我何？①

再来看体现"渊明形神自我"的《形影神》。这是一组辨析自然之义的哲学诗，陶渊明序云："贵贱贤愚，莫不营营以惜生，斯甚惑焉。故极陈形影之苦，言神辨自然以释之。好事君子，共取其心焉。"晋安帝义熙九年（413），渊明49岁，据逯钦立《陶渊明事迹诗文系年》称："《形影神》诗当作于本年五月以后。"②《形赠影一首》云：

> 天地长不没，山川无改时。草木得常理，霜露荣悴之。谓人最灵智，独复不如兹。适见在世中，奄去靡归期。奚觉无一人，亲识岂相思？但余平生物，举目情凄洏。我无腾化术，必尔不复疑。愿君取吾言，得酒莫苟辞。

---

① 谢思炜：《白居易诗集校注》，中华书局2006年版，第2683—2684页。《心问身》之"十一年"，金泽本作"十二年"。《身报心》之"身是宫"，马元调本《白氏长庆集》及《唐音统签》作"身自宫"。参见中原健二《"身"与"心"——从白居易的〈自戏三绝句〉窥其心性》，《中国文学报》第88期（京都大学文学部中国语学中国文学研究室编辑），2016年10月，张宇飞中译文《"身"与"心"——通过白居易〈自戏三绝句〉窥其心性》，载《华夏文化论坛》第21辑，吉林大学出版社2019年版。

② 见逯钦立校注《陶渊明集》附录，中华书局2013年版，第220页。参见今场正美《隐逸与文学》，李寅生译，湘潭大学出版社2014年版，第31页。一说此年渊明62岁，见袁行霈《陶渊明集笺注》，中华书局2003年版，第61页。

《影答形一首》云：

> 存生不可言，卫生每苦拙。诚愿游崑华，邈然兹道绝。与子相遇来，未尝异悲悦。憩荫若暂乖，止日终不别。此同既难常，黯尔俱时灭。身没名亦尽，念之五情热。立善有遗爱，胡可不自竭？酒云能消忧，方此讵不劣。

最后，《神释一首》云：

> 大钧无私力，万物自森著。人为三才中，岂不以我故？与君虽异物，生而相依附。结托善恶同，安得不相语。三皇大圣人，今复在何处？彭祖寿永年，欲留不得住。老少同一死，贤愚无复数。日醉或能忘，将非促龄具？立善常所欣，谁当为汝誉？甚念伤吾生，正宜委运去。纵浪大化中，不喜亦不惧。应尽便须尽，无复独多虑。[1]

诗旨在于极陈形影之苦言，最后用神辨自然以释之。形影神，分别指人之形体形骸、名教声名、精神寄托。形体形骸指向现实中我，名教声名指向镜像中我，精神寄托指向理想中我，颇似西方哲学家弗洛伊德所谓本我、自我和超我。如果说，"形"之立场提倡的观念接近《古诗十九首》，那么"影"所持的价值观则近于建安诗歌，"神"

---

[1] 袁行霈：《陶渊明集笺注》，中华书局 2003 年版，第 59—67 页；《宋本陶渊明集二种》，国家图书馆出版社 2019 年版，第 27—29 页，第 281—285 页。

则近于嵇康诗歌呈现的人生境界——没有及时行乐的狂欢，没有功名不成的失落，没有汲汲于富贵、戚戚于贫贱的焦虑，是一种从世俗利害超脱出来的心境以及由此体验到的平和感。形、影、神并非平行陈列三种生命观，而是以"神辨自然"为最高的生命理性；针对形、影的苦衷背后体现的生命观进行分析之后，结以神释，不以早终为苦，亦不以长寿为乐；不以名尽为苦，亦不以留有遗爱为乐，形、影、神三者呈现出相互包含又逐层扬弃升华的关系。① 方东树《昭昧詹言》卷四云："《形》《影》《神》三诗，用《庄子》之理，见人生贤愚、贵贱、穷通、寿夭，莫非天定，人当委运任化，无为欣戚喜惧于其中，以作庸人无益之扰。"② 鬼无影，神无形。关于形神关系，司马迁《太史公自序》曾云："凡人所生者，神也。所托者，形也……神者，生之本也。形者，生之具也。"汉代王充《论衡》亦有论述，见其中《订鬼》《论死》等篇。东晋末年，佛教神学广泛流行。《世说新语·任诞》载，名士王忱叹言："三日不饮酒，觉形神不复相亲。"名僧慧远在庐山东林寺修道，元兴三年（404），作《形尽神不灭论》，认为神可以离开形、影而独立存在。义熙九年（413）又在庐山铭石建台，立佛影，作《万佛影铭》。铭云："廓矣大象，理玄无名。体神入化，落影离形。"逯钦立《陶渊明事迹诗文系年》认为："此诗盖针对释慧远《形尽神不灭论》《万佛影铭》而发，以反对当时宗教迷信……形、影、神三者至此具备。又慧远等于元兴元年建斋立誓，共期西方，又以次作《三报论》《明报应论》《形尽

---

① 参见钱志熙《陶渊明"神辨自然"生命哲学再探讨》，《求是学刊》2018年第1期。
② 方东树：《昭昧詹言》，汪绍楹点校本，人民文学出版社1961年版，第101页。

神不灭论》等，皆慑于生死报应之反映，故陶为此诗斥其营营惜生也。"① 陶渊明与慧远时有交游，但对其"神不灭论"不以为然，于是借用其"形神"之术语，反其意而用之，又增加"影"的概念，遂将形、神两方关系之命题，变为形、影、神三方关系之命题，涵义更为丰富，思辨的层次也得到提高。

二、和陶：渊明吾之所师

对于陶渊明提出的形、影、神，声称"渊明吾所师"（《陶骥子骏佚老堂二首》其一）、"只渊明，是前生"（《江城子》）的苏轼，元祐五年（1090）即在《问渊明》中有所回应，其诗云："子知神非形，何复异人天。岂惟三才中，所在靡不然。我引而高之，则为日星悬。我散而卑之，宁非山与川。三皇虽云没，至今在我前。八百要有终，彭祖非永年。皇皇谋一醉，发此露槿妍。有酒不辞醉，无酒斯饮泉。立善求我誉，饥人食馋涎。委运忧伤生，忧（一作运）去生亦还。纵浪大化中，正为化所缠。应尽便须尽，宁复事此言。"东坡自注云："或曰：东坡此诗，与渊明相反。此非知言也。盖亦相引以造意言于道者，未始相非也。"希望与渊明相引以造于道，共同探求人生答案，陶渊明将"神"视为人与天、地并立为三才的根本，所谓"人为三才中，岂不以我故"，其中的"我"即题目《神释》中的"神"，而苏轼《问渊明》则把"神"推广为"所在靡不然"的根本，高之如日星，低之如山川。所过者化，所存者神。陶渊

① 见逯钦立校注《陶渊明集》，中华书局 2013 年版，第 220 页。

明的理想是"纵浪大化"，顺遂自然以转运变化，去形影之累以全神委运，摆脱死亡恐惧；苏轼则翻进一层，指出"委运"去忧，却未必能存生，"纵浪大化"可能又被物化所纠缠，应更彻底地取消生和死的观念。

苏轼海南和陶，亦专门有《和陶形赠影》《和陶影答形》《和陶神释》。其中《和陶形赠影》云：

> 天地有常运，日月无闲时。孰居无事中，作止推行之。细察我与汝，相因以成兹。忽然乘物化，岂与生灭期。梦时我方寂，偃然无所思。胡为有哀乐，辄复随涟洏。我舞汝凌乱，相应不少疑。还将醉时语，答我梦中辞。

谓随物而化，岂论生和灭，即超然于生灭之外，而破除灭执之妄，就能"此灭灭尽乃真吾"（苏轼《六观堂老人草书》），获得真如本性。

《和陶影答形》云：

> 丹青写君容，常恐画师拙。我依月灯出，相肖两奇绝。妍媸本在君，我岂相媚悦。君如火上烟，火尽君乃别。我如镜中像，镜坏我不灭。虽云附阴晴，了不受寒热。无心但因物，万变岂有竭。醉醒皆梦耳，未用议优劣。

谓我心本无所著，但因物而现，万化岂有竭尽，我亦随之无竭。醉、醒皆为梦耳，不必区分优劣。

《和陶神释》云：

二子本无我，其初因物著。岂惟老变衰，念念不如故。知君非金石，安足长托附。莫从老君言，亦莫用佛语。仙山与佛国，终恐无是处。甚欲随陶翁，移家酒中住。醉醒要有尽，未易逃诸数。平生逐儿戏,处处余作具。所至人聚观,指目生毁誉。如今一弄火，好恶都焚去。既无负载劳，又无寇攘惧。仲尼晚乃觉，天下何思虑。

重点在这最后一首，这是苏轼晚年的彻悟，用佛教"诸行无常，诸法无我，涅槃寂静"的教义，说明不仅肉体非金石，而且人心之念，念念迁灭，不可执持。接下来"莫从"四句，表达对佛老二家仙山琼阁、佛国净土虚妄境界的否定。只有像渊明一样,在酒中修炼,才能达成正果。前人联系太白《月下独酌》"举杯邀明月，对影成三人"，称"二公风流孤迈，一种旷世独立之致，异代同情"①，其实东坡亦然。"平生"四句是对过往人生的总结：尘世的追逐名利、忙忙碌碌不过儿戏一场。"如今"六句，可见诗人晚年彻悟，如今拥有智慧之火，好恶爱憎全部烧去，了却了背负的烦劳。苏轼予陶渊明以

① 马位（1713—？）《秋窗随笔》云："渊明有《形赠影》《影答形》及《神释》诗三首，中句云：'得酒莫苟辞'，'酒云消百忧'。太白《月下独酌》诗，有'举杯邀明月，对影成三人'，二公风流孤迈，一种旷世独立之致，异代同情。"（《清诗话》，上海古籍出版社 1983 年版，第 827 页）而寒山《可笑寒山道》诗已有"形问影何从"之句，言自己只身一人，形容孤单，只可自向影子，别无他人。敦煌遗书伯 3833 号王梵志诗卷亦有《人去像还去》《一身元本别》《以影观他影》《观影无非有》，白居易《雨夜有念》："形影暗相问，心默对以言。"王适《蜀中言怀》："独坐年将暮，常怀志不通。有时须问影，无事却书空。"

极高评价，在他看来，陶渊明真正做到了大彻大悟，无欲无执。这样的认同和推崇，无愧六百年后陶公心灵相契的真正知己。

在苏轼之后，元代文坛的代表性人物钱塘仇远（1247—1328后）撰有《形影》："形影自相问，追随六十年。冷官真漫尔，归梦亦蓬然。但觉寒风暖，难令素发元。可能学陶令，家去有园田。"① 出自仇远门下的钱塘张雨（1283—1350）亦撰有《形影》："形影胡为乐此留，山川映发思绸缪。歌长杯酒无多酌，世短何人第一流。弟子受经犹北面，樵青分屋自西头。下方误识金银气，直倚空同一剑秋。"② 两首诗均被收入明代佚名所编《诗渊》身体门下的"形影神"主题，与陶渊明、苏轼相并列。③ 无论规模，还是思辨性、感染力都远逊于苏轼。而更主要的差距还在于，形神影的三级建构，不宜简化为形影的两级关系。形神影，恰如诗礼乐，制礼属于形，作乐偏于神，而诗与诗教更近于影，在礼乐、形神的虚实之间，在语言和文化的体用之际，实现镜与灯的双重使命。

三、知音：夙慕渊明为人

在苏轼之前，白居易较早并重陶渊明的文辞与志节，可谓发现陶渊明文化价值的先驱，堪称陶渊明在唐代的第一知音。白居易慕陶最晚在元和二年（807）已有显露，证据就是此年《官舍小亭闲望》

① 《全元诗》，第 13 册，第 175 页；又见仇远《金渊集》卷三，《丛书集成初编》本，第 38 页。
② 《全元诗》，第 31 册，第 343 页；又见《张雨集》卷五，浙江古籍出版社 2015 年版，第 190 页。空同，或作崆峒。
③ 《诗渊》，书目文献出版社 1987 年影印版，第 1 册，第 8 页。

所云"数峰太白雪，一卷陶潜诗"，时任盩厔（今陕西周至）县尉。这一时期白居易的诗友王质夫、邓鲂，也都是陶诗的拥趸。元和七年（812），白居易丁母忧而退居下邽（今陕西渭南市临渭区），有《自吟拙什因有所怀》，其中又提到"苏州及彭泽，与我不同时"，因具有闲淡简远的共同诗风，诗史上将韦苏州与陶彭泽并称"陶韦"，韦应物《与友生野饮效陶体》《效陶彭泽》等，对白氏早期慕陶效陶深有启发。[①]

元和八年（813），白居易一口气创作《效陶潜体诗十六首》，序云：

> 余退居渭上，杜门不出，时属多雨，无以自娱。会家酝新熟，雨中独饮，往往酣醉，终日不醒。懒放之心，弥觉自得，故得于此而有以忘于彼者。因咏陶渊明诗，适与意会。遂效其体，成十六篇。醉中狂言，醒辄自哂。然知我者，亦无隐焉。[②]

诗题将师法目标明确指向陶渊明，这是对偶像的公开致敬。在"懒放之心，弥觉自得"的心境中，"咏陶渊明诗，适与意会"，展示了白与陶在人生态度和精神意向上的内在相通。其中，组诗其一："不动者厚地，不息者高天。无穷者日月，长在者山川。松柏与龟鹤，其

[①] 清人施补华《岘佣说诗》："后人学陶，以韦公为最深，盖其襟怀澄淡，有以契之也"，"韦公古淡胜于右丞，故于陶为独近。如：'贵贱虽异等，出门皆有营''微雨夜来过，不知春草生''宁知风雨夜，复此对床眠''不觉朝已晏，起来望青天'，绝出五柳先生口也"。（《清诗话》，第977页，第982页）

[②]《白居易集》第一册，中华书局1979年版，第104页。

寿皆千年。嗟嗟群物中，而人独不然。早出向朝市，暮已归下泉。形质及寿命，危脆若浮烟。尧舜与周孔，古来称圣贤。借问今何在，一去亦不还。我无不死药，兀兀随化迁。所未定知者，修短迟速间。幸及身健日，当歌一樽前。何必待人劝，念此自为欢。"明显取法于陶渊明《形赠影一首》，无论意象意脉，还是字句结构，皆可谓亦步亦趋。再联系组诗其五"便得心中适，尽忘身外事。更复强一杯，陶然遗万累"，其十二"人间荣与利，摆落如泥尘。先生去已久，纸墨有遗文。篇篇劝我饮，此外无所云。我从老大来，窃慕其为人。其他不可及，且效醉昏昏"，其十五"是以达人观，万化同一途。但未知生死，胜负两何如？迟疑未知间，且以酒为娱"，可以看出，以酒为娱，"其意不在酒，亦寄酒为迹焉"（萧统《陶渊明集序》），意在适心忘身，不愿世网羁绊，向往自然境界，追求自由洒脱，是白居易由前期积极参政转向后期退居中隐的重要标志，也是白与陶在历经世途坎坷后所共有的特点。作为最大规模的拟仿陶渊明之作，十六首效陶诗，从内容和形式两方面将白、陶二人紧密联系在一起。

此后，心仪渊明的诗句或表述，在白居易集中在在可见。例如，元和十年（815），白居易在长安《酬吴七见寄》诗云："常闻陶潜语，心远地自偏"等。如果说，白居易早期慕陶效陶，主要是受到韦应物影响的话，那么，元和十年被贬江州之际，白居易对陶渊明的全身心拥抱，则主要源自庐山地域文化。陶渊明故里柴桑即在江州。地域的巧合，加上夙昔的仰慕，使白对陶的关注和热情益发加大。宋绍兴本《白集》卷七第一首诗《题浔阳楼》下自注云："自此后诗，江州司马时作。"表明此诗为白居易被贬后的最早作品。诗云：

"常爱陶彭泽，文思何高玄。又怪韦江州，诗情亦清闲。今朝登此楼，有以知其然。大江寒见底，匡山青倚天。深夜溢浦月，平旦炉峰烟。清辉与灵气，日夕供文篇。我无二人才，孰为来其间？因高偶成句，俯仰愧江山。"[1]表面看，是对陶渊明和韦应物文思高玄的赞美，但也暗含对他们立身行世之高风亮节的由衷钦羡。大自然的清辉灵气陶铸了陶和韦的人品文章，如今白居易亦至此，不正应像他们那样与自然为伴，以开拓胸襟助长诗文之奇气吗？登楼遥望，思接千载，在心灵的振荡和超时空的联想中，今人与古人岂不更易获得精神上的共鸣？对高玄文思的向往预示着诗人间心气的投合，而心气投合则为白居易慕陶效陶奠定了基石。

继《题浔阳楼》之后，即《访陶公旧宅》。诗前小序云："予夙慕陶渊明为人，往岁渭川闲居，尝有《效陶潜体诗十六首》。今游庐山，经柴桑，过栗里，思其人，访其宅，不能默默，又题此诗云。"诗篇位置的重要（置于卷七第二首）已自说明白对陶的重视，小序的自白尤为突出地展示这一瓣心香深远的渊源。诗中写道：

> 垢尘不污玉，灵凤不啄膻。呜呼陶靖节，生彼晋宋间：心实有所守，口终不能言。永惟孤竹子，拂衣首阳山；夷齐各一身，穷饿未为难。先生有五男，与之同饥寒。肠中食不充，身上衣不完。连征竟不起，斯可谓真贤。我生君之后，相去五百年；每读五柳传，目想心拳拳。昔常咏遗风，著为十六篇。今

①《白居易集》，中华书局 1979 年版，第 128 页。

来访故宅,森若君在前。不慕樽有酒,不慕琴无弦。慕君遗荣利,老死此丘园。柴桑古村落,栗里旧山川。不见篱下菊,但余墟中烟。子孙虽无闻,族氏犹未迁。每逢姓陶人,使我心依然。

在推重陶渊明高玄文思之外,更对其遗弃荣利、老死丘园深致敬意。总览《白居易集》,言及陶渊明70多首,对其隐逸情怀和高尚情趣作了全方位阐释,并以自己的独到方式刻意仿陶学陶,故翁方纲《石洲诗话》卷二云:"白公之妙,亦在无意,此其似陶处也。"[①]

在这样的背景下来阅读白居易的《身心问答三首》,才能体会其与陶渊明《形影神》一脉相承的线索。开成五年(840),69岁的白居易在洛阳为太子少傅分司。春,白居易风疾稍痊。十一月,编《洛中集》十卷成,藏于香山寺。冬,以疾请百日长假。此年文宗去世,武宗即位,李德裕拜为宰相,李党独掌朝政,牛党多被贬职流放。《身心问答三首》立意、章法、结构、对话和寓言体的形式,均承自《形影神》。身心问答之"心",源自陶诗序"共取其心"之"心";身心问答之"身",来自《影答形》"身没名亦尽"之"身",但承继之外别有所创,造语也更为浅易。最为关键的是,陶潜的形影神三元关系,被乐天简为身心两重关系;六朝时期寓意深奥的玄言之辨,化为轻松诙谐的自戏问答;"不喜亦不惧"的超然,转为"悲喜随所托"[②]的泰然,超越了自己41岁时亦步亦趋式的效陶。而从形神之辨,到身心之辨,却是玄学至宋学一大转关。梁启超批点《白香山诗集》云:

---

① 《清诗话续编》,上海古籍出版社1999年版,第1391页。

② 赵翼:《读香山诗》,《瓯北集》卷三八,上海古籍出版社1984年版,第918页。

"虽戏论，实含妙谛。"① 可谓慧眼。此外，长庆三年（823），元稹罢相出为同州刺史之际所撰《寄乐天二首》（其一）云："荣辱升沉影与身"，亦可参观。

白居易《身心问答三首》后世颇有遗响，高丽文人李奎报有《又和乐天心身问答》，其中《心问身》云："世路烦君久扰然，从今但许醉兼眠。如何先我多衰弱，我壮犹如始冠年。"《身报心》云："多幸如今作尔宫，知应舍去六天中。凌烟阁上如图像，我独留真自擅功。"《心复答身》云："人行底处不为家，所宅残颓弃者多。兜率天中吾若去，古宫虽在奈如何。"② 其《花报主人效乐天体》由《花报主人》《主人答花》《花复答》《主人复答》四首构成连作诗，与其《又和乐天心身问答》一样，亦为效仿乐天以问答形式写成之连作诗体，《己亥五月七日家泉复出戏成问答》五首，也属此类。李奎报（1169—1241），字春卿，号白云居士，一生性喜诗、酒、琴，自称"三嗜好先生"，其《书白乐天集后》谓"残年老境，消日之乐，莫若读白乐天诗、时或弹伽耶琴耳……白公诗，读不滞口，其辞平淡和易，意若对面谆谆详告者。虽不见当时事，想亲睹之也"③。其和韵白诗之作有近 30 首，或依韵，或次韵，或用韵，此外还有效乐天体之诗。

其他继和与仿作，还有明代福建按察使胡直（1517—1585）的《乙亥春日效长庆心身问答三首》，其中《心问身》云："心问身云何

① 见聂丽娟《梁启超〈白香山诗集〉未刊批点辑录》，《文献》2019 年第 1 期。
② 李奎报：《东国李相国集》后集卷二，韩国成均馆大学大东文化研究院编《高丽名贤集》第一册，大东文化研究院 1980 年版。
③ 李奎报：《东国李相国集》后集卷十一，其《有乞退心有作》亦云："日用宜何取？时弄伽耶琴……何以去尘襟？乐天诗在手。"（《东国李相国集》后集卷一）

宴然，春晨啼鸟尚高眠。饶君安逸君知否，不遂公车已一年。"《身答心》云："身答心云君莫夸，君今住处我为家。知君钝拙家常累，不遣家安总是差。"《心复答身》云："怜君傀儡不能收，专为抽牵岂自由。多少抽人随线断，谁从未断共君休。"① 效长庆，即效乐天也。耿定向（1524—1596）长子、万历十年（1582）举人耿汝愚有《效〈长庆集〉心身问答三首》，其中《心问身》诗云："色臭浑忘出世间，翛然无事杜灵关。缘君嗜好饶荤血，驱我经年不得闲。"《身报心》诗云："我若微君难自立，君令失我亦无凭。拮据自是还为养，何事施劳反见憎？"《心重答身》诗云："雄鸡有尾反成灾，江使刳肠能察来。竭力相培虽自为，多君多累转堪哀。"② 角度略异，机锋则与乐天一脉相承。

四、机锋：月下禅关重参

在陶、白之后，并慕陶白、深悟玄意的苏轼，借题跋好友所藏乐天身心问答之际，对这一公案发表高论，诚可谓机锋再起，月下禅关重参。在苏轼之前，梅尧臣（1002—1060）《刑部厅海棠见赠依韵答永叔二首》其一已云："每观形影篇，曷在神所释。"③ 至于苏轼和白居易，二人的人生经历颇多相似之处，苏轼号东坡，即源自白乐天。元丰八年（1085）正月，苏轼离开泗州北行，途次灵壁，曾有《留

---

① 胡直：《衡庐精舍藏稿》卷七，影印文渊阁《四库全书》本。
② 耿汝愚：《江汝社稿》卷七"七言绝句"，《四库未收书辑刊》影印明万历四十六年耿汝念刻本。
③ 《全宋诗》，北京大学出版社 1999 年版，第 5 册，第 3221 页。（以下引用《全宋诗》如无另行标注，均为此版本）

题兰皋亭》，诗中有云："无复往来乘下泽，聊同语笑说东坡。明年我亦开三径，寂寂兼无雀可罗。""说东坡"源自白居易，"开三径"典出陶渊明。苏轼决意镕铸陶白二贤的人生态度，开出自身的生活境界，既不必钟情仕宦，又不致贫寒困顿，而是中隐于田园，自适以终老。其他东坡诗镕化乐天语及用乐天事甚多，如"故将别语调佳人，要看梨花枝上雨""不似杨枝别乐天""海天兜率两茫然""肠断闺中杨柳枝"等，可谓步趋践乐天之迹。

周必大《二老堂诗话·东坡立名》云："白乐天为忠州刺史，有《东坡种花》二诗。又有《步东坡》诗云：'朝上东坡步，夕上东坡步。东坡何所爱？爱此新成树。'本朝苏文忠公不轻许可，独敬爱乐天，屡形诗篇。盖其文章皆主辞达，而忠厚好施，刚直尽言，与人有情，于物无着，大略相似。谪居黄州，始号东坡，其原必起于乐天忠州之作也。"[①] 巧的是，二人生肖都属鼠；都是因言因诗得罪被贬，白居易因"新井诗案"，苏轼因"乌台诗案"；两人遭受诗案时亦为同龄。苏、白二人又都曾在杭州任职，均颇有政绩，白堤与苏堤，先后辉映于杭州西湖。以至于有"白苏"或"苏白"并称者，明代袁宗道（1560—1600）更以"白苏"名其斋，文集称《白苏斋集》。

---

① 《历代诗话》，中华书局1982年版，第656页。据张海鸥《苏轼对白居易的文化受容和诗学批评》考证，周论在后引洪迈评语，即绍熙四年（1193）之前。此后庆元五年（1199），周必大《书曾无疑匹纸》亦云："苏文忠公素慕白乐天之为人，盖二公文章皆以辞达为主，其忠厚乐施，刚直尽言，与人有情，与物无着，亦略相似。乐天为忠州刺史，作《东坡种花》二诗。又有《步东坡》诗云：'朝上东坡步，夕上东坡步。东坡何所爱？爱此新成树。'文忠公中年谪居黄州，偶因筑室，号东坡居士，尝赋八诗，其属意有自来矣。后为从官，羡乐天口之不置，如云：'定似香山老居士，世缘终浅道根深。'又云：'我似乐天君记取。'又云：'出处依稀似乐天。'其他形于诗者尚多。"（影印文渊阁《四库全书》本《文忠集》卷五一，重见于卷五五）

吴道南（1550—1623）《白苏斋为袁石圃题》赞曰："香山居士元不老，莲池主人如有神。"①江盈科（1553—1605）《白苏斋册子引》评云："白太傅、苏长公两君子，其高文亮节，名理玄言，固皆独拔一时，垂辉百代，而渊蓄厚抱，不究于用，为世所惜。乃石浦于两君子津津然不胜向往，直将精魂与游，若恨吾生之晚而不得与旦暮遇者。"②了解其志向的弟弟袁中道（1570—1624）称为"以示尚友乐天、子瞻之意，固有不能一刻忘者"③。明代状元唐文献（1549—1605）《跋东坡禅喜集后》谓："唐有香山，宋有子瞻，其风流往往相类。而其借禅以为文章，二公亦差去不远。香山云：'外以儒行修其身，内以释教汰其心，旁以琴酒山水诗歌乐其志'，则分明一眉山之老人而已。"④凡此，均可见白苏深厚渊源之一斑。

宋人除周必大（1126—1204）有东坡"独敬爱乐天"之评外，王直方（1069—1109）、洪迈（1123—1202）、罗大经（1196—1253后）也相继有"东坡慕乐天"之论⑤。因此，当人到中年，时已55岁的苏轼，看到好友所藏乐天身心问答之际，自然会别有会心。苏轼晚年《自题金山画像》总结自己的一生功业，提到"心似已灰之木，身如不系之舟"，也与白居易的身心问答有着遥相呼应的联

---

① 《吴文恪公文集》卷二七，《四库禁毁书丛刊》影印明崇祯吴之京刻本。

② 《雪涛阁集》卷八，黄仁生辑校《江盈科集》第 419 页。

③ 《白苏斋记》，明万历四十六年刊本《珂雪斋集》前集卷十一文。

④ 《东坡禅喜集》卷首，明万历刻本。

⑤ 王直方语，见阮阅《诗话总龟》前集卷九《评论门》五（郭绍虞编《宋诗话辑佚》上册，中华书局 1980 年版，第 45 页）。又，洪迈《容斋随笔·三笔》卷五："详考其意，盖专慕白乐天而然。"（上海古籍出版社 1978 年版，第 474 页）罗大经《鹤林玉露》丙编·卷三："本朝士大夫多慕乐天，东坡尤甚。"（王瑞来点校本，中华书局 1983 年版，第 287 页）

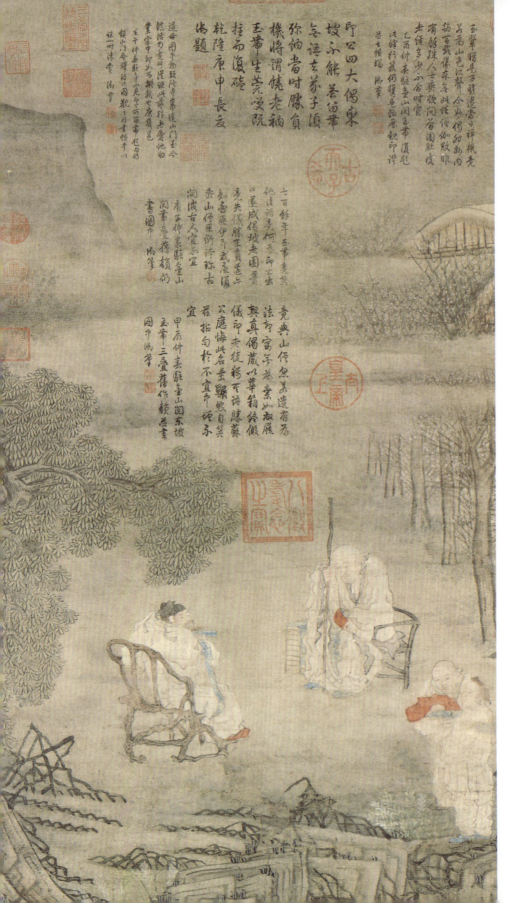

〔明〕崔子忠《苏轼留带图》

系。在陶渊明的形影神之后，在白乐天的身心之外，苏东坡提出物、我二义，认为自我与相物彼此对应。他说，陶渊明的形影神三者，皆自我而立论，重在以自我的视角看待世界，白乐天的身心二者，则须借外物而相互支撑，重在以外物彼此对待的视角认识世界，我苏子瞻于二公之后，古今月下三人，日后若再有人回看，详参此案，究竟当成几佛？苏诗中所谓"成几佛"，典出《楞严经》佛告阿难："必汝执言，身眼两觉，应有二知，即汝一身，应成两佛。是故应知汝言见暗名见内者，无有是处。"[1]意思是说，身眼两觉、有二知、一身成两佛，其实是不可能的。所以苏轼针对陶白，提出"三人当成几佛"的戏谑。言外之意，形与神也好，身与心也好，都是不可彼此分别而论，乃二而一的整体。陶渊明《神释》之"不喜亦不惧"，即范仲淹《岳阳楼记》所谓"不以物喜，不以己悲"，苏轼自己的《远游庵铭》亦云"不喜不忧"，或《上韩太尉书》所称"见恶不怒，见善不喜"，参悟到这一点，苏轼才有可能从苏子瞻走向苏东坡。

五、慕白：平生最慕乐天

耐人寻味的是，苏轼《刘景文家藏乐天〈身心问答三首〉，戏书一绝其后》诗中"渊明形神自我，乐天身心相物"的表述，在后世不同的语境引述中，发生过微妙的变化。例如，《王直方诗话》"东坡

---

[1] 佚名撰，般刺密帝译《大佛顶如来密因修正了义诸菩萨万行首楞严经》卷一，见高楠顺次郎等辑《大正新修大藏经》，大正一切经刊行会 1934 年版。

慕乐天"云：

> 东坡平生最慕乐天之为人，故有诗云："我甚似乐天，但无素与蛮。"又云："我似乐天君记取，华颠赏遍洛阳春。"又云："他时要指集贤人，知是香山老居士。"又云："定似香山老居士。"又云："渊明形神似我，乐天心相似我。"东坡在杭，又与乐天所留岁月略相似。①

王直方（1069—1109），字立之，号归叟，密县（今属河南）人。居汴京凡十五年，与苏轼同时。其引述虽然仅有几个字的些微差别，但涵义却相隔甚远。其中"似我"，亦自有所来。苏轼《入侍迩英》诗曾云："定似（一作是）香山老居士，世缘终浅道根深。"《去杭》诗又云："出处依稀似乐天，敢将衰朽较前贤。"叙曰："平生自觉出处老少，粗似乐天。"② 黄庭坚《跋子瞻和陶诗》亦评云"彭泽千载人，东坡百世士。出处虽不同，风味乃相似。"③ 明人杨嗣昌（1588—1641）《武山西双石记》则曰："苏子瞻自言似陶渊明、白乐天两人，乃崇于其神而不言其形，世之论者亦莫以为非也。"④ 当亦承自王直

---

① 《诗话总龟》前集卷九《评论门》五，《宋诗话辑佚》上册，第45页。

② 前诗全称《轼以去岁春夏侍立迩英，而秋冬之交子由相继入侍，次韵绝句四首，各述所怀》其四，孔凡礼点校本《苏轼诗集》，中华书局1982年版，第5册，第1505页；后诗全称《予去杭十六年而复来，留二年而去。平日自觉出处老少，粗似乐天，虽才名相远，而安分寡求亦庶几焉。三月六日，来别南北山诸道人，而下天竺惠净师以丑石赠行，作三绝句》其二，孔凡礼点校本《苏轼诗集》，第6册，第1762页。（以下引用《苏轼诗集》如无另行标注，均为此版本）

③ 郑永晓整理：《黄庭坚全集辑校编年》，江西人民出版社2011年版，第1059页。

④ 《杨文弱先生集》卷五十七，影印《续修四库全书》清初刻本。

方。苏白粗似之处，在于心相之通、道缘之深，故袁中道《白苏斋记》云："醉墨淋漓于湖山，闲情寄托于花月，借声歌以写心，取文酒以自适，则乐天、子瞻，萧然皆尘外人。"①明人高鹤（1517—1601）《见闻搜玉》亦云："白公蕴藉，苏公超迈，趣则一也"②，表述更为简洁。

"似我"虽然走形未走神，道出陶、白、苏三人之联系，但毕竟非苏轼原文，故难以据信。因此到了宋末，周密（1232—1298）《齐东野语》卷九"形影身心诗"又变了回来，文本成为"坡翁又从而赋六言曰：渊明形神自我，乐天身心于物……"③从"渊明形神自我，乐天身心相物"（苏轼），到"渊明形神似我，乐天心相似我"（王直方），再回到"渊明形神自我，乐天身心于物"（周密），宋人对陶、白、苏三人的定位终于调正了焦距。

周密对这一公案的剖析鞭辟入里，其《齐东野语》卷九"形影身心诗"云：

> 靖节作形影相赠、《神释》之诗，谓贵贱贤愚，莫不营营惜生，故陈形影之苦，而以神辨自然，以释其惑。《形赠影》曰："愿君取吾言，得酒莫苟辞。"《影答形》曰："立善有遗爱，胡可不自竭？"形累养而欲饮，影役名而求善，皆惜生之惑也。神乃释之曰："大钧无私力，万理自森著。人为三才中，岂不以我故。"此神自谓也。又曰："日醉或能忘，将非趣龄具。"所以辨养之累。

① 明万历四十六年刊本《珂雪斋集》前集卷十一文；影印文渊阁《四库全书》本，《明文海》卷三三九。
② 明万历十九年夏越中函三馆雕本卷七，中国社会科学院文学研究所图书馆善本室藏。
③ 《齐东野语》卷九，张茂鹏点校本，中华书局1983年版，第155页。

又曰："立善常所忻，谁当与汝誉？"所以解名之役，然亦仅在趣龄与无誉而已。设使为善见知，饮酒得寿，则亦将从之耶？于是又极其释曰："纵浪大化中，不喜亦不惧。应尽便须尽，无事勿多虑。"此乃不以死生祸福动其心，泰然委顺，乃得神之自然，释氏所谓断常见者也。坡翁从而反之曰："予知神非形，何复异人天。岂惟三才中，所在靡不然。"又云："委顺忧伤生，忧死生亦迁。纵浪大化中，正为化所缠。应尽便须尽，宁复俟此言。"

白乐天因之作《心问身》诗云："心问身云何泰然，严冬暖被日高眠。放君快活知恩否，不早朝来十一年。"身答心曰："心是身王身是宫，君今居在我宫中。是君家舍君须爱，何事论恩自说功。"心复答身曰："因我疏慵休罢早，遣君安乐岁时多。世间老苦人何限，不放君闲奈我何。"此则以心为吾身之君，而身乃心之役也。坡翁又从而赋六言曰："渊明形神自我，乐天身心于物。而今月下三人，他日当成几佛？"

然二公之说虽不同，而皆祖之《列子·力命》之论。力谓命曰："若之功，奚若我哉？"命曰："汝奚功于物，而欲比朕？"力曰："寿夭穷达，贵贱富贫，我力之所能也。"命遂历陈彭祖之寿，颜渊之夭，仲尼之困，殷纣之君，季札无爵于君，田恒专有齐国，夷、齐之饿，季氏之富。"若是，汝力之所能，奈何寿彼而夭此，穷圣而达逆，贱贤而贵愚，贫善而富恶耶？"力曰："若如是言，我固无功于物，而物若此耶？此则若之所制耶？"命曰："既谓之命，奈何有制之者？朕直而推之，曲而任之。自寿自夭，自穷自达，自贵自贱，自富自贫，朕岂能识之哉！"此盖言寿夭穷达，贵贱富贫，虽曰莫非天命，而亦非造物者所能制之，直付之自然耳。此则渊明《神释》所谓"大钧无私力"之论也。

其后杨龟山有《读东坡和陶影答形》诗云："君如烟上火，火尽君乃别；我如镜中像，镜坏我不灭。"盖言影因形而有无，是生灭相。故佛云："一切有为法，如梦幻泡影。"正言其非实有也，何谓不灭？此则又堕虚无之论矣。①

以上对这一公案的剖析鞭辟入里，白璧微瑕者，文末所引杨龟山语所谓"君如烟上火"云云，其实是东坡和陶诗，非杨时之作。"又堕虚无之论矣"云云，乃杨时批评苏诗之语。《苕溪渔隐丛话后集》卷三作："《龟山语录》云：'因读东坡《和渊明形影神诗》，其影答形云：君如烟上火，火尽君乃别。我如镜中像，镜坏我不灭。影因形而有，无是生灭相。故佛尝云：一切有为法，如梦幻泡影。正言非实有也，何谓不灭？他日，亦赏读《九成台铭》云：此说得之庄周。然以江山吐吞，草木俯仰，众窍呼吸，鸟兽鸣号为天籁，此乃周所谓地籁也。但其文精妙，读之者咸不之察耳。'"②分辨明晰。另外，除上引周密《齐东野语》所言《列子·力命》之外，敦煌遗书伯 3833 号王梵志诗卷《人去像还去》《一身元本别》《以影观他影》《观影无非有》③，也是陶白之间讨论形神与身心关系的重要作

---

① 《齐东野语》卷九，张茂鹏点校本，中华书局 1983 年版，第 154—156 页。

② 据张培锋《佛禅诗话十则》（下），《书品》2010 年第 5 期，第 75—79 页。《齐东野语》第 155 页未察此误；《全宋诗》以"君如烟上火"四句为杨时诗，与周密同误，见《全宋诗》，第 19 册，第 12959 页。

③ 项楚：《王梵志诗校注》，上海古籍出版社 1991 年版，第 259—264 页。

品。在苏轼之后,清代同光体浙派诗人代表袁昶（1846—1900）《形将》二首其一又云:"形将影语陶元亮,身答心云白乐天。证入苦空都忘却,东山法里一逃禅。"[1] 将这一辨析引入唐代禅宗五祖弘忍（602—675）与其师四祖道信共同缔造的东山法门,在苦空皆忘的禅宗观照之下,陶渊明的形影神释与白居易的身心问答,又有了新的理解平台。

六、三关：三元三次方程

从晋代陶渊明的形影神释,到唐代白居易的身心问答,再到宋代苏东坡的物我相忘,互承相延,已俨然构成三位异代大诗人的心灵对话。

昔日庐山脚下,虎溪水边,高僧慧远（334—416）和诗人陶潜、道士陆修静（407—477）,轩渠三笑,千载风流,遗响犹闻,正如唐英（1682—1756）题庐山虎溪三笑亭联所云:

桥跨虎溪,三教三源流,三人三笑语;
莲开僧舍,一花一世界,一叶一如来。

---

[1] 袁昶：《渐西村人初集》诗六,影印《续修四库全书》清光绪刻本,第1565册,第334页;《近代中国史料丛刊》第61辑,文海出版社1973年版,第218页。

〔南宋〕佚名《虎溪三笑图》

虽佳话只是传说，故事并非历史。^①然风期正可相拟，所谓"何溪不虎，何笑不三，各人就地写其致耳"^②，正堪解颐。这里，若将佳话故事中的慧远和陆修静，换成白居易和苏轼，则更令人有近而似之的期待，毕竟白苏二人均与庐山有不解之缘。苏轼《三笑图赞》云："彼三士者，得意忘言。卢胡一笑，其乐也天。嗟此小童，麋鹿狙猿。尔各何知，亦复粲然。万生纷纶，何鄙何妍。各笑其笑，未知孰贤？"其诗《陶骥子骏佚老堂二首》其二又曰："我从庐山来，目送孤飞云。路逢陆道士，知是千岁人。试问当时友，虎溪已埃尘。

---

① 楼钥（1137—1213）《又跋东坡三笑图赞》（《攻媿集》卷七十七）引赵彦通之说，认为陆修静与陶渊明、慧远生卒年不同时，不可能同时出现在庐山，陆修静首次上庐山时，慧远已去世30年，陶渊明去世20年。方以智（1611—1671）《通雅》卷二十亦云："虎溪三笑本不同时，白莲结社亦不必一日聚也……晋义熙十二年丙辰，远公八十二卒；宋元徽五年丙辰，陆修静七十三卒。相去六十载。元嘉末，陆来庐山，远陶死二三十年，安得三笑？自长公作《三笑图赞》，而山谷实之，又考东林结莲社在晋武太元十五年庚寅，至义熙七年辛亥生公入社。宋景平元年癸亥，周续之四十七卒；元嘉二十年癸未，宗炳六十九卒；戊子，雷次宗六十三卒。当结社岁，续之才十三，炳才十四，次宗四岁耳。盖总计也。一曰：佳话听之可。"
② 方以智：《浮山集·此藏轩别集》卷二，清康熙此藏轩刊本。

似闻佚老堂，知是几世孙。能为五字诗，仍戴漉酒巾。人呼小靖节，自号葛天民。"千载尚友古人之心，一脉相承。而陶白苏三人亦然，虽时代有别，形服不同，教法有别，而未尝不可跨越时空，彼此对话。

这种对话，首先是通过向前代先贤追和的形式，建立起彼此互文的关系。白苏"皆善学陶"[①]，不仅体现在效陶潜体之形似，更有神似，如对淡泊情趣的追求，平易自然的语言，明朗畅达的意脉，都有着一脉相承的精神联系。这种对话，其次是立局、入局与破局的过程。立者高，入则套，破须巧。渊明形神乃自我而发，乐天身心需相物以待，东坡破之后曰："而今月下三人参禅，不知他日几人成佛。"这种对话，最后也构筑起中国文人范式的三块重要基石，中国文人思想也随之经历了起转合的三个阶段。这三个阶段大致所处的元嘉、元和与元祐，正是中国诗学三个重要的转关时代，前人所谓"三元或三关"[②]。转关之所以重要，一是因为时代变局的转折之际，往往最能考验一个人的反应能力，二是转折或转角往往要占据更大的空间，时代是否能够容许接纳，正需求与呼唤其代表者，分别由陶靖节、白文公、苏文忠公三人为三元或三关之代表，可谓"三英而无愧"。

以上构成中国古典文艺史上的三关三英之三题，由形影神释，经身心问答，至物我相忘，三个时代，三位巨人，三大问题，大循

---

① 吴瞻泰：《陶诗汇注序》，清拜经堂刊本。

② 三元或三关说，倡自沈曾植、陈衍，见陈衍《石遗室诗话》卷一（郑朝宗、石文英校点，人民文学出版社 2004 年版，第 6—7 页）及所引沈曾植诗《寒雨积闷，杂书遣怀，襞积成篇。为石遗居士一笑》。

环中套着小循环，可谓中国文人的生命哲思理路，从魏晋玄学经佛学至宋学的三级跳，也可谓文人心态由青春至壮而老成的三层境界之发展。如何准确把握好这三级跳的脉络，三层境界之发展，合理继承这份文化遗产，不啻解决一道三元三次方程，还需要我们慢慢寻找出一个合适的公式。

二、苏徐州看白乐天

——出处依稀似乐天

歌窈窕之章少焉月出于東山
之上徘徊於斗牛之間白露橫江
水光接天縱一葦之所如凌萬
頃之茫然浩浩乎如馮虛御風而

假如站在苏轼的角度向前追溯，陶渊明和白居易两位晋唐前贤，是对苏轼最具影响力的前辈和榜样，而白居易因为距离苏轼时代更近，所以影响更大。苏轼对于白居易，由钦慕、效仿而至于并称，堪称两位伟大文人之间的跨代对话。这里谨以徐州为中心，梳理和分析苏轼眼中的前代诗豪白居易。

一、乐天知命我无忧

熙宁十年（1077）四月，42 岁的苏轼赴任徐州，两年时间里，在"乐其土风"①，交出完美的政绩答卷之外，留下 365 篇诗词文赋。其中诗 193 首，词 29 首，书信文赋等 143 篇，另有书迹 20 余帖。其中，在在可见前辈白居易的身影。此前，苏轼眼中白居易的特征是俗，所谓"元轻白俗"，而他到徐州之后，胸襟和眼界都扩大了。可以说，徐州时期作为关节点，划分了苏轼慕白效白之路的分水岭。不妨从他熙宁十年（1077）六月所撰《次韵答邦直、子由四首》其二说起：

城南短李好交游，箕踞狂歌不自由。尊主庇民君有道，乐天知命我无忧。醉呼妙舞留连夜，闲作清诗断送秋。潇洒使君

---

① 元丰二年（1079）三月二十七日，苏轼《灵璧张氏园亭记》云："余为彭城二年，乐其土风。"

殊不俗，樽前容我揽须不？①

　　诗题所言子由，苏辙也，对徐州他曾抒发喜爱之情，说"爱此山河古"②；邦直及首句所云"短李"，指与苏轼兄弟唱酬甚多的旧友李清臣。李清臣在徐州所建之快哉亭，即苏轼所命名，取义于宋玉《风赋》"快哉此风"，白居易亦有"何处披襟风快哉"（《题新涧亭兼酬寄朝中亲故见赠》）的诗句，苏轼并撰有《快哉此风赋》。③"短李"之典，源自白居易诗歌《代书诗一百韵寄微之》所谓"闲吟短李诗"，白氏自注："李二十绅，形短能诗，故当时有……短李之号。"此即"短李"这一绰号的来历。白诗《东南行一百韵》"李酣尤短窭"，自注亦曰："李廿身躯短小……每因醉中，各滋本态，当时亦因为短李……"白居易《编集拙诗成一十五卷因题卷末戏赠元九李二十》"苦教短李伏歌行"，《江楼夜吟元九律诗成三十韵》"短李爱应颠"，苏轼《四望亭》"故老犹言短李亭"，三句诗中的"短李"亦指李绅。"箕踞狂歌不自由"，一作"箕踞狂歌总自由"（或为避免与诗末之"不"相重而改），与白居易《醉游平泉》"狂歌箕踞酒樽前，眼不看人面向天"，词句亦有相仿之处，皆用刘伶《酒德颂》"奋髯箕踞，枕曲藉糟"之典。最引人注目的一句是"乐天知命我无忧"，较邦直、子由原作相应位置的诗句气度更胜一筹，当足以令短李和子由心服。这一句，王注引《列子·仲尼篇》，颜回曰："昔闻之夫子，曰：乐

---

① 《苏轼全集校注》，第 3 册，第 1518 页。
② 苏辙《栾城集》卷七《雨中陪子瞻同颜复长官送梁焘学士舟行归汶上》。
③ 据贺铸《庆湖遗老诗集·快哉亭序》，参见孔凡礼《三苏年谱》，北京古籍出版社 2004 年版，第 938 页。

天知命故不忧"，恐未中肯綮。肯綮所在——白居易字乐天，其字来自《周易·系辞上》所谓"乐天知命故不忧"，白诗《枕上作》"若问乐天忧病否，乐天知命了无忧"，亦双关此意。至于"闲作清诗断送秋"，断送者，犹云发付也。言以闲作清诗，发付秋意也，与白诗《同梦得和思黯见赠来诗中先叙三人同宴之欢次有叹鬓发渐衰嫌孙子催老之意因继妍唱兼吟鄙怀》"断送樽前倒即休"，言以醉倒发付饮酒之兴致，也有相似之情境。苏轼到徐州不久所撰这组次韵之作的其他几首，也多处用到白诗之典，于此可以概见白居易诗歌对徐州太守苏轼的影响痕迹。

徐州于白居易而言，是印记深刻而久远的准故乡，白家在徐州丰县还有旧宅。据白居易《襄州别驾府君事状》，早在德宗建中元年（780），白居易9岁时，其父白季庚曾授徐州彭城县令。建中二年（781）正月，唐发军讨成德节度使李惟岳、魏博节度使田悦。同年二月，讨襄阳节度使梁崇义；八月，崇义伏诛，平卢留后李纳以军助田悦；九月，讨李纳。徐州刺史李洧，本是李纳的从伯父，一向与李纳父子通同一气。徐州彭城令白季庚则劝说李洧服从朝廷，坚守徐州城池，拒李纳，亲当矢石，昼夜攻拒，凡四十二日，而诸道救兵方至，以功自朝散郎超授朝散大夫，擢拜徐州别驾，赐绯鱼袋，仍充徐泗观察判官。徐州之战十分惨烈，朔方军建功尤多。白季庚说动李洧，颇有权谋；复能聚众坚守，刚韧有加。其名虽不大著，亦不失为佼俊之士，在白氏家族史上更是彪炳光耀。白季庚抗击藩镇、尊王忠君的义勇行为，对哲嗣白居易政治立场、道德品质的塑造，有着持久而积极的影响。建中三年（782），白居易从父赴任徐州，举家移居符离（今安徽宿州）。贞元元年（785），朝廷追念前功，加授白季庚检校大理少卿，依前徐州别驾、当道团练判官，仍知州事。白居易早年避难旅居苏杭，他的兄弟还都留在了徐州，白居易《江南送北客因凭寄徐州兄弟书》，就是写给白行简、白幼美的，结尾说"数行乡泪一封书"，情真意切，深切表达出思念之情。

苏轼对前贤白居易的亲近，与北宋早期白体流行，李昉、李至、王禹偁等文人的推尊，同代欧阳修、梅尧臣、韩琦、司马光等慕白效白之风，都有密切的关系。欧阳修，自号醉翁，源于白居易《别柳枝》诗句："两枝杨柳小楼中，袅娜多年伴醉翁。"明道元年（1032），欧阳修在洛阳撰《游龙门分题十五首》，其中《八节滩》《白傅坟》均可见对白傅之追慕。景祐元年（1034）《独至香山忆谢学士》所写在香山伊水之间，"却寻题石处，岁月已堪嗟"，亦含白香山之遗迹。天圣五年（1027），欧阳修落第还乡途中，经过九江，写下《琵琶亭上作》："九江烟水一登临，风月清含古恨深。湿尽青衫司马泪，琵琶还似雍门琴。"[①] 景祐三年（1036），欧阳修被贬夷陵（今湖北宜昌），途经长江，再过浔阳，又有《琵琶亭》："乐天曾谪此江边，已叹天涯涕泫然。今日始知予罪大，夷陵此去更三千。"[②] 同病相怜，对乐天报以同情之理解。其《玉楼春》亦有"露湿浔阳江上月，不知商妇为谁愁"之慨。

韩琦作堂于私第之池上，名之曰醉白。取乐天《池上》之诗，以为醉白堂之歌，其《醉白堂》云："懿老新成池上堂，因忆乐天池上篇。乐天先识勇退早，凛凛万世清风传……酒酣陶陶睡席上，醉

---

① 《欧阳修诗编年笺注》，中华书局 2012 年版，第 23 页。
② 《欧阳修诗编年笺注》，中华书局 2012 年版，第 402 页。

乡何有但浩然。人生所适贵自适，斯适岂异白乐天。未能得谢已知此，得谢吾乐知谁先。"①苏轼认为此乃"意若有羡于乐天而不及者"。熙宁八年（1075），苏轼践其生前之约，作《醉白堂记》，反复将白乐天与醉白堂主人韩魏公参错相形，加以比较，留下"韩白优劣论"公案②，其实正是白乐天在北宋文坛巨大影响力的一个缩影。

较欧阳修、韩琦有过之而无不及，司马光《戏呈尧夫》更宣称"只恐前身是，东都白乐天"，其《久雨效乐天体》则于诗题直言效白，其晚年之号迂叟，则源于白居易《迂叟》："初时被目为迂叟，近日蒙呼作隐人。冷暖俗情谙世路，是非闲论任交亲。"《闲居偶吟招郑庶子皇甫郎中》亦云："自哂此迂叟，少迂老更迂。"熙宁六年（1073），司马光以端明殿学士提举西京崇福宫，在洛阳修葺私家园林，较韩琦的醉白堂，有过之而无不及，号独乐园，并撰《独乐园记》、《独乐园七题》、《独乐园》二首及《独乐园新春》等。《孟子·梁惠王下》曾言：独乐乐，不如与人乐乐。与少乐乐，不如与众乐乐。司马光《独乐园记》则认为，此王公大人之乐，非贫贱者所及也。独乐之乐，自然不同于庆历六年（1046）范仲淹《岳阳楼记》的"后天下之乐而乐"，尤其与庆历五年（1045）欧阳修《醉翁亭记》写滁州太守等众乐之乐，嘉祐六年（1061）明州太守钱公辅建众乐亭，并围绕其《众乐亭记》的众乐亭唱和，形成互文，耐人寻味。追溯起来，白居易在洛阳《题新涧亭兼酬寄朝中亲故见赠》曾云："自得所宜还独乐，

---

① 《全宋诗》，北京大学出版社 1998 年版，第 6 册，第 3986 页。
② 参见拙作《日常与风流——从醉白池看清代江南文人对醉吟诗风的接受》，《文学评论》
  2020 年第 4 期。

各行其志莫相咍"，故宋人李刘有"独乐园中闲日月，香山图里永神仙"①的诗句。元人许有孚《摸鱼子·引》亦曰："香山独乐，不是过也。"②弘历《题金廷标画》云："不拟白傅履道坊，定是温公独乐园。温公独乐乐岂独，白傅履道道亦履。"③可见独乐与香山之缘。司马光《独乐园七题·浇花亭》云："吾爱白乐天，退身家履道。酿酒酒初熟，浇花花正好。作诗邀宾朋，栏边长醉倒。至今传画图，风流称九老。"④这篇是七首独乐园组诗的殿尾之作，可视为司马光慕白效白的诗意宣言。

有鉴于此，熙宁十年（1077）五月六日，苏轼在徐州寄题《司马君实独乐园》："青山在屋上，流水在屋下。中有五亩园，花竹秀而野。花香袭杖履，竹色侵杯斝。樽酒乐余春，棋局消长夏。洛阳古多士，风俗犹尔雅。先生卧不出，冠盖倾洛社。虽云与众乐，中有独乐者。才全德不形，所贵知我寡。先生独何事，四海望陶冶。儿童诵君实，走卒知司马。持此欲安归，造物不我舍。名声逐吾辈，此病天所赭。抚掌笑先生，年来效喑哑。"⑤喑哑，即不能言。《法苑珠林》卷五八引《佛说太子沐魄经》："志若死灰，身如枯木，耳不听音，目不视色，状类喑痖聋盲之人。"赭，指施加罪罚。所附《与司马温公》称："久不见公新文，忽领《独乐园记》，诵味不已，辄不自揆，作一诗，

---

① 李刘：《寿友人》，《全宋诗》，第 56 册，第 35132 页。

② 唐圭璋：《全金元词》，中华书局 1994 年版，第 987 页。

③ 影印文渊阁《四库全书》本《御制诗集》二集卷八十七。

④ 《全宋诗》，第 9 册，第 6058 页。

⑤ 《苏轼全集校注》，第 3 册，第 1497 页。或谓作于元丰三年（1080），见贾珺《洛中小圃独乐吟》（《读库 1801》，新星出版社，2018 年 1 月版），恐不足为据。

聊发一笑耳。彭城嘉山水……但朋游阔远，舍弟非久赴任，益岑寂矣。"可证作于彭城。从全篇格调和词句看，显然是白居易《池上篇》的翻版五言诗，只是又添上了照应司马光《独乐园记》的诗意化描写。所以，明人胡应麟《诗薮》评论说："'青山在屋上，流水在屋下。中有五亩园，花竹秀而野'，此乐天声口耳，而坡学之不易已。"① 清人赵克宜《角山楼苏诗评注汇钞》卷六亦云："颇似香山，语虽平易，不伤浅率。"② 元丰五年（1082）正月，文彦博、富弼、司马光等仿效香山九老会，倡尚齿会，时人所谓洛阳耆英会，也是这一效白之风顺理成章的有机延承，而苏轼《司马君实独乐园》"冠盖倾洛社"一语，可谓已道其先声。

二、我是朱陈旧使君

对于苏轼而言，徐州是他仕途轨迹的闪光亮点，这里存在着两处与白居易有关的文化遗迹，令这位新任徐州太守倍加留意，一处是今日徐州郊县的朱陈村，一处是今日徐州市区的燕子楼。朱陈村，在徐州丰县东南一百里深山中，民俗淳质，一村唯朱、陈二姓，世为婚姻。白乐天有《朱陈村》诗三十四韵六十八句：

徐州古丰县，有村曰朱陈。去县百余里，桑麻青氛氲。机梭声札札，牛驴走纭纭。女汲涧中水，男采山上薪。县远官事

---

① 《诗薮》外编卷四唐下，王国安校补本，上海古籍出版社 1979 年版，第 210 页。
② 《苏轼全集校注》，第 3 册，第 1503 页。

少，山深人俗淳。有财不行商，有丁不入军。家家守村业，头白不出门。生为陈村民，死为陈村尘。田中老与幼，相见何欣欣。一村唯两姓，世世为婚姻。（自注：其村唯朱、陈二姓而已。）亲疏居有族，少长游有群。黄鸡与白酒，欢会不隔旬。生者不远别，嫁娶先近邻。死者不远葬，坟墓多绕村。既安生与死，不苦形与神。所以多寿考，往往见玄孙。我生礼义乡，少小孤且贫。徒学辨是非，只自取辛勤。世法贵名教，士人重冠婚。以此自桎梏，信为大谬人。十岁解读书，十五能属文。二十举秀才，三十为谏臣。下有妻子累，上有君亲恩。承家与事国，望此不肖身。忆昨旅游初，迨今十五春。孤舟三适楚，羸马四经秦。昼行有饥色，夜寝无安魂。东西不暂住，来往若浮云。离乱失故乡，骨肉多散分。江南与江北，各有平生亲。平生终日别，逝者隔年闻。朝忧卧至暮，夕哭坐达晨。悲火烧心曲，愁霜侵鬓根。一生苦如此，长羡陈村民。

此诗，朱金城《白居易集笺校》谓约作于元和三年（808）至五年，然据白居易《唐故坊州鄜城县尉陈府君夫人白氏墓志铭》，其外祖母陈白氏，贞元十六年"疾殁于徐州古丰县官舍。其年冬十一月，权窆于符离县之南偏。至元和八年春二月二十五日，改卜宅兆于华州下邽县义津乡北原"。盖白家在徐州丰县旧有住宅，因此，谢思炜《白居易诗集校注》认为，此诗最有可能为元和八年（813）白居易回徐州迁葬外祖母时所作。明代都穆《南濠诗话》称赞此诗："予每诵之，则尘襟为之一洒，恨不生长其地。后读坡翁《朱陈村嫁娶图》诗云：'我是朱陈旧使君，劝农曾入杏花村。而今风物那堪画，县吏催钱夜打门。'则宋之朱陈，已非唐时之旧。若以今视之，又不知其何如也？"①明徐爀《徐氏笔精》卷五亦云："二诗切中时弊，予喜诵之。"清张培仁《妙香室丛话》评价白诗"感慨遥深，别有寄托"②，梁启超批点《白香山诗集》则称赞此诗"气极浑灏，无集中习见语，少作之佳者"，其美誉与影响可见一斑。

都穆提到的"坡翁《朱陈村嫁娶图》"，即苏轼的题画诗《陈季常所蓄〈朱陈村嫁娶图〉》二首：

> 何年顾陆丹青手，画作《朱陈嫁娶图》。闻道一村唯两姓，不将门户买崔卢。
> 我是朱陈旧使君，劝农曾入杏花村。而今风物那堪画，县吏催租夜打门。

其自注云："朱陈村，在徐州萧县。"③诗从称誉画作生发，以古今对比来拓开画意，将一幅普通的风俗画，注入社会内涵和现实意义。第一首赞美"不将门户买崔卢"的淳朴民风，勾画出一幅安恬的生活图景；第二首则笔锋一转，将美好毁灭给人看，描绘新法实施过急带来的"县吏催租夜打门"的残酷现实。第一首情调轻松舒缓，第二首风格沉郁苍劲，两相对照，迸发出惊心动魄的撼人力

①《历代诗话续编》，中华书局1983年版，第1364页。
②《妙香室丛话》卷一，新文丰出版公司《丛书集成三编》，第76册，第589页。
③《苏轼全集校注》，第4册，第2146—2148页。绘画史上，东晋顾恺之与南朝宋陆探微并称"顾陆丹青"。

量。诗人忧国忧民之心也就随着两首诗中现实与理想差距的刻画充分体现了出来。这两首诗并非作于徐州，而是元丰三年（1080）正月，苏轼被贬黄州路过岐亭（今属湖北麻城），在好友陈季常（名慥）家中所撰，但一句"我是朱陈旧使君"，已直接点明自己前任徐州太守的身份。至于其"劝农曾入杏花村"的具体时间，或在元丰元年（1078）春。① 诗中"闻道一村唯两姓，不将门户买崔卢"所对应的，正是白居易诗"一村唯两姓，世世为婚姻"，"生者不远别，嫁娶先近邻"，因此，完全可以将此视为前徐州太守苏轼对白居易的另一种致敬形式。

元祐二年（1087），苏轼在汴京任翰林学士、知制诰兼侍读时，又在和韵曾肇的诗中，重提白居易和朱陈村，诗中说："奉引拾遗叨侍从，思归少傅羡朱陈。"（《再和二首》其一）杜拾遗杜甫《奉酬严公寄野亭之作》诗云："拾遗曾奏数行书，懒性从来水竹居。奉引滥骑沙苑马，幽栖真钓锦江鱼。"苏轼将白少傅与杜子美并提，可见杜甫笔下的水竹居，无疑也是朱陈村的互文对象，代表着同一种理想。

对此，明代无锡钱子义又有《咏史诗·朱陈村》，诗序云："白乐天有诗曰：'徐州古丰县，有村曰朱陈。……一村唯两姓，世世为婚姻'云云。东坡诗曰：'我亦朱陈旧使君，劝农曾入杏花村。如今风俗那堪说，县吏催租夜打门。'"诗云："阴阴桑梓掩柴扉，税足年丰吏到稀。曾见文章贤太守，杏花深处劝农归。"② 可谓与白、苏一脉相承。

---

① 参见孔凡礼《三苏年谱》，北京古籍出版社 2004 年版，第 1002 页。
② 《三华集》卷九种菊庵集三，影印文渊阁《四库全书》本。

三、燕子楼空三百秋

　　唐代徐州太守张愔为能歌善舞的爱妾关盼盼所建燕子楼，飞檐挑角，状似飞燕，每年一到春天，又多有燕子栖息于此，故得名燕子楼。张愔死后，关盼盼心念旧恩，守在楼上，十多年不嫁，成为当时引人注目的公共事件，身后还留下一桩是非迷离的罪案。①元和十年（815），太子左赞善大夫白居易撰有《燕子楼诗》，序云："徐州故张尚书有爱妓曰盼盼，善歌舞，雅多风态。予为校书郎时，游徐、泗间。张尚书宴予，酒酣，出盼盼以佐欢，欢甚。予因赠诗云：'醉娇胜不得，风袅牡丹花。'一欢而去，迩后绝不相闻，迨兹仅一纪矣。昨日，司勋员外郎张仲素绘之访予，因吟新诗，有《燕子楼》三首，词甚婉丽。诘其由，为盼盼作也。绘之从事武宁军累年，颇知盼盼始末，云：'尚书既殁，归葬东洛。而彭城有张氏旧第，第中有小楼，名燕子。盼盼念旧爱而不嫁，居是楼十余年，幽独块然，于今尚在。'予爱绘之新咏，感彭城旧游，因同其题，作三绝句。"诗曰：

　　　　满窗明月满帘霜，被冷灯残拂卧床。燕子楼中霜月夜，秋来只为一人长。

　　　　钿晕罗衫色似烟，几回欲著即潸然。自从不舞霓裳曲，叠在空箱十一年。

---

① 莫砺锋《死后是非谁管得》（《文史知识》2010 年第 12 期），曾辨析其案实为子虚乌有，以讹传讹。

今春有客洛阳回，曾到尚书墓上来。见说白杨堪作柱，争教红粉不成灰？[1]

一唱三叹，风调凄楚感人，尤其是结尾发自内心的呼唤——"争教红粉不成灰"，折射出一颗善良之心，故《唐宋诗醇》有"余音绕梁"之嘉评。

燕子楼此后历经沧桑，基址几经变迁，且屡毁屡建，唐景福二年（893），朱全中攻打徐州，徐州行营兵马都统时溥战败，携妻子登此楼自焚而死，楼亦被烧毁。此后，州人多次续建续修燕子楼。至宋代，燕子楼仍在，就位于徐州官衙之内。宋人咏此楼者，资政

燕子楼

---

①《白居易集笺校》，第 926 页。

殿学士陈荐《燕子楼》诗云："仆射新阡狐兔游，侍儿犹住水边楼。风清玉簟慵欹枕，月好珠帘懒上钩。寒梦觉来沧海阔，新诗吟罢紫兰秋。乐天才思如春雨，断送残花一夕休。"[1]宋人蔡絛《西清诗话》载："徐州燕子楼直郡舍后，乃唐节度使张建封为侍儿盼盼者建。白乐天赠诗自誓而死者也。陈彦升尝留诗，辞致清绝：'仆射荒阡狐兔游，侍儿犹住水西楼。风清玉簟慵歌枕，月好珠帘懒上钩。寒梦觉来沧海阔，新愁吟罢紫兰秋。乐天才似春深雨，断送残花一夕休。'后东坡守徐，移书彦升曰：'彭城八咏如《燕子楼》篇，直使鲍谢敛手、温李变色也。'"[2]关于燕子楼，苏轼在黄州答复邀请他撰写《燕子楼记》的朋友——《黄州与人五首》之二云："示谕《燕子楼记》。某于公契义如此，岂复有所惜？况得托附老兄与此胜境，岂非不肖之幸。但困踬之甚，出口落笔，为见憎者所笺注。儿子自京师归，言之详矣，意谓不如牢闭口，莫把笔，庶几免矣。虽托云向前所作，好事者岂论前后？即异日稍出灾厄，不甚为人所憎，当为公作耳。千万哀察。"[3]称彭城燕子楼为胜境，可见苏轼对自己官衙之内的燕子楼不仅熟稔，而且很有感情。但当时"乌台诗案"刚刚尘埃落下，心有余悸之际

---

[1]《全宋诗》，第8册，第5023页。

[2] 明抄本《西清诗话》卷中。智按：燕子楼事，非张建封，乃其子张愔。宋陈振孙《白文公年谱》早有辨正："燕子楼事，世传为张建封。按建封死在贞元十六年，且其官为司空，非尚书也。尚书乃其子愔，《丽情集》误以为建封耳。此虽细事，亦可以正千载传闻之谬。"清张宗泰《质疑删存》卷下亦云："汪立名《白公年谱》辨《丽情集》以为张建封有误，良是。然谓建封未为尚书，亦非。《唐书·张建封传》：建封于贞元七年进位检校礼部尚书，十二年加检校右仆射，不过加仆射后不可仍称尚书耳。不若据贞元二十年断之。建封卒于贞元十六年，则二十年非愔而何？"（参见拙编《白居易资料新编》，第2册，中国社会科学出版社2021年版，第826页）

[3]《苏轼全集校注》，第18册，第6664页。

苏轼只能"牢闭口，莫把笔"，留下了历史性的遗憾。

熙宁十年（1077）四月，苏轼撰《和赵郎中见戏二首》，题注："赵以徐妓不如东武，诗中见戏，云，只有当时燕子楼。"诗曰："燕子人亡三百秋，卷帘那复似扬州。西行未必能胜此，空唱崔徽上白楼。""我击藤床君唱歌，明年六十奈君何。（自注：赵每醉歌毕，辄曰明年六十矣。）醉颠只要装风景，莫向人前自洗磨。"赵郎中即赵成伯，时以尚书屯田郎中为密州（即题注所云东武）通判，是前任密州太守苏轼的僚属。苏轼《和赵郎中捕蝗见寄次韵》在夸赞之余曾叮嘱赵成伯："爱君有逸气，诗坛专斩伐。民病何时休，吏职不可越。慎无及世事，向空书咄咄"，与白居易《重题》其四所云"世事从今口不言……胸中壮气犹须遣"，用意是一样的，施注苏集即以此为释。元和十年（815）白居易作《燕子楼诗》及序，至苏轼写作《和赵郎中见戏二首》的熙宁十年（1077），业已262年，"三百秋"自然是取其成数。下句"卷帘那复似扬州"，用杜牧《赠别》"春风十里扬州路，卷上珠帘总不如"之典，意谓自燕子楼能歌善舞的关盼盼之后，徐州歌姬已远不如当年之盛矣。这一年七月黄河决口澶渊，苏轼领导抗洪取得胜利，第二年宋神宗降敕奖谕，赐钱发粟，苏轼建黄楼，在重阳之节，元丰元年（1078）九月九日，写下《黄楼致语口号》，中云："不用游从夸燕子，直将气焰压波神"，也提到名闻遐迩的燕子楼。

苏轼还有一首更负盛名的词作，即《永遇乐》词，亦作于徐州太守任上，专咏燕子楼和盼盼之事，撰于元丰元年（1078）十月。①

① 王文诰《苏诗总案》卷一七："元丰元年戊午，十月，十五日观月黄楼，席上次韵，梦登燕子楼。翌日，往寻其地，作《永遇乐》词。"

其小序云："夜宿燕子楼，梦盼盼，因作此词。一云：徐州梦觉北登燕子楼作。"词曰：

> 明月如霜，好风如水，清景无限。曲港跳鱼，圆荷泻露，寂寞无人见。统如三鼓，铿然一叶，黯黯梦云惊断。夜茫茫，重寻无处，觉来小园行遍。　　天涯倦客，山中归路，望断故园心眼。燕子楼空，佳人何在，空锁楼中燕。古今如梦，何曾梦觉，但有旧欢新怨。异时对，黄楼夜景，为余浩叹。①

全词借关盼盼之事，以梦为线索，通过惊梦、寻梦、梦醒等描写，将历史与现实联系，将自身仕宦那种天涯倦客的倦怀，比照眼前人去楼空之渺茫，古今如梦的沧桑之感，沛然而出。人生所遇，无论如何执着，终将事过而境迁，转头想来，真似一梦。苏轼从关盼盼燕子楼到黄楼之叹，暗含着苏轼与关盼盼相通的幽独与忠义，虽有立事功的黄楼，但仍有生命飘荡与兄弟早退相守、风雨对床难圆之梦。② 在这首词里，苏轼已将对前贤白居易的理解，与自身、未来和眼下无痕而有机地衔接起来。篇末的黄楼，在徐州城东门之上，是苏轼为纪念徐州抗洪保城所建，以黄土涂楼，取土厌水之意，故

---

① 《苏轼全集校注》，第9册，第222页。傅幹《注坡词》："张建封镇武宁，盼盼乃徐府奇色，公纳之于燕子楼，三日乐不息。后别为新燕子楼，独安盼盼，以宠嬖焉。暨公薨，盼盼感激深恩，誓不它适。后往往不食，遂卒。"
② 参见陈金现《从燕子楼到黄楼》，《苏轼研究》2020年第3期。

名黄楼。① 词的上片，是梦中所见燕子楼的实景，本是梦境，却如幻似真，令人生出无限恍惚之感，又恰是东坡梦中午醒来时的感受。真是行笔若神，形神俱现。梦醒后低回流连，别有幽情，遂起身在居所楼外徘徊，"行遍"，见徘徊时间之久，又见心事之迷离低沉。"明月"三句，写梦中燕子楼景色，印象应得自白居易《燕子楼》诗其一所云"满窗明月满帘霜，被冷灯残拂卧床。燕子楼中霜月夜，秋来只为一人长"。"曲港"三句，仍是梦中燕子楼景色，属于近写：曲池里的鱼偶然泼水而出，荷叶上的露珠静静地滴下，都增添了暗夜的寂静幽美，足以媲美杭州曲院风荷。下片，将自身仕宦的倦怀，与燕子楼空人渺茫之眼前事比照，发出人生如梦、古今如梦的感慨。苏轼设想着，后人面对黄楼凭吊自己时，亦如同自己今日面对燕子楼凭吊盼盼一般，辞简而余意悠然无尽。宋人曾敏行《独醒杂志》卷三载："东坡守徐州，作燕子楼乐章，方具藁，人未知之。一日，忽哄传于城中，东坡讶焉。诘其所从来，乃谓发端于逻卒。东坡召而问之，对曰：'某稍知音律，尝夜宿张建封庙，闻有歌声，细听乃此词也。记而传之，初不知何谓。'东坡笑而遣之。"② 此事虽难以尽

---

① 秦观《黄楼赋引》："太守苏公守彭城之明年，既治河决之变，民以更生；又因修缮其城，作黄楼于东门之上。以为水受制于土，而土之色黄，故取名焉。"傅幹《注坡词》："公守徐州，河决澶渊，徐当水冲，而城几坏。水既去，公请增筑徐城。于是为大楼于城东门之上，垩以黄土，曰：'土实胜水。'因名之黄楼。"《苏轼诗集》卷一六《答范淳甫》："重瞳遗迹已尘埃，惟有黄楼临泗水。"自注："郡有厅事，俗谓之霸王厅，相传不可坐。仆拆之以盖黄楼。"合注：《却扫编》：东坡南窜，黄楼易名观风。"按，白居易《冷泉亭记》："有裴庶子棠棣作观风亭。"
② 曾敏行：《独醒杂志》卷三，清知不足斋丛书本。清梁廷枏《东坡事类》卷十六所引同，又见清叶申芗《本事词》卷上，文字微异。

信，略有造作、附会之嫌，但亦可见当时流传之语境。^①

　　而并非造作与附会、实属巧合的是：与唐代关盼盼同名，苏轼守徐州时，恰有官伎马盼盼，恰如徐州云龙湖与杭州西湖今日姊妹湖性质的关联。《风月堂诗话》载，苏轼曾遣官伎马盼盼持纸笔去朋友参寥那里求诗，参寥援笔立成，有"禅心已作沾泥絮，不逐春风上下狂"之句，令苏轼叹服。^②《墨庄漫录》载："徐州有营妓马盼者，甚慧丽。东坡守徐日甚喜之。盼能学公书，得其彷佛。公尝书《黄楼赋》未毕，盼窃效公书'山川开合'四字，公见之大笑，略为润色，不复易之。今碑中四字，盼之书也。"^③ 这位慧丽的马盼，即马盼盼。苏轼《百步洪》诗序称"王定国访余于彭城。一日，棹小舟，与颜长道携盼、英、卿三子，游泗水，北上圣女山，南下百步洪，吹笛饮酒，乘月而归"^④，盼，即马盼盼。苏门弟子贺铸还有《和彭城王生悼歌人盼盼》诗，注云："盼盼马氏，善书染，死葬南台，即凤皇原也。"^⑤ 后世文人就此多有演绎，则题外话也。至于将苏轼《江城子·别徐州》"携手佳人，和泪折残红"中的"佳人"指实为马盼盼^⑥，则比制造"乌台诗"案者还要附会矣。在关盼盼诗案已走出迷雾的今天，在燕子楼前，实在没有必要再增添真幻难测的新诗案了。

---

① 《四库全书总目提要》卷一九八："其事荒诞不足信，然足见轼之词曲，舆隶亦相传诵，故造作是说也。"冯煦《蒿庵论词》："宋人每好自神……《独醒杂志》谓逻卒闻张建封庙中鬼歌东坡燕子楼乐章，则又出他人之附会，益无征已。"

② 朱弁：《风月堂诗话》卷上，陈新点校，中华书局1988年版，第103页。

③ 张邦基：《墨庄漫录》卷三"营妓马盼学东坡书"，孔凡礼点校，中华书局2002年版，第92页。

④ 《苏轼诗集》，第891页。

⑤ 贺铸：《庆湖遗老集》卷六，民国宋人集本。

⑥ 陆明德、魏新建主编：《徐州苏轼文化大观》，中国文史出版社2022年版，第162页。

四、苏徐州看白乐天

苏轼在徐州的交游和文学创作，还有前贤白乐天的诸多痕迹。如熙宁十年（1077）所撰《和孔周翰二绝·观净观堂效韦苏州诗》：

乐天长短三千首，却爱韦郎五字诗。[①]

据白居易去世前一年（会昌五年）所作《白氏集后记》："诗笔大小凡三千八百四十首。"韦郎，指白居易推崇仰慕的前辈韦应物。白居易《自吟拙什因有所怀》遗憾自己未能与韦应物同处一个时代，《与元九书》又云："近岁韦苏州歌行，才丽之外，颇近兴讽。其五言诗又高雅闲淡，自成一家之体，今之秉笔者谁能及之？然当苏州在时，人亦未甚爱重，必待身后然人贵之。"不仅称扬韦应物歌行，而且最赏其五言诗。南宋诗评家葛立方（1098—1164）《韵语阳秋》卷一云："韦应物诗平平处甚多，至于五字句，则超然出于畦径之外。如《游溪诗》'野水烟鹤唳，楚天云雨空'，《南斋诗》'春水不生烟，荒岗筠翳石'，《咏声诗》'万物自生听，太空常寂寥'。如此等句，岂下于'兵卫森画戟，燕寝凝清香'哉。故白乐天云：'韦苏州五言诗，高雅闲淡，自成一家之体。'东坡亦云：'乐天长短三千首，却爱韦郎五字诗。'"[②]宝历元年（825），白居易《吴郡诗石记》复回忆道："贞元初，韦应物为苏州牧……嗜诗……每与宾友一醉一咏，其风流雅韵，多播于吴中……

---

① 《苏轼全集校注》，第 3 册，第 1551 页。
② 《历代诗话》，中华书局 1997 年版，第 487 页。

时予始年十四五，旅二郡，以幼贱不得与游宴，尤觉其才调高而郡守尊，以当时心，言异日苏、杭苟获一郡足矣……韦在此州歌诗甚多，有《郡宴》诗云：'兵卫森画戟，燕寝凝清香。'最为警策。"[1] 白居易对韦应物文采风流的钦羡与爱重，即使 37 年后写来，仍记忆犹新，历年未改，而体会至深，则近乎偏好矣。[2] 在江州，白居易追思江州刺史韦应物遗踪，又有《题浔阳楼》诗："常爱陶彭泽，文思何高玄。又怪韦江州，诗情亦清闲。"韦应物诗高雅闲淡，不仅表现于隐逸情趣中，也表现于对日常生活平铺直叙式的描述中，白居易于兹深受影响。

苏轼也非常推崇韦应物，上述《和孔周翰二绝·观净观堂效韦苏州诗》就是苏徐州向韦苏州致敬的例子，所言"乐天长短三千首，却爱韦郎五字诗"，除赞赏韦诗外，亦有认同白居易所爱之意，特举"乐天长短三千首"，意在强调爱韦诗者白居易具备足够的资格，不仅是数量的资格，更是质量的资格。爱者和被爱者的地位，在苏轼眼中是对等的。除此之外，苏轼的《寄邓道士》："一杯罗浮春，远饷采薇客。遥知独酌罢，醉卧松下石。幽人不可见，清啸闻月夕。聊戏庵中人，空飞本无迹。"[3] 也是专门向韦应物的名作《寄全椒山中道士》致敬的。诗前苏轼引语称："罗浮山有野人，相传葛稚川之隶也。邓道士守安，山中有道者也。尝于庵前，见其足迹长二尺许。绍圣二年正月二日，予偶读韦苏州《寄全椒山中道士》诗云：

---

[1]《白居易集笺校》，第 6 册，第 3663 页。

[2] 不过，文中所言"年十四五"略有不合。据白居易行年，贞元四年（788）随父季庚官衢州，盖于其时经苏、杭，时年白已 17 岁。韦应物亦于此年出刺苏州，且与此文称"前后相去三十七年"相合。

[3]《苏轼全集校注》，第 7 册，第 4489 页。

'今朝郡斋冷，忽念山中客。涧底束荆薪，归来煮白石。遥持一樽酒，远慰风雨夕。落叶满空山，何处寻行迹。'乃以酒一壶，依苏州韵，作诗寄之。"可见苏轼学白，有时是通过学习白居易的学习对象来体现的，这是更高级别的学习方式，学习陶渊明与此亦有相仿之处。

元丰元年（1078）三月，苏轼在徐州撰《和孙莘老次韵》："去国光阴春雪消，还家踪迹野云飘。功名正自妨行乐，迎送才堪博早朝。虽去友朋亲吏卒，却辞谗谤得风谣。明年我亦江东去，不问雄繁与寂寥。"①其中结尾"不问雄繁与寂寥"一句，有取于白居易长庆二年（822）所撰《初到郡斋寄钱湖州李苏州》"雪溪殊冷僻，茂苑太繁雄"，"雄繁"或"繁雄"，意指（州郡）繁华，乃冷僻之反面，诗意表达的是，不管是繁华的剧郡，还是冷僻的异乡，总之是要到江东去，以便与在江东做官的孙觉（字莘老）更近一些。而颔联"迎送才堪博早朝"一句，则源自白居易元和十三年（818）所撰《晓寝》结尾之爽利的"鸡鸣一觉睡，不博早朝人"，博，犹云换，意谓不肯以早朝之贵仕，换易鸡鸣之晏睡。这一感慨最令古今仕途中人共鸣，谚云："骨边肉，五更睡，虽不多，最有味"，也是此意。与此相关，苏轼《夜饮次韵毕推官》"红烛照庭嘶骣骣裹，黄鸡催晓唱玲珑"，也是源自白诗《醉歌（示妓人商玲珑）》："谁道使君不解歌，听唱黄鸡与白日。黄鸡催晓丑时鸣，白日催年酉前没。"②这一典故，苏轼用过多次，最著名

① 《苏轼全集校注》，第 3 册，第 1702 页。
② 敦煌曲《十二时》："日入酉，金樽多泻蒲桃酒。劝君莫弃失途人，结交承仕须朋友""鸡鸣丑，莫惜黄金结朋友。蓬蒿岂得久荣华，飘飘万里随风走。"入矢义高《白居易作品中的口语表达》（中译文载《传统文化与现代化》1996 年第 4 期）："白氏这一作品，确是运用了《十二时歌》的形式……'黄鸡催晓丑时鸣'就是扩展了的'鸡鸣丑'；'白日催年酉前没'就是扩展了的'日入酉'。"

者是在黄州所作《浣溪沙》：

> 山下兰芽短浸溪，松间沙路净无泥。萧萧暮雨子规啼，谁道人生无再少，门前流水尚能西。休将白发唱黄鸡。①

还有在湖州之《浣溪沙》"莫唱黄鸡并白发，且呼张友唤殷兄"，在临安之《与临安令宗人同年剧饮》"试呼白发感秋人，令唱黄鸡催晓曲"，在密州之《过密州次韵赵明叔乔禹功》"黄鸡催晓凄凉曲，白发惊秋见在身"，在杭州之《次韵苏伯固主簿重九》"只有黄鸡与白发，玲珑应识使君歌"②，其中，都从不同角度寄寓着对时光的珍惜，对岁月的感慨，也体现着苏轼对前贤白居易的认可和追慕。

元丰元年（1078）清明初过，苏轼在徐州有《坐上赋戴花得天字》：

> 清明初过酒阑珊，折得奇葩晚更妍。春色岂关吾辈事，老狂聊作坐中先。醉吟不耐欹纱帽，起舞从教落酒船。结习渐消留不住，却须还与散花天。③

---

① 苏轼《游沙湖》："黄州东南三十里为沙湖，亦曰螺师店，予买田其间。因往相田得疾，闻麻桥人庞安常善医而聋，遂往求疗。安常虽聋，而颖悟绝人，以纸画字，书不数字，辄深了人意。余戏之曰：'余以手为口，君以眼为耳，皆一时异人也。'疾愈，与之同游清泉寺。寺在蕲水郭门外二里许，有王逸少洗笔泉，水极甘，下临兰溪，溪水西流。余作歌云：'山下兰芽短浸溪……休将白发唱黄鸡。'是日剧饮而归。"
② 分别见《苏轼全集校注》，第2册，第900页；第5册，第2896页；第5册，第3590页。
③《苏轼全集校注》，第3册，第1668页。

如果说，首联只是与白居易《酬郑二司录与李六郎中寒食日相过同宴见赠》"杯盘狼藉宜侵夜，风景阑珊欲过春"偶然巧合的话，那么，尾联显然在用《维摩经·观众生品》"散花天女"典故之外，也同时让人联想起白居易《斋戒满夜戏招梦得》"方丈若能来问疾，不妨兼有散花天"，因为颈联里"醉吟"二字，已经暗点出醉吟先生白居易的名号。

元丰元年（1078）六月，苏轼在徐州撰《王元之画像赞》，叙云："《传》曰：'不有君子，其能国乎？'余常三复斯言，未尝不流涕太息也。如汉汲黯、萧望之、李固，吴张昭，唐魏郑公、狄仁杰，皆以身徇义，招之不来，麾之不去。正色而立于朝，则豺狼狐狸，自相吞噬，故能消祸于未形，救危于将亡。使皆如公孙丞相、张禹、胡广，虽累千百，缓急岂可望哉！故翰林王公元之，以雄文直道，独立当世，足以追配此六君子者。方是时，朝廷清明，无大奸慝。然公犹不容于中，耿然如秋霜夏日，不可狎玩，至于三黜以死。有如不幸而处于众邪之间、安危之际，则公之所为，必将惊世绝俗，使斗筲穿窬之流，心破胆裂，岂特如此而已乎？始余过苏州虎丘寺，见公之画像，想其遗风余烈，愿为执鞭而不可得。其后为徐州，而公之曾孙汾为兖州，以公墓碑示余，乃追为之赞，以附其家传云。"赞云："维昔圣贤，患莫己知。公遇太宗，允也其时。帝欲用公，公不少贬。三黜穷山，之死靡憾。咸平以来，独为名臣。一时之屈，万世之信。纷纷鄙夫，亦拜公像。何以占之，有泚其颡。公能泚之，不能已之。茫茫九原，爱莫起之。"[1]王元之，即王禹偁。熙宁四年

---

① 《苏轼全集校注》，第 13 册，第 2326 页。

（1071），苏轼路过苏州虎丘寺，曾观瞻寺中陈列的王禹偁画像，所以，当王禹偁曾孙王汾从兖州来信，邀请徐州太守苏轼为其曾祖作画赞，以题于其碑阴，苏轼于是借此表达了对前辈王禹偁"雄文直道，独立当世"风范的仰慕。① 众所周知，王禹偁是北宋早期白体诗的代表。他自称"本与乐天为后进"②，其《得昭文李学士书报以二绝》题注："来书云：'看书除庄老外，乐天诗最宜枕藉。'"③ 胡应麟《诗薮》云："学白乐天者，王元之、陆放翁。"④ 由王禹偁、欧阳修等同代前贤相承相沿而来，这样的诗学背景，自然会潜移默化地对苏轼产生影响，使他诗学视野中的白乐天，生发出谱系性的脉络。

五、出处依稀似乐天

综上，苏轼在古城徐州留下的山水吟咏、文学创作和诗文评论，在在可见白居易的影子，多方面地体现出对白居易的主动接受，其中既有继承前贤和师长的成分，以及时代因素的熏陶，更有自己的独到理解，因此，既有偶然性，更有必然性。同时，就徐州这一南北兼具的特定的文化地理空间而言，苏之于白的学习，既有转折性和阶段性，也有整体性和一贯性，所以，徐州时期的创作堪称苏轼慕白效白道路上的重要节点。在白居易的时代，苏轼笔下徐州著名

---

① 参见孔凡礼《三苏年谱》，北京古籍出版社 2004 年版，第 1017 页。

② 《前赋春居杂兴诗二首间半岁不复省视因长男嘉祐读杜工部集见语意颇有相类者咨于予且意予窃之也予喜而作诗聊以自贺》，影印文渊阁《四库全书》本，《小畜集》卷九。

③ 《全宋诗》，第二册，第 720 页。

④ 《诗薮》外编卷五，王国安校补本，第 215 页。

的云龙山，还是石佛山，是苏轼的命名，塑造了海拔 142.9 米的云龙山今日徐州的文化地理符号的地位。①

与此同理，苏轼如何回应和改造白居易遗留下来的文化遗产，既透露着唐贤白居易作用于宋代大文豪苏轼人生与其文艺思想的痕迹，同时也在重新塑造着宋代文坛视野下的白居易形象。在这个新的形象的定型过程中，醉吟诗风以及其独特的个性风范，已经超越其文本，化为苏轼生命诗学的有机营养成分。明代状元唐文献《跋东坡禅喜集后》谓：

> 唐有香山，宋有子瞻，其风流往往相类……香山云："外以儒行修其身，内以释教汰其心，旁以琴酒山水诗歌乐其志"，则分明一眉山之老人而已。②

在这个意义上，苏轼眼中的前贤白乐天，不仅是其诗文创作学习效仿的重要对象，也是他为人处世的榜样之一。苏之于白，由钦慕、效仿，以至后来逐渐并称，堪称两位伟大文人之间的跨代对话。正是在徐州期间，苏轼钦慕和学习白居易的倾向得以奠基。从"乐天知命我无忧"，可见白居易诗歌对徐州太守苏轼的影响痕迹；从"我

---

① 元丰元年（1078）九月，苏轼撰《登云龙山》："醉中走上黄茅冈，满冈乱石如群羊。冈头醉倒石作床，仰看白云天茫茫。歌声落谷秋风长，路人举首东南望，拍手大笑使君狂。"诗后题云："元丰元年九月十七日，张天骥、苏轼、颜复、王巩，始登此山。"（《苏轼诗集》，第 877 页）同年十一月初八，又为云龙山人张天骥撰《放鹤亭记》："熙宁十年秋，彭城大水，云龙山人张君之草堂，水及其半扉。"（《苏轼文集》，第 360 页）此文收入《古文观止》，云龙山从此广为人知。

② 祝尚书：《宋集序跋汇编》，中华书局 2010 年版，第 637 页。

是朱陈旧使君",可见苏轼对白居易致敬的别样形式;从"燕子人亡三百秋",可见苏轼已经将对前贤白居易的理解,与自身、眼下和未来无痕而有机地衔接起来。因此,自称"出处依稀似乐天"的苏轼,不愧是白居易诗歌与人格的最佳继承者,青出于蓝而胜于蓝,只有实现创造性转化、创新性发展,才能实现真正意义上的传承与弘扬。

三、千古文人一东坡

——苏轼与北宋文化

不知其所止，飄飄乎如遺世獨立，羽化而登仙。於是飲酒樂甚，扣舷而歌之。歌曰：桂棹兮蘭槳，擊空明兮泝流光。渺渺兮予懷，

　　文明和文化是培育文学的精神土壤,影响乃至制约着文学的发展;文学是文明的载体，也是传播文化的有力传媒。文化与文学，二者相生互动，是土壤与鲜花、滋养与反哺的关系。研究中国古代文学，无论唐宋，还是魏晋，或其他哪个时代的文学现象，都离不开背后的文化背景，就像我们吃的粮食，这是经济基础，包括身边的点点滴滴，还有大小物体与空间。我们研究的文学，在某种意义上是虚拟的、抽象的、摸不到的，但是，在抽象的背后，支撑着文学家、文学作品的，是实实在在的经济基础;经济基础之上，才有文明和文化。

　　什么是文明？《东坡易传》里讲:"以言行化物，故曰文明。"什么是文化？文化有很多定义，义项广泛而复杂，在辞书里，百科全书里，可谓众说纷纭。简而言之，就是文治教化。具体而言，不外乎运用文字的能力，以及具有的书本知识。再提升一个层次，可以视为人们在社会历史实践过程中，所创造的物质财富和精神财富的总和，尤其特指精神财富，如教育、科学、文艺等。从抽象的文明，到具体的茶道、香道，存在各种各样的文化形态，比如诗书画艺，苏东坡的诗文画三绝，堪称北宋文化的代表。

　　一代有一代之文化，一代文化哺育一代文人。北宋文化吸纳前此数千年的历史积淀，皮毛落尽，精神独存，不仅各个文化领域、各类文化形式、各种雅俗文化百花齐放，更以独树一帜的北宋文化精神卓然自立。苏轼诗歌正是在北宋这一特定历史时期的文化背景下孕育成长起来的。作为中国传统文化最具典型性的文人代表，苏轼通过2700余首包蕴丰富、变化万状的诗作，展现出一幅绚丽多彩的清明上河图。

从具体的文化形态来看，苏诗与北宋儒家文化、苏诗与北宋释道文化、苏诗与北宋书画文化、苏诗与北宋民俗文化等几个方面的关系都值得加以具体分析。尤其值得注意的是，北宋文化精神中最为突出的两个方面——议论精神和淡雅精神，对苏轼诗歌产生直接、深刻的影响，而苏诗的议论化和崇雅尚淡倾向突出集中而典型地代表了北宋文化的议论精神和淡雅精神，因而，探讨这两者之间的关系，无论对苏诗还是对北宋文化都不无裨益。后面将专门探讨，这里仅就苏诗与北宋儒家文化和民俗文化两个主题加以分析。

一、苏轼诗歌与北宋的儒家文化

苏轼思想以儒家思想为核心，而兼蓄释道。他认为：

> 孔老异门，儒释分宫。又于其间，禅律相攻。我见大海，有北南东。江河虽殊，其至则同。①

儒、释、道三教，虽异源别派，而殊途同归。就像前面我们探讨的，苏轼像大海一样，以"苏海"二字，可以喻指苏轼其人其作那种海

---

① 苏轼：《祭龙井辩才文》，《苏轼文集》，中华书局1986年版，第5册，第1961页。（以下引用《苏轼文集》如无另行标注，均为此版本）

涵地负的浩瀚气象。苏轼自己也提到"万人如海一身藏"，上面的"我见大海，有北南东"，东西南北，各个方向，汇流到大海当中。"江河虽殊，其至则同"，所有的思想成分，养料来源不一，而融化则同，在苏东坡这里，他有一个消化和容纳的能力。这是他对中国思想文化背景——儒释道三家的总体认识，就是以儒为底色，而不摒弃其他，在三教之间，找到共同点。他给弟弟苏辙的《老子解》作跋，充分肯定其"合三教为一"的理路，并说"使汉初有此书，则孔老为一；使晋宋间有此书，则佛老不为二"[①]。

苏轼一生都未彻底脱离仕途，一直也未曾脱儒家底色。自小他就受到儒家尊主泽民思想濡染，深知民为君本、民富国强的道理。在《谢制科启》中，他说道："某生于远方，性有愚直。幼承父兄之余训，教以强己而力行。虽为朝廷之直臣，常欲挺身而许国。"[②]出身三世不显的寒族，使他有充分机会接触下层人民的疾苦。尤其是经历"少年辛苦事犁耕"（《野人舍》）的生活，饱受"小人自疏阔"（《答任师中家汉公》）的冷遇，增加了他"悯农心尚在"（《立秋日祷雨宿灵隐寺……》）这样同情人民的感情基础，树立起"少学不为身，宿志固有在"（《闻子由为郡僚所捃恐当去官》）、"丈夫重出处，不退要当前"（《和子由苦寒见寄》）的信念，确立了"雨顺风调百谷登，民不饥寒为上瑞"（《荔支叹》）的宿志。"诗者，民之性情也"（王通《中说》卷十关朗）。苏轼始终没有忘记"我虽穷苦不如人，要亦自

---

① 苏轼：《跋子由老子解后》，《苏轼文集》卷六六，第 2072 页。

② 《苏轼全集校注》，第 16 册，第 4957 页。"强己"，一作修己。"幼承父兄之余训"，乃苏辙口吻。据朱刚《苏轼十讲·苏轼苏辙应制科始末》（上海三联书店 2019 年版，第 41 页），应为苏辙所作，可备一说。

旧题〔北宋〕李公麟《东坡笠屐图》

是民之一"(《次韵孔毅父久旱……》),他在《庆源宣义王丈以累举得官……》里宣称:

> 吏民莫作官长看,我是识字耕田夫。

我是谁?我就是一个认字的、一个能够识文断字的普通农夫。在黄州,苏轼的标志性打扮是幅巾芒屩,与田父野叟相从溪谷之间。今天苏东坡留下的形象,有戴帽子的,扶着犁杖的,还有笠屐图,海南最多。海南当地人为了调侃他,说当年的苏翰林、苏学士到我们这儿,这么狼狈,他说,我就是农民,和大家是一样的,可见苏轼已经和老百姓打成一片,融为一体了。

儋州春梦婆的故事,就是例证。有一天,苏轼在头上顶着一个大西瓜,在田地里边唱边走时,一个七十多岁的老太婆对他说:"翰林大人,你过去在朝当大官,经常跟皇帝一起,周围都是高官贵族,如今流落到海南儋州这样一个穷地方,现在想来,是不是像一场春梦?"苏东坡听到这个问话,如同顿悟一般,连呼大好,此后就称她为"春梦婆"。元好问《出都》诗有云:"富贵空悲春梦婆",说的就是这个典故。世事一场大梦,这是苏轼常用的表述,春梦婆的故事,则将其地方化、形象化了,很接地气,以至于人们以后就不说这个老婆婆的名姓,比如王婆婆、李婆婆了,就叫春梦婆,她俨然已成为苏轼的人生导师。可见苏轼和农民,和海南当地的农耕文化,连系非常紧密。

开明政治的理想、尊主泽民的认识、仁政爱民的理念、忠肝义胆的精神，都足以见出儒家思想在苏轼人生道路上的重要影响。苏轼和王安石都主张改革，但是不同于王安石的"理财""富国"论，苏轼更加倾向于"富民""任人"的观点，他向宋仁宗皇帝提出的"安万民"的主张，核心就在于用儒家仁教礼义来教化万民。苏轼同情人民、关心国政、抨击时弊、干预时事之作，都是建立在这种思想基础之上的。具体而言，苏诗中体现的儒家文化内容主要有以下几个方面：

首先，儒家民本思想是最突出的一点，在诗中苏轼关心民瘼，议论时政，观民、悯民、爱民、忧民，表达泽民、惠民、济民、恤民、庇民、利民、富民、便民、安民、强民、养民的各种儒家民本思想。熙宁年间，由于与王安石变法政见不合，更多看到激进政治措施产生的弊端，在被贬黄州之前，有七年时间，苏轼都在地方任职，从杭州通判，又走马灯似的历任密州、徐州、湖州太守，在为老百姓做一些实事之余，成为新政运作弊端的观察者。比如《雨中游天竺灵感观音院》："蚕欲老，麦半黄，前山后山雨浪浪。农夫辍耒女废筐，白衣仙人在高堂。"在即景言事中有深意藏焉，讽刺官民隔膜，尸位者不关心民间疾苦，而借用白衣观音作亵佛式的隐喻，也意味着诗人用世之志高于慕佛之心。

其次，民为邦本，本固邦宁。苏诗体现着干预时事、正视现实、关心国政、抨击时弊、追求仁政的积极入世精神。苏轼仕途数十年，一直是在激烈的政治斗争中度过的。北宋政坛的风云，在他的诗中呈现出鲜活生动的广阔画面。如《李氏园》控诉统治阶级的罪恶，《闻捷》欢呼对夏战争的胜利，《荔支叹》"我愿天公怜赤子，莫生尤物为疮痏"，抒发对赤子百姓的深情。

最后，苏诗中体现着儒家文化的人生理想、生活态度和执着品格，其赋性刚拙，议论不随，忠规说论，挺挺大节，锲而不舍，坚韧不拔，耿介正直，爱憎分明，坦率直爽，刚肠嫉恶，坚守气节，坚持正义，绝不缄口随众，宁失其意不失其正，知其不可为而为之……诗中在在可见。如《赠狄崇班季子》赞赏"半酣论刀槊，怒发欲起立"要为国杀敌的勇士狄崇班季子，《新渠》《庆源宣义王丈以累举得官……》《异鹊》《何公桥》中，赞扬为人民办好事的官吏赵尚宽、王庆源、柯述、何智甫，还有《种德亭》里"期于活人""不志于利"的医生王复。《於潜女》中，则塑造出"两足如霜不穿屦""青裙缟袂"的农家劳动妇女形象，歌颂建立在劳动基础上的纯真动人的爱情。

最早结集的南行诗中，苏轼已将目光投向百姓疾苦。如《夜泊牛口》："日落红雾生，系舟宿牛口。居民偶相聚，三四依古柳。负薪出深谷，见客喜且售。煮蔬为夜餐，安识肉与酒。朔风吹茅屋，破壁见星斗。……谁知深山子，甘与麋鹿友。置身落蛮荒，生意不自陋。"描写江边居民的生活，用他们的以苦为乐衬托自己汲汲于功名，笔触已深入当地居民吃、住等生活困难的细节。又如《入峡》，写人民的住"板屋漫无瓦，岩居窄似庵"，写人民的吃"伐薪常冒险，得米不盈瓶"，但是"叹息生何陋"之际，他们却"劬劳不自惭"。再如《黄牛庙》："江边石壁高无路，上有黄牛不服箱。庙前行客拜且舞，击鼓吹箫屠白羊。山下耕牛苦硗确，两角磨崖四蹄湿。青刍半束长苦饥，仰看黄牛安可及。"黄牛庙，在今湖北宜昌西北黄牛峡。

峡因山石状若人牵牛而得名，庙中奉祠神牛。诗中用象征贫苦农民的耕牛与不服箱（不驾车）的、尸位素餐的、不劳而获的黄牛对比，不啻贫富悬殊、两极分化社会矛盾的形象写照。

如果说，这一时期苏轼对人民生活疾苦的观察多带一些旁观色彩，还有欠深刻的话，那么从政之后，以在宦途第一程凤翔所作《和子由闻子瞻将如终南太平宫溪堂读书》为发轫，饱含人民血泪和诗人爱民之心的诗篇，便一直贯穿苏轼创作生涯之始终。这些诗内容充实，题材丰富，有描有讽，笔法多样。或对贫困中的人民深致同情，或对有关民生的社会经济、生产生计问题关心备至，大到救灾赈饥、兴利除弊，小到改善一件小小的劳动工具；不仅表现出为人民解困除厄的积极愿望，而且不遗余力地将愿望付诸行动，加以实现。苏诗中表现出的与人民的亲密无间和从中吸取力量获得的超脱旷达，在中国古典诗歌此类题材之作中，独步千古，罕见匹敌。

先来看《和子由闻子瞻将如终南太平宫溪堂读书》，诗云：

桥山日月迫，府县烦差抽。
王事谁敢愬，民劳吏宜羞。
中间罹旱叹，欲学唤雨鸠。
千夫挽一木，十步八九休。
渭水涸无泥，蒺堰旋插修。
对之食不饱，余事更遑求？

天旱之年，修皇陵之木无法水运，只能"千夫挽一木，十步八九休"，府县又来频频抽差。面对人民的困境，诗人对身为官吏而无能为力深感羞愧。他如《郿坞》《读〈开元天宝遗事〉三首》《骊山三绝句》之以古讽今，在《和子由蚕市》中慨叹"蜀人衣食常苦艰"，"千人耕种万人食"，对"市人争夸斗智巧，野人暗哑遭欺谩"的社会现象深致不满，表达了他对人民的关切。

在杭州任上，苏轼"眼看时事力难任，贪恋君恩退未能"（《初到杭州寄子由》）；"平生所惭今不耻，坐对疲氓更鞭箠"（《戏子由》）；"惟有悯农心尚在，起瞻云汉更茫然"（《立秋日祷雨宿灵隐寺……》）。他的《山村五绝》其三云："老翁七十自腰镰，惭愧春山笋蕨甜。岂是闻韶解忘味，迩来三月食无盐。"写数月食淡的山村老翁难堪之苦。更为知名的是《吴中田妇叹》：

> 今年粳稻熟苦迟，庶见霜风来几时。霜风来时雨如泻，杷头出菌镰生衣。眼枯泪尽雨不尽，忍见黄穗卧青泥。茅苫一月陇上宿，天晴获稻随车归。汗流肩赪载入市，价贱乞与如糠粞。卖牛纳税拆屋炊，虑浅不及明年饥。官今要钱不要米，西北万里招羌儿。龚黄满朝人更苦，不知却作河伯妇。

写天灾人害打击下，贫弱妇女的绝望、控诉。这是一首学习白居易《新乐府》的诗歌，是在江南秋雨成灾的背景下写成。诗借田妇的感叹，描绘江浙一带农民的悲惨生活。紧扣"叹"字层层展开，步步深入：先叹稻熟苦迟，次叹秋雨成灾，复叹谷贱伤农，结尾揭露官吏逼民投河。"杷头"句将常景写出奇句，"眼枯""龚黄"二联写得沉痛，字里行间渗透了东坡对民生疾苦的深切忧虑与同情。仕杭三年期间，像这样被收入"乌台诗案"者，十之八九是诗人爱民之心的反映。

在密州任上，前后 120 首诗作，都与国事民生有不同程度的关联。对无力消除人民的苦难，他在《和赵中郎捕蝗见寄次韵》中叹息"民病何时休，吏职不可越"，《和孔郎中荆林马上见寄》中，他羞惭："永愧此邦人，芒刺在肤肌。"《次韵章传道喜雨》则描绘令人触目惊心的蝗旱灾害："去年夏旱秋不雨，海畔居民饮咸苦。今年春暖欲生蝝，地上戢戢多于土。……农夫拱手但垂泣，人力区区固难御。"《除夜大雪留潍州元日早晴遂行中途雪复作》描写饥饿老农释耒无力的惨状："三年东方旱，逃户连敧栋。老农释耒叹，泪入饥肠痛。"《寄刘孝叔》抒发对现实的忧虑，对国家命运的关注："保甲连村团未遍，方田讼牒纷如雨。……况复连年苦饥馑，剥啮草木啖泥土。今年雨雪颇应时，又报蝗虫生翅股。"《和顿教授见寄用除夜韵》"陋邦贫且病，数米铢称炭"；《次韵刘贡父李公择见寄二首》之二："绿蚁濡唇无百斛，蝗虫扑面已三回。磨刀入谷追穷寇，洒涕循城拾弃孩。"这些诗作，都渗透着诗人对百姓血泪之痛深切的关注。

在徐州任上，苏太守率领军民修堤抗洪，保全了州城。《答吕梁仲屯田》："乱山合沓围彭门，官居独在悬水村。……夜闻沙岸鸣瓮盎，晓看雪浪浮鹏鲲。……付君万指伐顽石，千锤雷动苍山根。高城如铁洪口决，谈笑却扫看崩奔。农夫掉臂免狼顾，秋谷布野如云屯。还须更置软脚酒，为君击鼓行金樽。"记述军民抗洪斗争，体现着将儒家仁政思想付诸行动的实干精神。《次韵潜师放鱼》云："疲民尚作鱼尾赤，数罟未除吾颡泚。法师自有衣中珠，不用辛苦沙泥底。"这是"言民既疲病，朝廷又行新苗、助役，不为除放，如密网之取鱼"①。

"乌台诗案"，开创了中国文字狱的历史先例。最后，不知是因为神宗好名而畏议论，还是因为太祖"杀士大夫者，天必殛之"的遗训，或者是曹后对仁宗评苏轼"我为子孙得一宰相"的回忆，抑或是王安石"安有圣世而杀才士乎"的仗义执言起了作用，反正"是处青山可埋骨，他年夜雨独伤神"（《狱中寄子由》）的预言，终于没有不幸成真。有类似九死一生经历的人，历史上不会很多。劫后余生者，惊魂甫定之际，是痛改前非还是看破红尘，是痛定思痛还是一笑置之，是勘破生死还是委曲求全？同常人一样，这些，苏轼恐怕都经历体验过，但"唯大英雄能本色，是真名士自风流！"命途多舛，既是苛待，也是成全。这要看你如何应对。苏轼自道："习气宿业，未能尽去。"（《答刘沔都曹书》）确实，他骨血中的儒家爱民忧国思想依然根深蒂固，绝不会因"乌台诗案"而封笔弃砚，缄口沉默。他真正做到了"富贵不能淫，贫贱不能移，威武不能屈"②。

苏轼被贬黄州途中，《正月十八日蔡州道上遇，次雪子由韵二首》其二中云："伫立望原野，悲歌为黎元。"可见其忧民痴心依旧未改。稍后，又在《陈季常所蓄〈朱陈村嫁娶图〉》（之二）结尾处，开始讽刺现实，"而今风物那堪画，县吏催租夜打门"。

"诗人例穷蹇，秀句出寒饿"（《病中大雪数日……》），这是苏轼

---

① 朋九万：《东坡乌台诗案》，《丛书集成初编》据函海本排印本，社会科学类，第785册，第21页。
② 焦循：《孟子正义》卷一二《滕文公章句下》，沈文倬点校，中华书局1987年版，第419页。。

签判凤翔时所言，"诗人例穷苦，天意遣奔逃"（《次韵张安道读杜诗》），这是苏轼首仕杭州时所言，现在都在他身上应验成谶了。再仕杭州时，他在《次韵仲殊雪中游西湖》诗里无限感慨地总结道："秀句出寒饿，身穷诗乃亨。"

仕途上的坎坷，促进了苏轼与人民更亲密更真切的接触。在黄州，他幅巾杖屦，短褐芒屩，日与农夫、渔樵、村妇杂处于田野之地，时从田父、野老相游于溪谷之间（苏辙《亡兄子瞻端明墓志铭》），过着"农夫人不乐，我独与之游"（《归去来集字十首》其六）的生活。《东坡八首》其五写道："农夫告我言，勿使苗叶昌。君欲富饼饵，要须纵牛羊。再拜谢苦言，得饱不敢忘。"《鱼蛮子》以深情的笔触记述了身边渔民的悲惨遭遇和万端感慨："人间行路难，踏地出赋租。不如鱼蛮子，驾浪浮空虚。空虚未可知，会当算舟车。蛮子叩头泣，勿语桑大夫。"

元祐期间，虽生活地位有所改善，但无论在朝，还是知杭、颍、扬、定，苏轼始终没有忘记曾与他共患难的人民，像《刘丑厮诗》："刘生望都民，病羸寄空窑。有子曰丑厮，十二行操瓢。墦间得余粒，雪中拾堕樵。饥饱共生死，水火同焚漂。病翁恃一褐，度此积雪宵。哀哉二暴客，掣去如饥鸮。翁既死于寒，客亦易此韶。崎岖走亭长，不惮雪径遥。我仇祝与苑，物色同遮邀。行路为出涕，二客竟就枭。诼诼诉我庭，慷慨惊吾僚。曰此可名寄，追配郴之茭。恨我非柳子，击节为尔谣。……"这里的小英雄刘丑厮，是机智勇敢杀死两个强盗的童子。这样以人民为描写对象的诗作屡见不鲜。

绍圣元年，党祸再起，苏轼被贬至惠州。在惠州，他践父老之约，

"步从父老语"(《和陶归园田居》），希望"长作岭南人"(《食荔支》）。
自知"平生坐诗穷"，自知"平生文字为吾累"，或许应该从此痛戒
针砭时政诗歌的创作了吧？可是，刚刚咽下甜美的南方特产——荔
枝和龙眼，这颗赤子之心，又想起了"一骑红尘妃子笑，无人知是
荔枝来"(杜牧《过华清宫》)的往事，写下有名的《荔支叹》：

> 十里一置飞尘灰，五里一堠兵火催。
>
> 颠坑仆谷相枕藉，知是荔支龙眼来。
>
> 飞车跨山鹘横海，风枝露叶如新采。
>
> 宫中美人一破颜，惊尘溅血流千载。
>
> 永元荔支来交州，天宝岁贡取之涪。
>
> 至今欲食林甫肉，无人举筯酹伯游。
>
> 我愿天公怜赤子，莫生尤物为疮痏。
>
> 雨顺风调百谷登，民不饥寒为上瑞。
>
> 君不见，武夷溪边粟粒芽，前丁后蔡相笼加。
>
> 争新买宠各出意，今年斗品充官茶。
>
> 吾君所乏岂此物，致养口体何陋耶。
>
> 洛阳相君忠孝家，可怜亦进姚黄花。

诗前十六句揭露汉唐官吏争献荔枝、龙眼的丑事，站在人民的
角度愤慨地希望老天爷不再出产那些为害百姓的"尤物"；后八句更
点名道姓地指斥本朝官吏争新买宠的时弊。全诗从古而今，比照上
下千年的历史征象，从荔枝而茶，而牡丹，全诗真是百感交集，寄

慨万端。东汉地方官员唐伯游上书罢废劳民伤财的交州荔枝之贡，已被人遗忘；唐朝李林甫为博取宫中美人一笑而使飞递荔支道上惊尘溅血，是令人切齿痛恨的。到了苏轼的时代，竟有丁谓、蔡襄之流以武夷山的粟粒芽，作为极品贡茶；洛阳以忠孝传家的枢密使钱惟演，也以牡丹名品"姚黄"去讨好皇上。在皇权至上的专制主义政治体制中，官员莫论其奸，更可怕的是即便其忠，都不顾民间饥寒，争相搜寻珍稀诱人的物品，来讨好君主的口腹之欲，以此作为他们当官的秘诀。作为一个曾因文字获祸、至此依然身为谪臣的人，对皇朝政治发出如此不留情面的针砭，苏轼这副为民请命的骨头，真可谓无怨无悔。

此间，苏轼还有两首奇特的咏物诗，即《无锡道中赋水车》和《秧马歌》，咏的都是与人民生产劳动密切相关的工具，前者是与灌溉密切相关的水车，后者是插秧工具——木驮骡秧马，这两首诗都热情赞扬劳动人民的创造力。这在中国古典诗歌中是异常少见的。

绍圣四年（1097），一句"报道先生春睡美，道人轻打五更钟"（《纵笔》）使他"闭门家中睡，祸从京师来"。一纸官诰，将他送到海角天涯。62岁的老人，隔海的儋州又是出了名的蛮荒炎瘴之地。可是，你看，他却说："他年谁作舆地志，海南万里真吾乡"（《吾谪海南子由雷州被命……》），"稍喜海南州，自古无战场"（《和陶拟古》），"余生欲老海南村"（《澄迈驿通潮阁》），"我本海南民，寄生西蜀州"（《别海南黎民表》），其态度，其精神，其胸襟，其气魄，其随缘自适，其乐天知命，不是前无古人，后乏来者吗？海南三年，苏轼与当地人民友好相处，结下深厚的友谊。反映在苏诗中的少数民族风俗和与少数民族同胞交往的描写，是中国古典诗歌中的稀有财富。在儋州，他亲密无间地生活在黎族群众中。他认为"咨尔汉黎，均是一民"（《和陶劝农》六首其一），第一个作为文人把黎、汉两族同胞放在平等位置上。他为海南文化和生产发展作出卓越贡献。在海南儋县，"东坡话"在20世纪60年代仍作为方言流传着。①

建中靖国元年（1101），遇赦北归，苏轼在《六月二十日夜渡海》写下"九死南荒吾不恨，兹游奇绝冠生平"的诗句，多么豪迈！又在《次韵王郁林》中说"平生多难非天意"，我还要"此去残年尽主恩"，如此执着！

66年生涯，苏轼经历荣辱穷达，命运多舛，几上几下，而"不以一身祸福，易以忧国之心"②，真足以称得上"一生忠义之心，千古英灵之气"③。

二、苏轼诗歌与北宋的民俗文化

入乡随俗，即《礼记·曲礼篇》所谓"礼从宜，使从俗"，可见，因地制宜，正确适合具体情况的就是礼。出使异国他乡，不能我行我素，要尊重当地的风俗习惯，舍己从人，遵循其风俗习惯与礼节。苏轼《上神宗皇帝书》说："夫国之长短，如人之寿夭，人之寿夭在元气，国之长短在风俗。"以人之寿夭，比拟国之长短，形象说明

---

① 郭沫若：《儋耳行》，《人民日报》1962年3月10日。
② 《放翁题跋》卷四《跋东坡帖》。
③ 苏门弟子李廌挽联："皇天后土，知一生忠义之心；名山大川，还千古英灵之气。"（见李廌《追荐东坡先生疏》，《五百家播芳大全文粹》卷八二）

了风俗对国家、社会的重要性。苏辙《论台谏封事留中不行状》亦云："必先正风俗。风俗既正，中人以下，皆自勉以为善；风俗一败，中人以上，皆自弃而为恶。"足可与乃兄的见解互文。诗可以观。观者，郑玄曰："观风俗之盛衰也。"就这一点而言，尽管苏诗在风格上号召高雅之致，但在内容上，其丰富的风土民情描写，却不愧是北宋民俗文化的一面镜子、一扇窗户，其生动形象，是绘画如《清明上河图》、笔记如《东京梦华录》等所无法替代的。

苏轼大半生是在地方官任上度过的，每到一地，他都十分注意深入了解当地的民风物产，关注当地百姓的秉性习俗，搜集故事传说，对一些民族的来源、物产、风土人情、地方特点加以考察。苏轼谪居海南三年，写有《伏波庙记》一文，中云："自汉末至五代，中原避乱之人多家于此，今衣冠礼乐斑斑然矣。"记载汉族从汉代开始自中原地区大量迁入海南的历史。至于苏诗涉及民俗各个方面的内容，包括：

（一）各地风俗

苏轼"身行万里半天下"（《龟山》），极为重视各地之风土人情。比如北宋政治、经济、军事、科技与文化中心，作为北宋都城、四京府之首的开封，是当时世界上最繁华的都市之一，在孟元老笔下，这里"太平日久，人物繁阜，垂髫之童，但习鼓舞，班白之老，不识干戈，时节相次，各有观赏"，"集四海之珍奇，皆归市易，会寰区之异味，悉在庖厨"（《东京梦华录序》），在苏轼笔下则是"上林珍木暗池台，蜀产吴包万里来。不独盘中见卢橘，时于粽里得杨梅"

（《端午帖子词·皇太后阁六首》其五）。苏诗与《东京梦华录序》里的描写足以互文。

嘉祐五年（1060）庚子正月，苏轼父子兄弟三人自荆州陆行，二月至京师，途中苏轼作有《荆州十首》：

游人出三峡，楚地尽平川。北客随南贾，吴樯间蜀船。江侵平野断，风卷白沙旋。欲问兴亡意，重城自古坚。

南方旧战国，惨澹意犹存。慷慨因刘表，凄凉为屈原。废城犹带井，古姓聚成村。亦解观形胜，升平不敢论。

楚地阔无边，苍茫万顷连。耕牛未尝汗，投种去如捐。农事谁当劝，民愚亦可怜。平生事游惰，那得怨凶年。

朱槛城东角，高王此望沙。江山非一国，烽火畏三巴。战骨沦秋草，危楼倚断霞。百年豪杰尽，扰扰见鱼虾。

沙头烟漠漠，来往厌喧卑。野市分獐闹，官帆过渡迟。游人多问卜，伧叟尽携龟。日暮江天静，无人唱楚辞。

太守王夫子，山东老俊髦。壮年闻猛烈，白首见雄豪。食雁君应厌，驱车我正劳。中书有安石，慎勿赋离骚。

残腊多风雪，荆人重岁时。客心何草草，里巷自嬉嬉。爆竹惊邻鬼，驱傩逐小儿。故人应念我，相望各天涯。

江水深成窟，潜鱼大似犀。赤鳞如琥珀，老枕胜玻璃。上客举雕俎，佳人摇翠篦。登庖更作器，何以免屠刲。

北雁来南国，依依似旅人。纵横遭折翼，感恻为沾巾。平日谁能挱，高飞不可驯。故人持赠我，三嗅若为珍。

柳门京国道，驱马及春阳。野火烧枯草，东风动绿芒。北行运许邓，南去极衡湘。楚境横天下，怀王信弱王。

写出荆州的形势、历史、特产、风土、习俗。如"游人多问卜，伧叟尽携龟"，尚可想见楚人巫风之遗存。《画鱼歌》"天寒水落鱼在泥，短钩画水如耕犁"，写出三吴水乡冬天捕鱼的特色。《於潜女》"青裙缟袂於潜女，两足如霜不穿屦。觺沙鬓发丝穿柠，蓬沓障前走风雨"，可以见出浙江於潜女子古色古香、迥异于北方的服饰打扮。在诸多民俗描写中，有关四川和海南风俗的描写最为精彩。

（二）节令岁时

举凡元日、立春、人日、上元、春分、寒食、清明、上巳、端午、中秋、重阳、冬至、除夜，一年四季的岁时节令、节日风俗，在苏诗中都有精彩描写。如《癸丑春分后雪》：

雪入春分省见稀，半开桃李不胜威。应惭落地梅花识，却作漫天柳絮飞。不分东君专节物，故将新巧发阴机。从今造物尤难料，更暖须留御腊衣。

癸丑，指宋神宗熙宁六年（1073），苏轼时任杭州通判。春分之后，春天已经过半，气候温暖，下雪是十分反常的。这场雪摧折了桃花、李花，折损了春光。苏轼因不同意王安石变法的某些政策，在朝被肆意攻击，于是请求外调，于熙宁四年（1071）任杭州通判。春分是二十四节气之一。每年在农历二月十五前后，公历三月二十日或二十一日。此日，太阳直射赤道，南北半球昼夜长短平分，故称。《逸周书·周月》："春三月中气：惊蛰，春分，清明。"董仲舒《春秋繁露·阴阳出入上下》："至于仲春之月，阳在正东，阴在正西，谓之春分。春分者，阴阳相半也，故昼夜均而寒暑平。"王鏊《震泽长语·象纬》："二节为一时，阳气上升共四万二千里，正天地之中、春分之节也。"春分时节，上古有祭祀太阳的仪式，后逐渐发展出酿春酒、放风筝、挑野菜等习俗。此诗或题为《二月十日雪》，苏辙《次韵子瞻二月十日雪》："春雪漫天密又稀，勾芒失据走灵威。故欺贫窭冬裘尽，巧助遨游酒盏飞。林下细花添百草，阶前轻素剪新机。老农先解忧桑柘，九月家人当授衣。"

"雪入春分省见稀"，用韩愈《山石》"以火来照所见稀"。省，回想以往的经验。桃花开在梅花之后，而春分前后，正是将开未开的时节，所以说是"半开桃李不胜威"。纪昀评《苏文忠公诗集》卷九："'半开桃李不胜威'：纯寓牢骚，亦嫌其露。'不胜威'，字太腐。"桃杏虽然争春，但却没有梅花那样耐寒傲雪的骨气，当然经不起这场雪的威猛欺凌。和梅花相比，桃花显然应该感到自己的不足，没有预料到老天还会在春分之后落这么大的雪。看人家梅花，这时候早已开败了，花瓣落地了，即使雪下得再大，那能奈我何？但桃花不行，在这种突然打击之下，桃花只能漫天飘零而落了。这显然是桃花的

〔南宋〕李嵩《西湖图》

极大不幸！ ① "应惭落地梅花识"，用南朝陈苏子卿《梅花落词》"祗言花似雪，不悟有香来"，梁简文帝萧纲《雪朝》"落梅飞四注，翻霙舞三袭"。又《梅花赋》："梅花特早，偏能识春。却作漫天柳絮飞。"韩愈《晚春》诗："杨花榆荚无才思，惟解漫天作雪飞。"胡仔《苕溪渔隐丛话前集》卷二十九"六一居士上"引苕溪渔隐曰："东坡《雪诗》有'飞花又舞谪仙檐'之句，余读李谪仙诗'好鸟迎春歌后院，飞花送酒舞前檐'，恐或用此事也。'应惭落地梅花炽，故作漫天柳絮飞。'世传王淡交雪句'似梅花落地，如柳絮因风'，与坡诗全相类，岂偶然邪？"

"不分东君专节物"，不分，即不忿，意思是不服气、不平。杜甫《送路六侍御入朝》诗："不分桃花红似锦，生憎柳絮白于棉。"东君，原

---

① 李颜全：《最美的二十四节气诗词》，中国经济出版社 2018 年版，第 41 页。

为太阳神名，亦指太阳。《史记·封禅书》："晋巫，祠五帝、东君……先炊之属。"司马贞索隐引《广雅》："东君，日也。"郭沫若《屈原》第二幕："第七人为东君，太阳神，男像，面色赤，手执弓矢，青衣白裳。"古人也视东君为司春之神。王初《立春后作》诗："东君珂佩响珊珊，青驭多时下九关。方信玉霄千万里，春风犹未到人间。"辛弃疾《满江红·暮春》词："可恨东君，把春去，春来无迹。"若联系苏轼写此诗的讽刺之意，"不分东君专节物"之"东君"则隐指皇帝，因为能与"造物"相提并论的，在当时只能是神宗皇帝了。至于逆时而下的雪，当然隐指变法派。全诗表面写天气现象，实含政治讽刺意味。节物，指各个季节的自然景物。《文选》陆机《拟古》诗："踟蹰感节物。""故将新巧发阴机"，新巧，指新奇巧妙。《晋书·王羲之传》："献之虽有父风，殊非新巧。"阴机，指机巧，机谋。元和六年（811），河南县令韩愈描写洛阳的《辛卯年雪》诗云："翕翕陵厚载，哗哗弄阴机。生平未曾见，何暇议是非。"宋人曾巩《京师观音院新堂》诗："丈夫壮志须坦荡，曲士阴机谩翻覆。"清人钱谦益《春雪》诗："迟日同云更合围，东皇何事发阴机？"春分下雪是奇景，桃李半开都有点禁受不住了。在春风雪地间，苏轼一边沿河行走，一边暗自思量，造物操纵的阴晴冷暖，变幻无常，天气难料。即使是已经气候暖和了，也必须准备着御寒的腊月冬衣啊！所以，结尾说"从今造物尤难料，更暖须留御腊衣"。《毛诗·邶风·谷风》："我有旨蓄，亦以御冬。"

《馈岁》《别岁》《守岁》，写四川过年前后习俗：岁晚相与馈问为馈岁，酒食相邀为别岁，除夜达旦不眠为守岁。《馈岁》写互送年礼的情形：

农功各已收，岁事得相佐。为欢恐无及，假物不论货。山川随出产，贫富称小大。置盘巨鲤横，发笼双兔卧。富人事华靡，彩绣光翻座。贫者愧不能，微挚出春磨。官居故人少，里巷佳节过。亦欲举乡风，独唱无人和。

《别岁》写酒食相邀的情景：

> 东邻酒初熟，西舍豕亦肥。
> 且为一日欢，慰此穷年悲。
> 勿嗟旧岁别，行与新岁辞。
> 去去勿回顾，还君老与衰。

《守岁》写除夕守夜的情状：

> 儿童强不睡，相守夜欢哗。
> 晨鸡且勿唱，更鼓畏添挝。
> 坐久灯烬落，起看北斗斜。
> 明年岂无年，心事恐蹉跎。
> 努力尽今夕，少年犹可夸。

又如《中秋月寄子由三首》其三，写中秋赏月之俗：

悠哉四子心，共此千里明。

明月不解老，良辰难合并。

回顾坐上人，聚散如流萍。

尝闻此宵月，万里同阴晴。

天公自著意，此会那可轻。

明年各相望，俯仰今古情。

《和子由踏青》写蜀地清明踏青游春的热闹场面，道人拦路卖符的社会风俗：

东风陌上惊微尘，游人初乐岁华新。

人闲正好路傍饮，麦短未怕游车轮。

城中居人厌城郭，喧阗晓出空四邻。

歌鼓惊山草木动，箪瓢散野乌鸢驯。

何人聚众称道人，遮道卖符色怒嗔。

宜蚕使汝茧如瓮，宜畜使汝羊如麇。

路人未必信此语，强为买服禳新春。

道人得钱径沽酒，醉倒自谓吾符神。

著名的《寒食雨二首》，写寒食节扫墓的风俗，其一云：

自我来黄州，已过三寒食。

年年欲惜春，春去不容惜。

今年又苦雨，两月秋萧瑟。

卧闻海棠花，泥污燕脂雪。

暗中偷负去，夜半真有力。

何殊病少年，病起头已白。

其二云：

春江欲入户，雨势来不已。

小屋如渔舟，濛濛水云里。

空庖煮寒菜，破灶烧湿苇。

那知是寒食，但见乌衔纸。

君门深九重，坟墓在万里。

也拟哭途穷，死灰吹不起。

　　寒食，农历节令，清明节前一天。古人从寒食这天起，禁火三天，不生火做饭，吃冷食物，故云寒食。苏轼另有《与郭生游寒溪，主簿吴亮置酒，郭生喜作挽歌，酒酣发声，坐为凄然。郭生言吾恨无佳词。因为略改乐天〈寒食〉诗歌之，坐客有泣者，其词曰》："乌啼鹊噪昏乔木，清明寒食谁家哭。风吹旷野纸钱飞，古墓累累春草绿。棠梨花映白杨路，尽是死生离别处。冥漠重泉哭不闻，萧萧暮雨人归去。"作于黄州（今湖北黄冈）。贺裳《载酒园诗话》卷一："乐天'丘墟北门外，寒食谁家哭？风吹旷野纸钱飞，古墓累累春草绿。棠梨花映白杨树，尽是死生离别处。冥漠重泉哭不闻，潇潇暮雨人归去。'

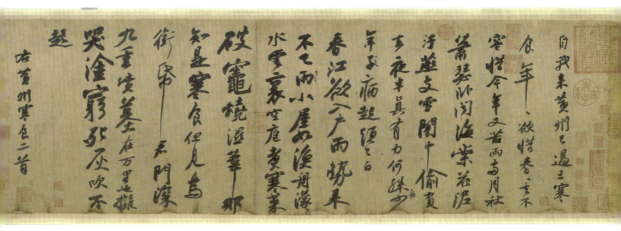

〔北宋〕苏轼《黄州寒食帖》

东坡易以'乌飞鹊噪昏乔木，清明寒食谁家哭'，此如美人梳掠已竟，增插一钗，究其美处岂系此？"

　　诗中格外抢眼的海棠，苏轼另有《寓居定惠院之东，杂花满山，有海棠一株，土人不知贵也》："江城地瘴蕃草木，只有名花苦幽独。嫣然一笑竹篱间，桃李漫山总粗俗。也知造物有深意，故遣佳人在空谷。自然富贵出天姿，不待金盘荐华屋。……陋邦何处得此花，无乃好事移西蜀？寸根千里不易致，衔子飞来定鸿鹄。天涯流落俱可念，为饮一樽歌此曲。明朝酒醒还独来，雪落纷纷那忍触！"正可与"卧闻海棠花，泥污燕脂雪"互证。这株飘零陋乡的海棠，就是贬谪黄州的诗人苏轼自己，天涯流落，幽独清雅，觞歌共惜，物我移情。魏庆之《诗人玉屑》卷十七说："（苏轼）平生喜为人写（此诗），盖人间刊石者，自有五六本云。轼平生得意诗也。"之所以能够平生得意，就在于苏轼在黄州无情的草木瘴气中，发现了来自故乡的海棠，发现了天地间精神瞬间遇合的大欢喜。

（三）衣食茶酒

衣饰方面，苏轼笔下有椰子冠、乌角巾、芒鞋等，堪称服饰专家。而饮食茶酒方面，更堪称达人。"周诗记荼苦，茗饮出近世。"（《问大冶长老乞桃花茶栽东坡》）茶道大兴，是宋代文化的特色之一。"戏作小诗君勿笑，从来佳茗似美人"（《次韵曹辅寄壑源试焙新芽》），苏诗 26 首有关茶饮之作，可当得上是宋代茶文化的缩影。

苏轼爱饮茶，饮茶是他日常必不可少的生活习惯，从他的茶诗里，可以窥见他是个怎样的人。苏轼在儋州时写过一首《汲江煎茶》：

活水还须活火烹，自临钓石取深清。
大瓢贮月归春瓮，小杓分江入夜瓶。
雪乳已翻煎处脚，松风忽作泻时声。
枯肠未易禁三碗，坐听荒城长短更。

描写他从取水、煎茶、饮茶到听更的整个过程。"自临钓石取深清"一句，充满生活情趣，煮茶要用活水，他自己就提个水桶去了江边取水。而"雪乳已翻煎处脚"，水煮开了，雪白的茶乳，随着煎得翻转的茶脚漂了上来。懂得品茶的人都知道，好茶沏了呈白色。这里翻"雪乳"，说明苏轼沏的是好茶。最后一句"枯肠未易禁三碗，坐听荒城长短更"，写喝下自己煮的茶，自会品透人生苍凉。当时苏轼被赶到距离儋州城外很远的桃椰庵，他说坐听长短更，这么远的距离，其实听不到城里打更的声音，但是这个"听"，表达出当时他内心的愿望，这是一种对未来有期许的表现。果然不久后，他"听"到朝廷下诏召归的消息。所以，看似一首与茶有关的诗，其实把谪居海南的心情，以委婉细腻的方式表达了出来。南宋的杨万里读后评价："七言八句，一篇之中，句句皆奇。一句之中，字字皆奇。古今作者皆难之……'活水还将活火烹，自临钓石汲深清'，第二句七字而具五意：水清，一也；深处取清，二也；石下之水，非有泥土，三也；石乃钓石，非寻常之石，四也；东坡自汲，非遣卒奴，五也。'大瓢贮月归春瓮，小杓分江入夜瓶'，其状水之清美，极矣。'分江'二字，此尤难下。'雪乳已翻煎处脚，松风仍作泻时声'，此倒语也，尤为诗家妙法，即少陵'红稻啄余鹦鹉粒，碧梧栖老凤凰枝'也。'枯肠未易禁三椀，卧听山城长短更'，又翻却卢仝公案。仝吃到七椀，坡不禁三椀。山城更漏无定，'长短'二字，有无穷之味。"[1] 茶道是闲暇之趣，更是良师益友。从苏轼的茶诗中，可感受到煮茶如做人。茶应该恰到好处地掌握火候，人自然也应该不温不火，不疾不徐，进取而不保守，积极而不躁急。

苏轼的《试院煎茶》反映出宋代煎茶特色，涉及茶具；《和钱安道寄惠建茶》可算是品茶春秋；《寄周安孺茶》乃一部茶文化简史。《元翰少卿宠惠谷帘水一器、龙团二枚，仍以新诗为贶，叹味不已，次韵奉和》论及用水之于茶道："岩垂匹练千丝落，雷起双龙万物春。此水此茶俱第一，共成三绝鉴中人。"《和蒋夔寄茶》"沙溪北

---

① 辛更儒：《杨万里集笺注》卷一一四，中华书局 2007 年版，第 4353 页。

苑强分别，水脚一线争谁先"，写出宋代点茶斗茶之盛。《到官病倦，未尝会客，毛正仲惠茶，乃以端午小集石塔，戏作一诗为谢》"禅窗丽午景，蜀井出冰雪。坐客皆可人，鼎器手自洁。金钗候汤眼，鱼蟹亦应诀。遂令色香味，一日备三绝。报君不虚授，知我非轻啜"，写出好水、好器皿、好客人，可使茶之色香味三绝。《汲江煎茶》介绍唐代茶道缓火炙、活火煎的经验，杨万里《诚斋诗话》谓"自临钓石汲深清"七字，具五意，可称宋代茶道七字"真言"；《次韵黄夷仲茶磨》提及杵臼、茶碾、茶磨等茶具，"浸穷厥味白始用，复计其初碾方出"，更道出细节。

酒也是苏诗中重要的题材。深晓"圣贤皆寂寞，饮者留芳名"的苏轼与酒有着不解之缘，他在诗中品酒、爱酒、醉酒、写酒，诗中记述了他酿制的蜜酒、真一酒、罗浮春、桂酒，后皆或为中国酒文化的重要遗产。苏轼酒量其实不大，他晚年在《书东皋子传后》中曾说"天下之不能饮，无在予下者"，他对自己的酒量非常有自知之明。但是他说"闲居未尝一日无客，客至，未尝不置酒"。苏东坡非常爱跟朋友喝酒，并且爱以酒会客。不过他不是跟谁都愿意喝，在苏轼的仕途生涯里，也有过难以应付的酒局，比如他在杭州任通判的时候，官场里宴席频繁，苏轼心里厌烦，呼为"酒食地狱"，这个形容当真是极为贴切了。

有一部书叫作《观看王维的十九种方式》，与之相似，林语堂《苏东坡传》给苏轼加了十九顶帽子，其中一个，评价苏轼为"造酒试验家"，苏轼不但好饮酒，还爱好酿酒。在他生活过的几个地方，都能寻到他酿酒的事迹。在定州，苏轼酿过"中山松醪酒"。在黄州，苏轼酿过蜜酒，还做了首诗叫《蜜酒歌》，其中"三日开瓮香满城"，就是形容他酿的蜜酒，蜂蜜酿造的蜜酒，口味应该比较甜，好入口。在惠州的时候比较多产，因为苏轼自称"无日无客，客至则必置酒"，所以消费量很大，当时岭南五州的太守，都经常来给他送酒，但还是不够请客，所以要自酿桂酒，还有"真一酒""罗浮春"等名目，来宴请宾客。然而一日宴客时，存酒喝完，他想要取米酿酒，谁知道米瓮也空了，只好取笔作了一首诗自嘲说"二子真我客，不醉亦陶然"。虽然其酿造技术如今已经无法评判，但是他每做一种酒都会题诗作赋，可见是乐在其中的。

东坡在惠州酿的桂酒，传闻是从一隐士手中得到的方子，他对自己的酿酒成果很是满意，称赞为"天禄"，而且有趣的是，为了不让这个"仙方"失传，又只想有缘人才喝得到，就把此方刻石藏在罗浮铁桥下，等着"忘世求道者"来寻宝。但是据叶梦得在《避暑录话》中记载，他询问苏轼的两个儿子，苏轼酿的桂酒之味究竟如何，谁知道两个儿子哈哈大笑说，就跟屠苏药酒的味道差不多。这并不是很好的评价啊。而且他在黄州酿的蜜酒，可能一开始味道是不错，但是蜜水很容易变质，所以很多人喝了拉肚子。由此可见，东坡酿酒的实操技术并没有他自以为的好，更多是爱好试验，享受过程罢了。

茶酒之外，苏轼还描写了槐叶冷淘、元修菜、玉糁羹、槟榔等，堪称美食专家。槐叶冷淘从唐代就有记载，是一种传统小吃。一般是采青槐嫩叶捣汁和面，切成饼、条、丝等形状，煮熟后放在冰窖冷贮或井中浸冷而做成。因为槐叶汁清香凉苦，所以特别适合夏天吃来败火清凉。杜甫写过《槐叶冷淘》"青青高槐叶，采掇付中厨。

新面来近市，汁滓宛相俱"，又形容道"经齿冷于雪，劝人投此珠"，还说"君王纳凉晚，此味亦时须"，可见其在宫廷里也是很受欢迎的小吃。到了宋代，冷淘开始普及，品种更为多样，开封街头就有槐叶淘、甘菊淘、银丝冷淘，甚至还有用卤的抹肉淘。冷淘可以说是一种国民小吃了。苏轼《二月十九日，携白酒、鲈鱼过詹使君，食槐叶冷淘》写道：

> 枇杷已熟粲金珠，桑落初尝滟玉蛆。
>
> 暂借垂莲十分盏，一浇空腹五车书。
>
> 青浮卵碗槐芽饼，红点冰盘藿叶鱼。
>
> 醉饱高眠真事业，此生有味在三余。

这首记槐叶冷淘的诗写于惠州。当时他正是被朝中政敌陷害的对象，甚至一度在十余日间，三改谪命，最终"落左承议郎，责受建昌司马，惠州安置，不得签署公事"。身边好友不少也离他而去。然而惠州知州詹范，为人仁厚，很有文才，他非常敬重苏轼，把这位"罪臣"奉为上宾，"待以殊礼"。绍圣二年（1095）二月十九这天，苏轼带着白酒鲈鱼，拜访詹范，两人边饮酒，边谈诗，非常投缘。中午，两人便吃了槐叶冷淘作为简便午餐。苏轼在诗里写"青浮卵碗槐芽饼"，"饼"就是汤饼，也就是今天的面条。结尾的"醉饱高眠真事业，此生有味在三余"，所谓"三余"，就是冬者岁之余，夜者日之余，阴雨月之余，都是闲暇无事之时。苏轼在贬谪期间无所事事，唯独在这"三余"时间里读书会友，最有味道。

苏轼对美食怀有持续未断的热情，留下许多与吃有关的趣闻轶事，无论在仕途腾达之时，还是在被贬谪落魄之际，他都不忘享受身边的美酒佳肴，从有限的食材里发现不一样的人间至味。"人莫不饮食也，鲜能知味也。"能吃不代表爱吃，爱吃不等于会吃。苏轼善于从美食中读出食品味道之外的意味，所以，堪称爱吃好吃又会吃，而且还能赋予美食丰富内涵的美食家。

元丰三年（1080）二月，苏轼初抵黄州贬所，就在《初到黄州》写下"自笑平生为口忙"，自嘲平生经常为着满足口腹之欲而奔忙，而下面"长江绕郭知鱼美，好竹连山觉笋香"，一联十四字，一气呵成，脱口而出，意象灵动，奇趣横生，由长江联想到鱼美，由竹山联想到笋香，将视觉意象迅即转化为味觉嗅觉意象，描绘江城的美景和富饶物产，道尽长江三面环绕的黄州城，鱼鲜笋香，物华天宝。鱼笋的香美，又照应着首联，使全篇章法严谨、浑然一体，文词优美，自然天成，成为苏诗的名句。

苏轼善于研发菜式，撰写顶级文案。比如《老饕赋》，描绘一场精美的宴会，要有顶级厨师的配置，也要有轻歌曼舞的佳人，当中还包含一份美食清单："尝项上之一脔，嚼霜前之两螯。烂樱珠之煎蜜，滃杏酪之蒸羔。蛤半熟而含酒，蟹微生而带糟。"猪颈肉、秋蟹螯、樱桃蜜饯、杏仁糕、半生蛤蜊、糟蟹等，品类丰富。关于每种食物怎么吃才最佳，苏轼非常懂得如何吃到食物之精华，把对美食的追求写得淋漓尽致。所以读完后，这餐宴席令人浮想联翩。第一次读可能会认为这是苏东坡某次宴饮后的记录，但其实《老饕赋》并非作于苏轼生活安逸、春风得意之时，而是写于缺粮少肉的儋州，全篇内容均是这位"老饕"的想象之作，可以看出苏轼多么精于食之道，"老饕"之称，他当之无愧。

又如《猪肉颂》写道："净洗铛，少着水，柴头罨烟焰不起。待他自熟莫催他，火候足时他自美。黄州好猪肉，价贱如泥土。贵者不肯吃，贫者不解煮。早辰起来打两碗，饱得自家君莫管。"吐露猪肉烹饪的秘诀是少放水，小火慢炖缓煨，火候到了味道才到位。而且在黄州这地方，猪肉非常便宜，身份高的都不怎么吃猪肉，正好让他捡漏儿。于是乎，黄州猪肉从此被他吃出了名堂，吃出了美感。有名的东坡菜羹，也是苏轼在黄州期间所创，有人求他传授做法，因此苏轼写下一篇《东坡羹颂并引》，记录了东坡羹的美味之处和具体做法，还在结尾吟诵道："甘苦尝从极处回，咸酸未必是盐梅。问师此个天真味，根上来么尘上来？"

"东坡肉"由此成为东坡与饮食文化关联的最著名个案。明浮白主人（或以为即冯梦龙）辑《雅谑》"东坡肉"条云："陆宅之善谑，每语人曰：'吾甚爱东坡。'或问曰：'东坡有文，有赋，有诗，有字，有东坡巾，君所爱何居？'陆曰：'吾甚爱一味东坡肉。'闻者大笑。"[1]所谓"是爱东坡者，但喜吃东坡肉耳"（张潮《幽梦影》第99则江含徽评语），正从此出。善谑之陆宅之，即元人陆居仁，字宅之，号巢松翁，又号松云野褐、瑁湖居士，松江华亭人。元惠宗至元初前后在世。元代泰定年间举人，隐居不仕，教授以终。陆居仁之言虽属戏谑，但揆其语气，似乎当时已有东坡肉这一菜肴，而非凭空杜撰，

---

[1] 陈维礼、郭俊峰主编《中国历代笑话集成》第一卷，时代文艺出版社1996年版，第272页。此条亦见冯梦龙《古今谭概·儇弄第二十二》（海峡文艺出版社1985年版，第658页）。

不然，闻者当不知其所指何物，自不可能发笑。虽然不能据此论定元代已有东坡肉，但至少可以认为，最迟在文献记录的明代中后期已有东坡肉。褚人获《坚瓠集·八集》卷二"王（弼）陆（居仁）无忌惮"云："陆居仁读《论》《孟》，刻朱晦庵像，见注有纰缪则击像一下，宅之即代为对曰：朱熹误矣。"可见亦是妙人。其恶朱熹如此，而爱苏轼又如彼，亦可为道学、苏学之不同作一注脚。①

苏轼在海南儋州时，菜羹吃厌了，儿子苏过想出一个新点子，用山芋作羹，并且取名叫"玉糁羹"。苏轼吃了之后拍案叫绝，说："色香味皆奇绝，天上酥酏则不可知，人间决无此味也。"还写了一首诗："香似龙涎仍酽白，味如牛乳更全清。莫将南海金齑脍，轻比东坡玉糁羹。"盛赞这道玉糁羹。

苏轼在黄州还分享过自己的《煮鱼法》："子瞻在黄州，好自煮鱼。其法，以鲜鲫鱼或鲤治斫冷水下入盐如常法，以菘菜心芼之，仍入浑葱白数茎，不得搅。半熟，入生姜、萝卜汁及酒各少许，三物相等，调匀乃下。临熟，入橘皮线，乃食之。其珍食者自知，不尽谈也。"把新鲜的鲫鱼或鲤鱼处理好，冷水下锅，放点盐，再放上"菘菜"（也就是白菜），放点葱白，不能搅动。等到半熟的时候，再放入生姜、萝卜汁和一点酒，快出锅的时候，再放点橘皮切的丝，就可以吃啦。这道菜也是在黄州研发的，选用的也都是很便宜的鲫鱼、鲤鱼。

---

① 刘衍文疑"陆氏隐居不仕，以教授乡间学子终其身而不求闻达之士，做不出这么怪诞惊俗的行为"（《寄庐杂笔》，上海书店出版社 2000 年版，第 292 页）。参见莫砺锋《漫话东坡》，《莫砺锋文集》第六卷，凤凰出版社 2019 年版，第 366 页。

　　说到鱼，可谓水系发达的中国南方的常见食材。苏轼《杜介送鱼》写道："新年已赐黄封酒，旧老仍分赪尾鱼。陋巷关门负朝日，小园除雪得春蔬。病妻起斫银丝鲙，稚子欢寻尺素书。醉眼朦胧觅归路，松江烟雨晚疏疏。"可谓诗意盎然，令人想起杜甫《何将军山林》诗："鲜鲫银丝鲙，香芹碧涧羹。"有一种鱼，苏轼更是爱到可以为之搏命，那就是河豚。苏轼在常州的时候，当地有一位乡绅就很想邀请他来家里品尝自己家做的河豚鱼。苏轼的作风是一听说有好吃的就马上到达，直奔主题，并开始测评。当时乡绅家人都躲在屏风后面，就希望能听到他说一声好。可是苏轼就是低头猛吃，什么都不说，屏风后面的人就有点失落了。结果这时候，苏轼忽然放下筷子，说了一句："也值一死！"乡绅和他的家人自然高兴坏了。他的那首《惠崇春江晚景》，点到蒌蒿和芦芽，也不是单纯的植物，这都是烹饪河豚用得着的食材，所以说，很可能是观画者苏轼馋了，自己脑补出来的，或曰此诗有些像"报菜名"，细想也有些道理。

　　总之，美食家苏轼对当代最大的启发，可能就是他在《宝绘堂记》讲的"寓意于物，虽微物足以为乐"，"君子可以寓意于物，而不可以留意于物"。简单来说，就是人不可迷失于眼前的事物，用欣赏的眼光来看待世界，那就能无往而不乐。因此他经常能从一些常人视为微不足道的"物"（包括食物）中找到乐趣，比如一道菜，一杯酒，这种乐趣的体现方式之一就是起名字，从中重新找回对生活的热情，也就是苏轼《超然台记》里说的："撷园蔬，取池鱼，酿秫酒，瀹脱粟而食之，曰：乐哉游乎！"东坡菜系能流传千古，食材和食物本来的味道是一方面，其中蕴含的人生态度才是更为重要的。

　　当然，苏轼的顶级文案水平也功不可没。从文案中可以看出，没有什么是他不喜欢的，无论吃鱼吃肉，还是菜羹山芋，他似乎都很喜悦。苏轼曾经写过这样的诗句："我生百事常随缘，四方水陆无不便……人生所遇无不可，南北嗜好知谁贤。"（《和蒋夔寄茶》）他也确实是这样做的。在远谪惠州的途中，苏轼又饿又累，就在道旁的小店里停下吃饭，喝的是豌豆大麦粥。这个时候，苏轼要儿子注意：要勇于忘怀昨日的"玉食"，今天的一碗麦粥，又何尝不是无上的享受呢？而玉糁羹的原材料芋头，他在黄州、惠州等地都吃过。在惠州的时候，和朋友夜谈时饿了，朋友煮了两个芋头给他，苏轼吃得非常高兴，还专门为朋友写了一幅《煨芋帖》。在海南，儿子以芋头做羹，得到苏轼的高度评价，想来，一方面是亲情的味道，另一方面也体现了在食材单一情况下，也可以想办法尽量弄得好吃些，这无疑是已经融入生活的一种乐观。小小的一道东坡羹，在苏轼笔下，既是果腹的食物，也未尝不是开解人生苦难的一碗心灵鸡汤。

　　无论"自笑平生为口忙"，还是"人间有味是清欢"，在寻常的口腹之欲中，我们看见的是那个热爱生活，也是最有人情味的苏东坡。他是天生的"吃货"，也是贫困的美食家。一个随遇而安的老饕，又有一支生花妙笔将天下饮食写得美妙绝伦，便将平淡的生活也烹成了诗意的言说。那些滑过味蕾的满足，肠胃中升起的温暖，是我们与苏轼之间最心照不宣的人间之乐。因此，融入我们记忆深处的美食之味，有幸留存至今，化为立体的乡愁，注释着活生生的市井，无形却有味，相比那些有形的仿古纪念物，无疑更能拉近我们与东坡之间的心灵距离。

除了各地风俗、岁时节令、衣食茶酒之外，苏轼诗中还有大量婚丧寿诞、祭祀占卜、生产生计方面的描写，琳琅满目，也都是保存北宋民俗文化的活化石。限于篇幅，这里就不展开了，读者自可举一反三。

三、苏诗是北宋文化滋养的明珠

诗歌是文化之一端，受到文化其他因素的制约和影响，同时也是特定时代文化和地域文化的一种反映和体现。苏轼诗歌与北宋文化的关系亦然，苏诗既受到北宋文化广泛深刻的影响，同时也如镜子一样，反映着北宋文化的光辉。当然，反映或影响间的因果，有如水洒在地上，浸湿附近的土壤是水的本性，但被浸湿的程度则需要视土壤具体情况而定。"天雨虽宽，不润无根之草"[1]，所以苏诗受北宋文化之影响或反映北宋文化的程度，有的直接，有的间接；有的较快，有的较慢；有的显露，有的含蓄；有的是支配，有的是渗透；有的断章取义，痕迹俱在，有的羚羊挂角，无迹可求；有的文化内容可以直接入诗，有的则需要通过作家的中介、过滤。而且有的变形，有的变质；有时是单一的，有时则是多元的；有的是影响，有的则只是暗合；有的是交叉，有的则只是平行；有的具有事实联系，有的则只具有些精神心智上的共通，性之所近，貌亦相随而已，常

---

[1] 郭小亭：《济公全传》第一百八十一回"醉禅师书写忠义词，假道姑拍花盗婴胎"。

〔北宋〕苏轼《墨竹图》

常并非"步亦步，趋亦趋"[①]。这些，都需要我们细心体会和分辨。

但是，无论具体情形如何，可以肯定的是，在中国历史上，很少有哪一位作家能像苏轼那样，在诗歌中与其时代文化有如此密切的联系，故曰：千古文人一东坡。其中第五个字"一"，非常重要。《说文解字》第一个字就是"一"，许慎的解说是"惟初太始，道立于一，造分天地，化成万物"，很富有哲理意味；下面的元（始也）、天（巅也），都是顺着"一"的节奏继续的，第一画都是"一"，都属于"一"部。许慎的解说，如果追溯其源，其实来自《老子》所谓"道生一，一生二，二生三，三生万物"；《庄子·天地》所谓"泰初有无，无有无名，一之所起，有一而未形，物得以生"；《淮南子·原道训》所谓"道者，一立而万物生矣，是故一之理，施四海；一之解，际天地"，可见与"千古"相映衬的这个"一"，不仅是语言学，也是中国哲学重要的原初性概念。"一"就是万事万物的开始，万物莫不有始，"始"就是我们的初心，就是我们的起点。

如果从苏东坡这个点上，往前追溯，由宋返唐，再回到魏晋，像白居易，像陶渊明，都是对他产生重要影响的大家；而往下顺流，苏东坡又对元代、明代、清代文人，相继产生了深远的影响。所以，从"一东坡"为起点，我们可以勾连起中国文学一脉相承的历史长河。"一东坡"的"一"，在这里需要特别强调的是，具有独一无二

[①]《庄子·田子方》："夫子步亦步，夫子趋亦趋，夫子驰亦驰，夫子奔逸绝尘，而回瞠若乎后矣。"宋荦《施注苏诗序》谓："物合于性之所近，而事常成于力之久且勤。水湿火燥，钩曲弦直，各从其类，而要皆性之所近以相合也。物之于人不类也，是故鹿骇毛嫱，鱼避骊姬。其类殊者其性殊。人之于人类已然，且邪正杂糅，若白黑冰炭之相反，非性使然耶？"此论可供一隅之反。

的意义。所谓"一者，独也"，扬雄《方言》曾说："一，蜀也，南楚谓之独。"郭璞注："蜀，犹独耳。"蜀，具体到今天的四川眉山，这是苏东坡的家乡，苏东坡的起点。距离这里不远，就有杜甫草堂，再远一些就是李白的家乡江油。

近千年过去，苏东坡的独一无二，已经可以确认，他确实是重要的、无可替代的千古一人。无论与前代的李白、杜甫相比，还是与隔代的屈原、陶渊明相比，抑或是与现代的鲁、郭、茅、巴、老、曹，当代的茅盾文学奖获得者相比，苏东坡都是独一无二、无可替代的。千年英雄，千古文人，千古风范，千古风流，都可以作为这个"一东坡"的注脚。这就是"千古文人一东坡"的这个"一"的解题，在这七个字当中，尽管它笔画最少，但位置和意义都至关重要。因为通过苏轼诗歌这一窗口，我们甚至可以将北宋文化的繁荣尽收眼底。所以我们的结论就是，在中国文化中，北宋文化是最灿烂的；在北宋文化中，苏轼诗歌在诗歌这一文化形态中是最夺目的。

四、丹青吟咏妙相资

——苏轼诗书画三绝

非孟德之困於周郎者乎方其破
荆州下江陵順流而東也舳舻
千里旌旗蔽空釃酒臨江横
槊賦詩固一世之雄也而今安

绘画艺术在北宋高度发达，堪称极盛，这是北宋社会"郁郁乎文哉"的重要标志。作为诉诸视觉，展开于空间，表现为静态的单一艺术形式，绘画在反映北宋文化时代精神和审美风尚方面，其直观性、形象性有着其他文化形态难以替代的地位。北宋绘画艺术的兴盛表现在以下几个方面：第一，上自帝王将相，下至庶民百姓，嗜画笃画之风盛况空前，工画善画之人比比皆是。第二，风格流派各臻其致，名家名作千姿百态。第三，绘画理论空前发达。从现存北宋画迹看，题材以山水、花鸟为多，亦不乏人物、风俗、宗教等；画风以文人画为代表，院画也很发达；画法以不囿形似，追求神韵为主流，同时注重院画形似的基本功训练；突出的时代特色是，绘画与诗、文、书结缘，开启了中国绘画史上与文学紧密结合的时代。从现存北宋画论看，强调非功利性的审美原则；格调独推高雅，追求萧散简远、神韵自然之美；强调以意造理，以理生韵，而求之以形器。"理""意"二字乃北宋绘画实践之准则和绘画思想的时代特色。

一、苏诗与北宋的绘画

就苏轼诗歌与北宋绘画文化而言，二者在艺术风格上，对萧散简远的雅淡精神有着共同的追求；在艺术规律上，遵循着尚意主理、重神似与气韵、注重非功利性的共同原则；尤其是在艺术实践上，苏轼以题画诗的形式使诗、书、画精神上的融合真正得以实现，使三者进一步水乳交融——作画取诗意诗境，把诗作为画的题材，绘诗意画；再进一步，借鉴诗的方法、原则作画；最后，诗书画"三绝"并存于同一文艺时空。

题画诗，是指画家或鉴赏者根据绘画的题材、内容、思想、格调等，有所感而创作的诗歌。或即兴，或酝酿，或自题，或他题，或题画内，或题画外。应该说，题画诗是诗歌与绘画两门艺术共同孕育出来的奇葩，受润着诗画艺术共同的滋养，是联系两门艺术关系的最佳纽带。诗、书、画三绝，就像苏轼本人三位一体的身份一样。当然三绝作为艺术史的概念，最早是指唐代诗人郑虔，他诗书画并擅，所以《新唐书·郑虔传》说他"尝自写其诗并画以献，帝大署其尾曰：'郑虔三绝'"。

广义的题画诗，除题在画上的诗外，还包括可以脱开画面独立存在的咏画论画赞画诗，早期的"题画诗"大多属于此类。这类诗作，或评论绘画的艺术价值而抒发审美观感，或借画抒怀寄寓家国身世之感，或分析画风而议论画理，或开拓画面而深化意境。

狭义的题画诗，专指画家在画幅完成之后、抒发画中意境所赋、题写在画幅上的诗作。这类作品以书法为媒介，把诗直接题写于画面上，诗与画相融合，构成有机的统一体，同时也便有了独特的艺术内涵。题诗于画，集诗、书、画为一体，是中国特有的文艺形式，也是中国传统文人画的重要特征之一。宗白华《论中西画法的渊源与基础》指出："在画幅上题诗写字，借书法以点醒画中的笔法，借诗句以衬出画中意境，而并不觉其破坏画景（在西洋画上题句即破坏其写实幻境），又是中国画可注意的特色。"

题画诗的产生，与诗歌和绘画两门艺术在艺术形象存在方式、创作审美意识、题材选择、创作技巧诸方面有共通之处有关。也因此有可能使诗画相资为用，由以诗赞画、写画、配画发展到为画赋诗、题诗，以画配诗，诗人入画，佳句入画；再发展到以诗求画，以画求诗，诗画相酬，自画自题（诗）。这样，诗艺与画道的融合从自发走向自觉，彼此补充，相得益彰，最后诞生出题画诗来。

伴随题画诗诞生的，还有诸多文艺理论命题，像"诗画本一律"（《书鄢陵王主簿所画折枝二首》），"诗中有画，画中有诗"（《东坡题跋》卷五《书摩诘蓝田烟雨图》），"诗是无形画，画是有形诗"（郭熙《林泉高致·画意》），"终朝诵公有声画，却来看此无声诗"（钱鍪《次袁尚书巫山十二峰二十五韵》），"丹青之妙，乃复如诗"（葛立方《韵语阳秋》卷十四），"丹青吟咏，妙处相资"（蔡绦《西清诗话》）……于诗而言，诗的形象塑造生动具体，实含绘画之美；诗的意境简淡幽远，浑融超妙，追求神韵，与水墨画、文人画实"异迹而同趣"（孔武仲《宗伯集》卷一《东坡居士画怪石赋》）；诗以画法为诗法，借鉴绘画技法、绘画理论，取法绘画风格、绘画规律……凡此种种，在题画诗身上都有集中的体现。

最早的题画诗，一般认为，肇始于杜甫的诗作。杜甫的题画诗共 20 题 22 首：《画鹰》《天育骠骑歌》《奉先刘少府新画山水障歌》《题李尊师松树障子歌》《画鹘行》《题壁上韦偃画马歌》《戏为双松图歌（韦偃画）》《戏题王宰画山水图歌》《严公厅宴同咏蜀道画图（得空字）》《姜楚公画角鹰歌》《题玄武禅师屋壁》《观薛稷少保书画壁》《通泉县署屋壁后薛少保画鹤》《丹青引赠曹将军霸》《韦讽录事宅观曹将军画马图》《奉观严郑公厅事岷山沱江画图十韵（得忘字）》《观李固请司马弟山水图三首》《杨监又出画鹰十二扇》《画马赞》《冬日洛城北谒玄元皇帝庙》。明人胡应麟《诗薮》云："题画自杜诸篇外，唐无继者。"清人沈德潜《说诗晬语》云："唐以前未见题画诗，开此体者老杜也。"清人王士禛《蚕尾集》称："六朝已来题画诗绝罕见，盛唐如李太白辈，间一为之，拙劣不工……杜子美始创为画松、画马、画鹰、画山水诸大篇，搜奇抉奥，笔补造化。……子美创始之功伟矣。"还有人认为，最早的题画诗为杜甫之前的李邕的《题画》，而上推更早者，初唐宫廷诗人上官仪撰有《咏画障》："芳晨丽日桃花浦，珠帘翠帐凤凰楼。蔡女菱歌移锦缆，燕姬春望上琼钩。新妆漏影浮轻扇，冶袖飘香入浅流。未减行雨荆台下，自比凌波洛浦游。"有学者认为，中国第一首题画诗即上官仪的《咏画障》。①再向前追溯，北齐萧悫《屏风诗》："秦皇临碣石，汉帝幸明庭。非关重游豫，直是爱长龄。读记知州所，观图见岳形。晓识仙人气，夜辨少微星。服银有秘术，蒸丹传旧经。风摇百影树，花落万春亭。飞流近更白，丛竹远弥青。逍遥保清畅，因持悦性情。"有学者认为，此诗是真正意义上的较早的题画诗。庾信（513—581）《咏画屏风》第二十五首："竟日坐春台，芙蓉承酒杯。水流平涧下，山花满谷开。

---

① 孔寿山：《中国第一首题画诗》，《美育》1984 年第 4 期。

行云数番过，白鹤一双来。水影摇丛竹，林香动落梅。直上山头路，羊肠能几回。"对此，有学者认为，庾信"是题画诗始作俑者"。而东晋杨宣《宋纤象颂歌》："为枕何石？为漱何流？身不可见，名不可求！"当为最早的题画诗。还有人认为，杨宣《宋纤象颂歌》是现存资料中最早的为诗配画，复为画题诗的事例。其他观点还有东晋桃叶（王献之妾，或作谢芳姿）的《答王团扇歌三首》，东晋支遁《咏禅思道人诗》，也有人追溯至西晋傅咸《画像赋》[①]，还有人追溯至汉代扬雄的《赵充国画像颂》[②]，更有人追溯至屈原的《天问》[③]。其实，这些诗作与真正意义上的题画诗，尤其是与上面所说的题诗于画上

[①] 傅咸（239—294）《画像赋》："惟年命之迫短，速流光之有经，疾没世而不称，贵立身而扬名。既铭勒于钟鼎，又图像于丹青，览光烈之攸паи，睹卞子之容形。泣泉流以雨下，洒血面而瀸缨。痛两趾之双刖，心恻凄以伤情，虽发肤之不毁，觉害仁以偷生。向厥趾之不刖，敦夜光之见明。人之不同，爰自在昔。臧知柳而不进，和残躯以证璧。"所咏者为卞和画像。张晨《中国诗画与中国文化》："中国第一首题画诗是西晋著名文学家傅咸的《画像赋》。"（辽宁教育出版社1993年版，第156页，参见第175页）

[②] 韩成武《谈杜甫的咏画题画诗》："若从题目观之，这应是中国第一首题画、咏画诗了，可是看其内容，全在歌颂赵氏的功勋，并无只字言及绘画本身，所以它还说不上是真正的题画、咏画诗。真正以诗题画、咏画，出现在齐梁时期，如永明诗人高爽作《咏画扇诗》，费昶作《和萧洗马画屏风二首》，梁简文帝作《咏美人观画》，庾肩吾作《咏美人自看画应令》，庾信作《咏画屏风》，等等。这些作品，初步做到诗与画的结合。"（《河北大学学报》1980年第4期）孔寿山《论中国的题画诗》："从目前的文献资料来看，扬雄此作似可作为中国第一首题画诗。"（《文艺理论与批评》1994年第6期，第105-109页）东方乔《题画诗源流考辨》："汉成帝时，曾命扬雄为赵充国画像作颂，似可视为中国第一首题画诗。但其内容只是赞美赵充国破敌之功，并无一字涉及绘画，属于画后题诗纪述功德而已。汉代画像，赞文成风。东汉武氏祠石室画像之赞文，是今日见到最早的题画诗。"（《河北学刊》2002年第4期）

[③] 温肇桐《浅谈题画诗》："诗歌和绘画的结合，从中国古代艺术发展史上看，我认为屈原《天问》，是运用了诗歌这一艺术形式，概括记叙和评论了楚国先王之庙和士卿祠堂的大型历史题材壁画和它的艺术技巧。可以说，这是中国最早的一首长篇题画诗。"（陈履生编《明清花鸟画题画诗选注·序》，四川美术出版社1988年版）张高评《宋诗之传承与开拓》："战国时，楚屈原'见光王之庙及公卿祠堂，图画天地山川神灵，因书共壁，呵而问之'，成《天问》之长诗，以写愁情，可谓咏画题画诗之权舆。"（文史哲出版社1990年版，第263页）

的狭义的题画诗尚有距离。

只有到了北宋，由于两门艺术的共同繁荣，诗人画家的合二为一，才为题画诗的成长注入了强生剂，使晋宋以来萌生的艺术种子绽开出了绚丽的花朵。

苏轼的题画诗这朵花中之王，正如哥德巴赫猜想之于数学王国一样，是北宋题画诗这顶皇冠上最夺目的珍珠。苏轼的题画诗不仅从形式上改变了诗画分离的状况，而且使诗画本一律、异迹而同趣，诗画本一道、异体而同貌的艺术真髓得到了充分体现。清人方薰《山静居画论》云："款题图画，始自苏、米。"虽然苏轼的画迹存世仅数幅，且多是一时遣兴之作，并无题诗，但他给我们留下了大量的题画诗，有自题的，也有他题的。《式古堂书画汇考》卷十一认为，直接题写画面之诗，自苏轼题文同（与可）《竹枝图》始。① 苏轼《题文与可墨竹》叙云："故人文与可为道师王执中作墨竹，且谓执中勿使他人书字，待苏子瞻来，令作诗其侧。"虽是"作诗其侧"，与后来题画诗在画面上的位置不同，但这毕竟已是题诗于画上，与另纸而书之的题画方式有了本质的区别，以致这种"文画苏题"的形式成了当时和后来人们鉴别文同画作真伪的一个标准。② 张晨《中国诗画与中国文化》则认为，"文人画"理论的奠基者苏轼首开画内他题诗之风。他的《题王定国所藏烟江叠嶂图》是目前发现的最早的一首画内题诗（准确地说是题诗于卷末），是题画诗由画外步入画内的

---

① 卞永誉：《式古堂书画汇考》卷十一，影印文渊阁《四库全书》本。

② 参见张高评《宋诗之传承与开拓》，文史哲出版社 1990 年版，第 265 页；杨学是《诗画的晤对与璧合：论题画诗》，《绵阳师范高等专科学校学报》2001 年第 4 期。

最初标志。

二、苏轼题画诗的种类

笔者《苏轼题画诗汇编》取广义的题画诗，依据清人王文诰辑注，孔凡礼点校《苏轼诗集》，参校清人冯应榴辑注，黄任轲、朱怀春校点《苏轼诗集合注》，编录苏轼题画诗共计 102 题 157 首。① 根据苏轼题画诗所题画科，分为人物、山水、畜兽、竹石花鸟虫鱼及其他四类。② 诗题如下：

（一）人物类

《次韵水官诗》、《王维吴道子画》、《记所见开元寺吴道子画佛

---

① 主要参考以下文献：①李栖《两宋题画诗论》（学生书局 1994 年版；又见李栖《苏氏兄弟绘画观的考察——以题画诗、画题跋作比较》，国立成功大学中文系所主编《第一届宋代文学研讨会论文集》，丽文文化事业股份有限公司 1995 年版，第 348 页），该文统计苏轼题画诗有 96 题 145 首。②《增刊校正王状元集注分类东坡先生诗》卷十一至卷十二"书画类"共计 70 题 114 首，其中"画类"63 题 104 首。③南宋孙绍远编选《声画集》八卷，这是中国最早一部题画诗总集，分古贤、故事、佛像、神仙、美人、山水、林木、花卉、畜兽、虫鱼等 26 门，收录唐宋以来咏画之作近八百首，其中苏轼夺魁，凡 146 首（据张高评《宋诗之传承与开拓》，文史哲出版社 1990 年版，第 365 页）。④清陈邦彦等编选《历代题画诗类》一百二十卷，这是研究中国题画诗最有参考价值的巨著，分天文、地理、山水、名胜、写真、树石、花卉、人事、杂题等 30 类，录诗 8962 首，其中两宋题画诗 1189 首，114 人，仍以苏轼居冠，凡 109 首（据东方乔《题画诗艺术价值初探》，《河北师范大学学报》2003 年第 2 期）。

② 中国绘画的传统分类，有的分四科（门），有的分六科、八科、十科以至十三科。最简单的分法，即分人物、山水和花鸟三科。其中"花鸟画"一科，包括松竹、蔬果、虫鱼、畜兽和博古等。张彦远《历代名画记·叙画之兴废》论唐画有人物、屋宇、山水、鞍马、鬼神和花鸟等六类，据王伯敏《从画花画鸟到花鸟画的形成》云，这是"花鸟"二字作为画科，在我国绘画史上第一次被提出。（收入其《中国绘画通史》下册附录，生活·读书·新知三联书店 2000 年版）宋人《宣和画谱》分为十科，即道释、人物、宫室、蕃族、山水、龙鱼、畜兽、花鸟、墨竹和蔬果。

灭度以答子由题画文殊普贤》、《过广爱寺见三学演师观杨惠之塑宝山朱瑶画文殊普贤三首》、《仆曩于长安陈汉卿家见吴道子画佛碎烂可惜其后十余年复见之于鲜于子骏家则已装背完好子骏以见遗作诗谢之》、《戏书吴江三贤画像三首》、《赠写真何充秀才》、《赠写御容妙善师》、《章质夫寄惠〈崔徽真〉》、《续丽人行》、《陈季常所蓄〈朱陈村嫁娶图〉二首》、《题孙思邈真》、《虢国夫人夜游图》、《赠李道士并叙》、《书〈浑令公燕（宴）鱼朝恩图〉》、《书〈破琴诗〉后》、（一题《观宋复古画叙》）、《阎立本〈职贡图〉》、《书丹元子所示〈李太白真〉》、《题毛女真》、《次韵子由书清汶老所传秦湘二女图》、《子由新修汝州龙兴寺吴画壁》、《题李伯时渊明东篱图》、《次韵黄鲁直书伯时画王摩诘》、《惠州灵惠院壁间画一仰面向天醉僧云是增隐峦所作题诗于其下》、《自题金山画像》、《次韵借观〈睢阳五老图〉》。

（二）山水类

《李颀秀才善画山以两轴见寄仍有诗次韵答之》《次韵周邠寄雁荡山图二首》《〈虔州八境图〉八首》《李思训画长江绝岛图》《宋复古画潇湘晚景图三首》《惠崇春江晓景》《赵令晏崔白大图幅径三丈》《郭熙画秋山平远》《郭熙秋山平远二首》《书皇亲画扇》《书李世南所画秋景二首》《书王定国所藏烟江叠嶂图》《王晋卿作烟江叠嶂图仆赋诗十四韵晋卿和之语特奇丽因复次韵不独纪其诗画之美亦为道其出处契阔之故而终之以不忘在莒之戒亦朋友忠爱之义也》《王晋卿所藏著色山二首》《书王定国所藏王晋卿画著色山二首》《次韵

子由书王晋卿画山水一首而晋卿和二首》《次韵子由书王晋卿画山水二首》《又书王晋卿画四首》《题王晋卿画后》《题王晋卿画》《书林次中所得李伯时归去来阳关二图后》《吴子野将出家赠以扇山枕屏》《梅圣俞之客欧阳晦夫使工画茅庵己居其中一琴横床而已曹子方作诗四韵仆和之云》《李伯时画其弟亮工旧隐宅图》《题李景元画》《题王维画》《和张均题峡山》《书李宗晟〈水帘图〉》《题卢鸿一学士堂图》。

（三）畜兽类

《书韩幹牧马图》《韩幹马十四匹》《次韵子由书李伯时所藏韩幹马》《书韩幹二马》《韩幹马》《和王晋卿题李伯时画马》《戏书李伯时画御马好头赤》《试院观伯时画马绝句》《次韵黄鲁直画马试院中作》《和叔盎画马次韵》《书晁说之〈考牧图〉后》《韦偃牧马图》《书〈龙马图〉》《申王画马图》。

（四）竹石花鸟虫鱼等

《书文与可墨竹》、《题文与可墨竹》、《书晁补之所藏与可画竹三首》、《自题临文与可画竹》、《郭祥正家醉画竹石壁上郭作诗为谢且遗二古铜剑》、《余归自道场何山遇大风因憩耘老溪亭命官奴秉烛捧砚写风竹一枝题诗云》、《次韵李端叔谢送牛戬鸳鸯竹石图》、《题过所画枯木竹石三首》、《戏咏子舟画两竹两鸜鹆》、《柏石图诗》、《次韵吴传正枯木歌》《王伯敭所藏赵昌画四首》（【梅花】【黄葵】【芙蓉】【山茶】）、《跋王晋叔所藏画五首》（【徐熙杏花】【赵昌四季芍药】

【踯躅】【寒菊】【山茶】)、《题杨次公春兰》、《题杨次公惠》、《题李伯时画赵景仁琴鹤图二首》、《生日蒙刘景文以古画松鹤为寿且贶嘉篇次韵为谢》、《书鄢陵王主簿所画折枝二首》、《书艾宣画四首》(【竹鹤】【黄精鹿】【杏花白鹇】【莲龟】)、《广陵后园题申公扇子》、《韩康公坐上侍儿求书扇上二首》、《高邮陈直躬处士画雁二首》、《次韵郭功甫观予画雪雀有感二首》、《惠崇芦雁》、《雍秀才画草虫八物》、(【促织】【蝉】【虾蟆】【蜣螂】【天水牛】【蝎虎】【蜗牛】【鬼蝶】)、《书刘景文所藏宗少文一笔画》、《画车二首》、《次韵子由题憩寂图后》、《书黄筌画翎毛花蝶图二首》、《扇》、《欧阳少师令赋所蓄石屏》、《失题三首》、《墨花》。

就诗的体裁而言，苏轼题画诗中，七绝数量最多，其次为七古、五古，以下依次为五律、七律、五绝、杂言、六绝。具体数量统计如下：

诗体	诗题数量	所占比例	诗歌数量	所占比例
七绝	36题	35%	67首	43%
七古	26题	25%	26首	17%
五古	14题	14%	19首	12%
五律	8题	7.8%	14首	8.9%
七律	8题	7.8%	10首	6%
五绝	6题	6%	13首	8%
杂言	3题	3%	3首	2%
六绝	3题	3%	5首	3%
总计	104题		157首	

其中《书王定国所藏王晋卿画著色山二首》一为五古，一为七古；《次韵子由书王晋卿画山水二首》一为六绝，一为七绝。故诗题总数应减去两个。

苏轼 157 首题画诗中，自题有之，如《自题临文与可画竹》《郭祥正家醉画竹石壁上郭作诗为谢且遗二古铜剑》《自题金山画像》《次韵郭功甫观予画雪雀有感二首》等，他题更多。

就所题的画家而言，苏轼题画诗所题画家共 54 位，其中宋以前的画家有王维、吴道子、阎立本、韩幹、李思训、宗炳（少文）、张萱、韦偃、周昉、黄筌、宋复古、卢鸿一、边鸾、杨惠之、朱瑶等 15 人，占 27.8%；宋代的画家有文与可、郭熙、王晋卿、李公麟（李伯时、龙眠居士）、晁说之、李颀、周邠、崔白、赵昌、艾宣、陈直躬、徐熙、李世南、李申（景元）、李宗晟、赵叔盎（伯充）、黄彝（子舟）、杨次公、刘景文、惠崇、苏过、尹白、何充、妙善、孔宗翰、鄢陵王主簿、雍秀才、李道士（妙应）等 28 人，占 51.9%；还有题无名氏的题画诗 11 首，占 20.3%，其中可以推测出是咏古画的有 8 首。

就所题的画科而言，人物类 26 题（占 25.2%），山水类 29 题（占 28.2%），畜兽类 14 题（占 13.6%），竹石花鸟虫鱼及其他类 33 题（占 33%）。具体而言，在宋以前多道释鬼神人物画、故实画、畜兽画，宋以后所题多山水画、草虫松竹画，畜兽科只有李公麟（李伯时）的马而已。古画中以人物畜兽为大宗，时人画以山水为大宗，亦有一些花草石竹等题材，这与宋代绘画在绘画史上的地位是一致的。在中国绘画发展史上，先有人物、畜兽的画科，唐宋以后，山水科勃兴，宋以后，花鸟科繁荣①，山水花鸟等科逐渐成为中国文人画的主流。

三、苏轼题画诗的贡献

苏轼工诗擅画，联想开阔，思维敏捷，请他品画赏画题画者经常络绎不绝，而苏轼对过目之画，无论今古，也是有感必发。他的题画诗，或借题发挥，联系时事；或咏画寓意，寄情感慨；或着眼于画迹，重在再现画中景物；或落脚在画艺，重在阐发观画所悟画理；或由图联想，思接千载，视通万里；或因画思辨，品谈艺理，得其意思所在。内容不同，运用的方法也因之各异，随物赋形。而核心就是抓住所题画作的特点，根据其风格、意境、内容、技法等的不同，施以不同的写法，从不同的角度传达画意、画境和观画所感。如《惠崇春江晓景》是写意诗，旨在悟画，故重在联想；《韩幹马十四匹》是释画诗，旨在阐画，故重在说明；《王维吴道子画》是析画诗，旨在评画，故重在比较。无论以何种写法表达何种内容，苏轼的题画诗都能诗中有画而不泥于画，诗传画意而不囿于画；诗情画意相得益彰，诗兴画境各臻其致。以下分四个方面具体阐述。

---

① 据《宣和画谱》，北宋著名的道释人物画家只有 23 人，存画 500 余幅，而著名山水花鸟画家却有 71 人，存画 3400 余幅。据元末夏文彦《图绘宝鉴》载，两宋道释人物画家约 180 余人，而山水花鸟画家却有 500 余人。相较之下，足见道释人物画之衰。米芾《画史》说："今人绝不画故事。"邓椿《画继》说："近世画手少作故事人物，颇失古人规鉴之意。"

（一）借题发挥，开出议论

清沈德潜《说诗晬语》在论杜甫的题画诗时说："其法全在不粘画上发论，如题画马、画鹰，必说到真马、真鹰，复从真马、真鹰开出议论，后人可以为式。又如题画山水，有地名可按者，必写出登临凭吊之意；题画人物，有事实可拈者，必发出知人论世之意。"苏轼大大发扬了杜甫题画诗借题发挥、开出议论的手法。在这一类的题画诗中，为了更鲜明直接地抒情言志，苏轼往往并不着意于再现画中的景象。如《戏书李伯时画御马好头赤》：

山西战马饥无肉，夜嚼长秸如嚼竹。蹄间三丈是徐行，不信天山有坑谷。岂如厩马好头赤，立仗归来卧斜日。莫教优孟卜葬地，厚衣薪樆入铜历。

诗的上半部完全抛开题目中的御马，转写战马。下半部才把御马作为对照："岂如厩马好头赤，立仗归来卧斜日。""饥无肉"的战马驰骋疆场，"蹄间三丈是徐行"，而饱食终日的"御马好头赤"却只偶尔用来充当皇家的仪仗，题目中的"御马好头赤"成了苏轼要正面讴歌的不愿养尊闲置、待死马厩的战马的反衬。"显然，诗人是以马的遭遇喻人，并以二马自喻，含蓄地抒写他在外任各地州官时虽辛苦奔波却能为国为民建功立业；如今虽为京官，身居高位，却无所作为。"①

再如《虢国夫人夜游图》：

> 佳人自鞚玉花骢，翩如惊燕踏飞龙。
>
> 金鞭争道宝钗落，何人先入明光宫。
>
> 宫中羯鼓催花柳，玉奴弦索花奴手。
>
> 坐中八姨真贵人，走马来看不动尘。
>
> 明眸皓齿谁复见，只有丹青余泪痕。
>
> 人间俯仰成今古，吴公台下雷塘路。
>
> 当时亦笑张丽华，不知门外韩擒虎。

全诗前八句再现张萱画和史实中虢国夫人等恃宠而奢之态，然后以"明眸"二句收转，于画境与唐事之外拓开一笔，由热转冷，生发作意，以"吴公台下雷塘路"，感叹历史的兴衰，并致慨于现实，与"马嵬坡下泥土中"（白居易《长恨歌》）意蕴相通，也是通过人间俯仰、千古一辙来敲响警钟。

（二）咏画寓意，寄情感慨

如《书晁说之考牧图后》：

> 我昔在田间，但知羊与牛。

---

① 见陶文鹏《谈苏轼的题画诗》，收入其《苏轼诗词艺术论》，上海古籍出版社 2001 年版，第 82 页。

〔北宋〕赵佶《摹张萱虢国夫人游春图》

川平牛背稳，如驾百斛舟。

舟行无人岸自移，我卧读书牛不知。

前有百尾羊，听我鞭声如鼓鼙。

我鞭不妄发，视其后者而鞭之。

泽中草木长，草长病牛羊。

寻山跨坑谷，腾趠筋骨强。

烟蓑雨笠长林下，老去而今空见画。

世间马耳射东风，悔不长作多牛翁。

  全篇只有一句落在画上。开篇自道身世，追忆早年放牧生活，在疏淡而亲切的描写中洋溢着童年岁月的温馨。至"烟蓑"一句陡然一转，关合晁画，一股老去无成的凄清悲凉之感随之油然而生。最后，又宕开诗笔，点出"悔不长作多牛翁"的作意，用余韵悠长的笔调给诗和画都蒙上一层浓郁凝重的感情色彩。全诗流畅如水而又跌宕多变，不愧"笔力横绝"（纪昀）、"超妙无匹"（吴汝纶）之评。

此外，还有一些题画诗是借咏画中景物来自明心志的。如《柏石图诗》中生于两石之间顽强不息的柏树，"虽云生之艰，与石相终始"。再如《王伯敭所藏赵昌画四首》中傲霜斗雪的梅花、向阳而开的黄葵、幽姿强笑的芙蓉和不畏岁寒的山茶花，《跋王晋叔所藏画五首》之二《赵昌四季·芍药》中孤傲清高的芍药，这些树和花身上，都有诗人的影子，都有诗人的寄托。

（三）着眼于画迹，重在再现画中景物

如《韩幹马十四匹》（按：当为"十六匹"，后人属题偶误）：

> 二马并驱攒八蹄，二马宛颈鬃尾齐。一马任前双举后，一马却避长鸣嘶。老髯奚官骑且顾，前身作马通马语。后有八匹饮且行，微流赴吻若有声。前者既济出林鹤，后者欲涉鹤俯啄。最后一匹马中龙，不嘶不动尾摇风。韩生画马真是马，苏子作诗如见画。世无伯乐亦无韩，此诗此画谁当看。

诗人用总分相兼、避直就曲和横云断山、山断云连之法，以寥寥之笔、十二句之诗就生动传神地概括出画中十六匹马的神态、动

〔唐〕韩幹《牧马图》

作和背景。方东树《昭昧詹言》卷十二谓其有七种妙处。[1] 韩幹此画今已失传，但读此诗，依然不待实见，即可以想见韩画之工妙。正如诗中所言："韩生画马真是马，苏子作诗如见画。"洪迈《容斋随笔》和方东树《昭昧詹言》都说，此诗布置铺写与韩愈《画记》相仿[2]，纪

---

[1] 方东树《昭昧詹言》卷十二："《韩幹马十五匹》，叙十五马如画，尚不为奇；至于章法之妙，非太史公与退之不能知之。故知不解古文，诗亦不妙……直叙起，一法也。叙十五马分合，二也。序夹写如画，三也。分、合叙参差入妙，四也。夹写中忽入'老髯'二句议，闲情逸致，文外之文，弦外之音，五妙也。夹此二句，章法变化中又加变化，六妙也。后'八匹'，'前者'二句忽断，七妙也。"（汪绍楹校点，人民文学出版社 1961 年版，第 296 页）

[2] 洪迈《容斋随笔·五笔》卷七："韩公人物《画记》云：凡马之事二十有七焉；马大小八十有二，而莫有同者焉。秦少游谓其叙事该而不烦，故仿之而作《罗汉记》。坡公《韩幹十四马》诗……诗之与记，其体虽异，其为布置铺写则同。诵坡公之语，盖不待见画也。"方东树《昭昧詹言》卷十二："此以退之《画记》入诗者也。"

昀评《苏文忠公诗集》卷十五则说该篇写作是从杜甫《韦讽宅观画马》诗（即《韦讽录事宅观曹将军画马图》）得法。其实，正如汪师韩《苏诗选评笺释》卷二所说："《画记》只是记体，不可以入诗。杜子《观画马图》诗，只是诗体，不可以当记。"惟苏轼之作，既因二者之法，又尽二者未得之妙。非但叙次井然，描写如画，而且篇末"世无"两句，嘹然一吟，致弦外余音；触绪横生，有无限感慨。此诗堪称千古题画诗作之绝唱。

（四）落脚在画艺，重在阐发画理

"用题画诗来发表对于艺术创作的美学见解和经验之谈，这是杜甫的首创。"[①]苏轼自己就是一位画家，"东坡虽是湖州派，竹石风流各一时"（《次韵子由题憩寂图后》），因此在这一点上可谓青出于蓝而胜于蓝，其影响极为深远。正如陈传席说："宋以后，没有任何一种绘画理论超过苏轼画论的影响，没有任何一种画论能像苏轼画论一样深为文人所知晓，没有任何一种画论具有苏轼画论那样的统治力。"[②]而苏轼的绘画观、绘画论大多是以题画诗的方式来表达的[③]，比如，他强调的神似，嘲笑"论画以形似，见与儿童邻"，强调"诗画本一律，天工与清新"，见于《书鄢陵王主簿所画折枝二首》其一；他强调的"象外神""画外意"，见于《王维吴道子画》；"细观手面

[①] 陶文鹏：《谈苏轼的题画诗》，收入其《苏轼诗词艺术论》，上海古籍出版社 2001 年版，第82 页。

[②] 陈传席：《中国山水画史》，江苏美术出版社 1988 年版，第 56 页。

[③] 苏轼另有画赞、偈颂近百首，与人书信中言及绘画的也有数首，参见李栖《苏氏兄弟绘画观的考察——以题画诗、画题跋作比较》，国立成功大学中文系主编《第一届宋代文学研讨会论文集》，丽文文化事业股份有限公司 1995 年版。

分转侧,妙算毫厘得天契",见于《子由新修汝州龙兴寺吴画壁》;"古来画师非俗士,妙想实与诗同出",见于《次韵吴传正枯木歌》。这是问题的一方面。

另一方面,苏轼题画诗许多落脚在画艺,重在阐发画理。如①主张艺术创作的"师造化""师自然"原则的。《次韵子由书李伯时所藏韩幹马》篇末所云:"君不见韩生自言无所学,厩马万匹皆吾师。"《书李世南所画秋景二首》之二:"人间斤斧日创夷,谁见龙蛇百尺姿。不是溪山曾独往,何人解作挂猿枝。"《书韩幹〈牧马图〉》:"鞭箠刻烙伤天全,不如此图近自然。"②揭示艺术创作状态的。《高邮陈直躬处士画雁》:"无乃槁木形,人禽两自在。"《书晁补之所藏与可画竹三首》其一:"与可画竹时,见竹不见人。岂独不见人,嗒然遗其身。其身与竹化,无穷出清新。庄周世无有,谁知此凝神。"③评及画家风格和品位高下的。《王维吴道子画》:"道子实雄放,浩如海波翻。当其下手风雨快,笔所未到气已吞。""摩诘本诗老,佩芷袭芳荪。今观此壁画,亦若其诗清且敦。""吴生虽妙绝,犹以画工论。摩诘得之于象外,有如仙翮谢笼樊。吾观二子皆神俊,又于维也敛衽无间言。"④涉及诗画关系的。《王维吴道子画》:"今观此壁画,亦若其诗清且敦。"《题文与可墨竹》:"诗鸣草圣余,兼入竹三昧。"《王晋卿作烟江叠嶂图仆赋诗十四韵晋卿和之语特奇丽因复次韵不独纪其诗画之美亦为道其出处契阔之故而终之以不忘在莒之戒亦朋友忠爱之义也》:"风流文采磨不尽,水墨自与诗争妍。"《韩幹马》:"少陵翰墨无形画,韩幹丹青不语诗。"《次韵黄鲁直书伯时画王摩诘》:"诗人与画手,兰菊芳春秋。"

在这些题画诗中，苏轼提出了文人画与画工画的区别，评论了吴道子、王维、文同（与可）、赵昌等人画艺之特色，总结了吴道子人物像的画法，其"妙算毫厘得天契"说的也正是"出新意于法度之中，寄妙理于豪放之外"。此外，他还提倡寂然凝神，致虚守静，身与物化，物我两忘的创作心态，阐述了诗画一律，妙想同出，诗是无形画，画是不语诗的诗画关系论，并指出其"一律""同出"是建立在"天工与清新"的共同美学标准基础之上的，可与其《书摩诘蓝田烟雨图》所云"诗中有画，画中有诗"相参看，它较郭熙"诗是无形画，画是有形诗"（《林泉高致·画意》）之论更加完善成熟。

四、结语

苏轼题画诗对北宋绘画史而言，有着重要的意义和价值。苏轼题画诗中涉及众多北宋画家，著名的如文同（与可）、李公麟、郭熙、陈直躬等，不甚知名的如雍秀才、李颀等。《墨花》一诗对尹白以墨画花所谓"墨花"的记载为画史留下珍贵的故实。《仆曩于长安陈汉卿家见吴道子画佛碎烂可惜其后十余年复见之于鲜于子骏家则已装背完好子骏以见遗作诗谢之》云："素丝断续不忍看，已作蝴蝶飞联翩。君能收拾为补缀，体质散落嗟神全。志公仿佛见刀尺，修罗天女犹雄妍。"可以见出随着绘画技艺的发展，北宋时代绘画修复装裱之工也达到了很高的水平。

总之，苏轼题画诗无论在数量还是在质量上，都堪称中国题画诗史上的高峰，它不仅表达出众多绘画理论上的高超见解，显示出诗人灵活自如地驾驭诗画艺术规律的高超才能，展现出诗人各种各样丰富真挚的思想感情，而且全面地发掘了题画诗的功能，把题画诗真正提高到"以诗赏画，以诗阐画，以诗补画，以诗导画"①的位置上。同时，为题画诗增添了一种清雄疏朗、宽和幽默的气度，其题画诗谈笑风生，举重若轻，奇趣迭出，不由人不喜爱。

---

① 参见张晨《中国诗画与中国文化》，辽宁教育出版社 1993 年版，第 177—178 页。

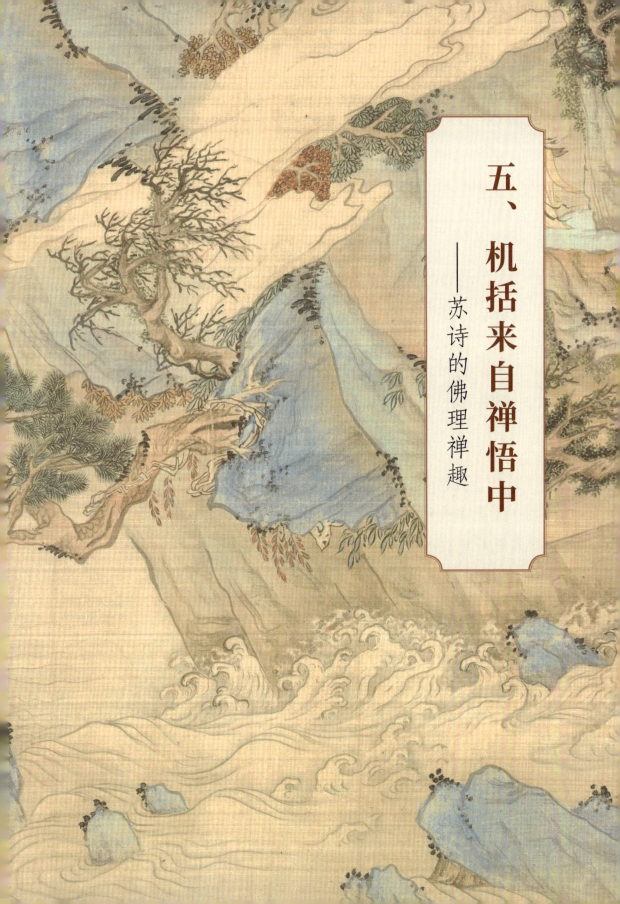

五、机括来自禅悟中
——苏诗的佛理禅趣

在哉況吾與子漁樵於江渚之上侶魚蝦而友麋鹿駕一葉之扁舟舉匏樽以相屬寄蜉蝣於天地渺滄海之一粟哀吾生

作为宋代蜀学的代表，苏轼广泛吸纳并融合儒释道三家思想来创立蜀学的思想体系。在其从学早期，他对佛禅也曾持批评态度，但随着年龄、阅历的增加，尤其是仕途上的蹭蹬不遇、屡遭贬谪，他开始游走于儒禅之间，逐渐由儒入禅，进而融合三教。他的三教会通，既有源自白居易等前贤的影响，也有北宋时代背景和社会思潮的熏陶。这一倾向，在个人学识志趣、仕宦遭际、人际交往之外，最先是受到家庭环境的影响。苏轼出生在一个佛教氛围浓厚的家庭。父亲苏洵虽以儒立身，但亦笃信佛教，与云门宗圆通居讷、宝月大师惟简交往密切。父母崇信佛教，自幼浸淫在佛风禅雨之中，苏轼自然受到熏陶与影响。苏轼自谓："昔予先君文安主簿赠中大夫讳洵，先夫人武昌太君程氏，皆性仁行廉，崇信三宝，捐馆之日，追述遗意，舍所爱作佛事，虽力有所止，而志则无尽。"①

苏轼的家乡四川，是佛教文化浓郁之地，号称"西南佛国"，中国第一部官刻《大藏经》北宋开宝年间即刊刻于四川成都。成都西南不远的眉山，有中国佛教四大名山之一、普贤菩萨的道场峨眉山。峨眉山脚下有乐山大佛。少年时期，苏轼遇到眉山一位 90 多岁的朱姓老尼，在心底埋下了佛教的种子。老尼给 7 岁的苏轼讲述自己

---

① 苏轼：《真相院释迦舍利塔铭》，《苏轼文集》，第 578—579 页。

曾随其师到蜀主孟昶（919—965）宫中，见到孟昶与妃子花蕊夫人夜间在成都市郊的摩诃池（又名龙跃池、宣华池）纳凉，作有一词，老尼还记得，并念给他听。到了苏轼 47 岁时，只记得开头两句："冰肌玉骨，自清凉无汗"，于是将这两句补足为《洞仙歌》。[①] 老尼为苏轼诵《洞仙歌》，事属偶然，但长短句这种富有音乐性的歌词，对一个儿童来说，无疑会引起兴趣，留下深刻印象，以致四十年犹不能忘。[②] 科举出仕之前，苏轼一直生活在这样一个佛教文化氛围浓郁的地方。科举出仕之后，苏轼与佛教人士交游更多，接触更广泛，游寺、访僧、读经、参禅、谈禅，贯穿其仕途和贬谪生涯，所以对僧徒生活有着真切的观察和描述。比如《僧》："一钵即生涯，随缘度岁华。是山皆有寺，何处不为家。笠重吴山雪，鞋香楚地花。他年访禅室，宁惮路歧赊。"[③] 虽写僧侣生涯，实则也是苏轼自己参禅修悟生活的映像。

一、北宋禅宗盛行与东坡诗

北宋时期，律宗、华严宗、天台宗、净土宗仍占有一定势力，但最有市场的无疑是以"教外别传，不立文字，直指人心，见性成佛"[④] 著称的禅宗。禅宗之名称始于唐代，又名佛心宗或心宗。禅宗

---

① 事见苏轼《洞仙歌》词及序。
② 参见庞俊《养晴室遗集》卷十《苏轼生平事略·家世和童年》，白敦仁纂辑，王大厚校理，巴蜀书社 2013 年版，第 480 页。
③ 《苏轼诗集·辑佚诗二十九首》，第 2785 页。
④ 释觉范《石门文字禅》卷二四《答郭公问传灯义》："达摩大师乃曰：吾不立文字，直指人心，见性成佛，如来教外别行传。"

盛行起来以后，其他宗派的影响逐渐式微，禅成为佛的别名乃至同义语。禅宗初祖是菩提达摩，胡适（1891—1962）曾说："达摩的四行，很可以解作一种中国道家式的自然主义的人生观：报怨行近于安命，随缘行近于乐天，无所求行近于无为自然，称法行近于无身无我。"[1] 引庄入佛，杂交出禅宗，乃华夏思想发展史上的大手笔，如果说，在唐代，禅宗还是"披着天竺式袈裟的魏晋玄学，释迦其表，老庄其实"，那么至宋代，禅宗已经彻底本土化了。

禅宗的根本精神是超越，所谓空物我，同生死，等贵贱，一穷达，齐出处，泯主客，除是非，破对待……一切矛盾对立都在超越的对象之中。试想，中国士大夫多深受儒家文化熏陶，以济世、救世、经世、拯世为理想，以治国平天下为己任，求以"立功、立德、立言"三不朽，但在封建社会，尤其是中央集权、积贫积弱的北宋，尽管日常生活相对安闲优越，但能真正实现上述理想者毕竟凤毛麟角。即使天之骄子如苏轼，也难免在风云变幻的仕途官场中坎坷沉浮，偃蹇多舛。而禅宗以静虑敛心、深潜内省的"思维修"之途，定慧结合，修悟结合，极力以持善心，专念以夺浮想，使修持者止息杂虑，反观自照，心无所念，念无所求，藉以排除烦恼，缓解苦痛，宣泄情感，稳定思绪，安顿心灵。其"不生憎爱，亦无取舍""安闲恬静，虚融澹泊"[2] 的思想，与老庄精神都不谋而合，其手段之方便又大大简化了到达彼岸乐土的手续。而且，

---

[1] 胡适：《楞伽宗考》，见《胡适说禅》，东方出版社1993年版，第207页。

[2] 释普济《五灯会元》卷一《六祖慧能大鉴禅师》："若于一切处而不住相，彼相中不生憎爱，亦无取舍，不念利益成坏等事，安闲恬静，虚融澹泊，此名一相三昧。"

安闲的个人生活使其有参禅的可能，忧患的社会现实使其有参禅的需要，于是，禅悦之风遍被华土，乃成为宋代文化一大景观——苏轼说是"近岁学者，各宗其师，务从简便，得一句一偈，自谓了证。至使妇人孺子，抵掌嬉笑，争谈禅悦"。司马光说是"近来朝野客，无坐不谈禅"。二程说是"今人不学则已，如学焉，未有不归于禅也"。禅宗直觉观照、瞬间顿悟、活参妙解的思维方式渗透在北宋文化的各个领域。

于东坡诗而言，北宋释道文化，尤其是庄禅精神，渗透在审美趣味、创作思维、语言运用、意象撷取、题材选择、意境营造上；渗透在其独具特色的旷放豪迈归于雅淡自然、清静幽远的艺术风格中；渗透在其机锋敏锐的议论、深邃透辟的思想中，"出新意于法度之中，寄妙理于豪放之外"的种种翻案、妙喻和谐趣、奇趣中，诚可谓方方面面，无处不在。明人凌濛初、徐长孺均编有《东坡禅喜集》。① 刘熙载（1813—1881）《艺概·诗概》有见于此，曾说："东坡诗善于空诸所有，又善于无中生有，机括实自禅悟中来"，"滔滔汩汩说去，一转便见立意，《南华》《华严》最长于此。东坡古诗，惯用其法"。

在本体上，文学就是一种语言艺术，而诗歌尤其如此。中国诗歌的许多概念，在西方缺少相应的语词，如意境、滋味、兴趣、风神、气象，其根源即在于语言。所以朱自清指出："本质而言，诗歌

---

① 凌濛初辑《东坡禅喜集》十四卷，明天启元年（1621）初刻套印本，《四库全书存目丛书》集部第13册；《东坡禅喜集》，冯梦祯批点本，庄严文化出版公司1997年版。徐长孺辑《东坡禅喜集》九卷，老古文化事业公司1982年版。

不过是语言，一种纯语言。"一切语言的内核都是诗，而汉语是一种最富有诗意的语言，因为最适合情兴和意境的生发，若干汉字组在一起就能展现出朦胧、象征、暗示、含蓄等各种艺术魅力。[①]法国哲学家朱利安曾说："中文既没有词尾变化，也没有性、数、格的变化，所以它几乎不建构，而是使相关性发挥作用，强调肇因之中（非常有名的阴阳）两极的互动关系。同样地，中文也没有动词变化，因此很自在地让人听见事物沉默地进行着不确定之过程，那就是'道'。"[②]确实，汉语不是屈折语，没有格和位的变化，但是有四声的区别，词和词的连接往往不是形连而是意连，其间关系非常灵活，很多时候，逻辑连接词需要读者来填充，因而造成中国诗歌富于灵动的效果，富于包蕴性、联想性、多义性，给读者留下自由想象的空间。比如罗隐的《登夏州城楼》"万里山川唐土地，千年魂魄晋英雄"，两行诗两组意象，密集排列，缺少相关文化背景知识的西方读者往往不知所云。可是，若针对关键的"唐""晋"两字，增补一些知识背景和联想，意象和情思就会随着两句之间的互文关系，行云流水般渗透出来。

东坡诗中既有"浮云时事改，孤月此心明"这样融景入禅的虚空之语，"云散月明谁点缀，天容海色本澄清"这样悟道入禅的高妙之语，又有"已外浮名更外身，区区雷电若为神。山头只作婴儿看，无限人间失箸人"这样得失俱忘、无虑无求的禅机道意；既有"芒鞋

---

① 参见拙作《汉语是富有诗意的语言——中国诗歌的语言之体和文化之用》，《光明日报》2021年1月31日；《走进苏海——陈才智教授专访》，《苏轼研究》2021年第1期。
② 朱利安：《间距与之间：如何在当代全球化之下思考中欧之间的文化他者性》，收入方维规主编《思想与方法：全球化时代中西对话的可能》，北京大学出版社2014年版，第28页。

不踏利名场，一叶轻舟寄淼茫。林下对床听夜雨，静无灯火照凄凉"和"暮鼓朝钟自击撞，闭门孤枕对残缸。白灰旋拨通红火，卧听萧萧雨打窗"这样空寒寂寥的庄禅意境，又有"清诗健笔何足数，逍遥齐物追庄周"和"竹中一滴曹溪水，涨起西江十八滩"这样对庄禅思想的仰慕礼赞。

禅宗人生如梦、人生如寄、倡导平等、追求安心、任性逍遥、随缘自适等思想是苏轼诗歌中常见的主题。"如梦"的主题：例如"人似秋鸿来有信，事如春梦了无痕""回头自笑风波地，闭眼聊观梦幻身""聚散细思都是梦，身名渐觉两非亲""旧事真成一梦过，高谈为洗五年忙""愿君勿笑反自观，梦幻去来殊未已""回首旧游真是梦，一簪华发岸纶巾""四十七年真一梦，天涯流落泪横斜""此身自幻孰非梦，故园山水聊心存""人间何者非梦幻，南来万里真良图""物生有象象乃滋，梦幻无根成斯须。方其梦时了非无，泡影一失俯仰殊""已将世界等微尘，空里浮花梦里身""寓世身如梦，安闲日似年"。"安心"的主题：如"因病得闲殊不恶，安心是药更无方""安心好住王文度，此理何须更问人""只从半夜安心后，失却当前觉痛人""安心有道年颜好，遇物无情句法新""安心会自得，助长毋相督"。与此意思相似相近的，还有"此心平处是西方，闭眼便到无魔娆""欲问云公觅心地，要知何处是无还""散我不平气，洗我不和心""我心空无物，斯文定何间。君看古井水，万象自往还"。

宋吴开《优古堂诗话》"此心安处便是吾乡"一则谓："东坡作《定风波序》云：'王定国歌儿曰柔奴，姓宇文氏。定国南迁归，予问柔：广南风土，应是不好？柔对曰：此心安处，便是吾乡。因用其语缀词云：试问岭南应不好？却道，此心安处是吾乡。'予尝以此语本出于白乐天，东坡偶忘之耶！白（一作乐天）《吾土》诗云：'身心安处为吾土，岂限长安与洛阳？'又《出城留别》诗云：'我生本无乡，心安是归处。'又《重题》诗云：'心泰身宁是归处，故乡可独在长安？'又《种桃杏》诗云：'无论海角与天涯，大抵心安即是家。'"大致梳理了苏轼诗中的追求心安即家、随缘自适思想的来源，对后世文人颇有影响。

二、签判凤翔时期的东坡诗与禅

下面，以编年为序，勾勒东坡诗中的禅影，以见苏轼向佛之心路历程。苏轼最早的一首禅诗当属《和子由渑池怀旧》这篇名作，时在嘉祐六年（1061）十一月，中云：

> 人生到处知何似，应似飞鸿踏雪泥。泥上偶然留指爪，鸿飞那复计东西。……

诗写对命运无常和人生空漠的了悟。世间一切如雪泥鸿爪，虽然存在于某一时空下的踪迹是真实而具体的，但是存在的本质却是虚幻抽象的，它缥缈模糊，瞬间即逝，难以捉摸，不易把持；而且今日之踪迹尚历历在目，而前日之踪迹已茫然难寻，所谓"寄蜉蝣于天地，渺沧海之一粟。哀吾生之须臾，羡长江之无穷"（苏轼《赤

壁赋》)。那么面对这永恒与短暂，无限与有限的矛盾，是行乐当
及时呢，还是努力加餐饭呢？诗人虽刚入仕途，未经坎坷，只是
因子由提及旧地重游，而有感于中，但却写出了对如何解决上述
矛盾的探索。"空中鸟迹"与"水中月影"一样，是佛经中用来譬
喻空无虚幻、缥缈易逝的常见意象。如《华严经》云："诸佛觉悟
法，性相皆寂灭。如鸟飞空中，足迹不可得。""譬如鸟飞虚空，
经百千年，所游行处不可度量，未游行处亦不可量。"①《维摩诘经》
云："维摩诘言：譬如幻师见所幻人，菩萨观众生为若此。如智者
见水中月，如镜中见其面像，如热时焰，如呼声响，如空中云，
如水聚沫，如水上泡，如芭蕉坚，如电久住。……如空中鸟迹。"②
禅宗灯录中亦屡见不鲜，如天衣义怀禅师云："雁过长空，影沉寒
水。雁无遗踪之意，水无留影之心。"③德山慧远禅师云："雪霁长空，
迥野飞鸿。段云片片，向西向东。"(《五灯会元》卷十五）而柳宗
元《巽公院五咏·禅堂》："万籁俱缘生，窅然喧中寂。心境本洞如，
鸟飞无遗迹。"也与苏轼此诗意境近似。王文诰（1764—？）谓"凡
此类诗，皆性灵所发。实以禅语，则诗为糟粕"。以注诗一般原则
论，固然不错，但苏轼熟于佛经，虽未必袭取佛典，不妨得之禅趣、
禅意、禅机。

东坡最早以佛教为题材的诗是《凤翔八观》之四《维摩像，唐杨

① 天竺三藏佛驮跋陀罗译：《大方广佛华严经》卷三四；卷三五，《大正新修大藏经》第九册。
② 姚秦三藏鸠摩罗什译：《维摩诘所说经》卷中，《大正新修大藏经》第十四册。
③ 释惠洪《禅林僧宝传》卷十一；释惠洪《林间录》卷上；释普济《五灯会元》卷十六；叶梦得《岩下放言》卷上。施德操《北窗炙輠录》卷下、米芾《宝晋英光集》卷七、胡仔《苕溪渔隐丛话》后集卷三七，字句略异。当然，成于南宋者，如《五灯会元》《岩下放言》，自然是苏轼不可能见到的。

惠之塑，在天柱寺》，时在嘉祐六年（1061）十二月，诗云：

> 昔者子舆病且死，其友子祀往问之。跰蹁鉴井自叹息，造物将安以我为。今观古塑维摩像，病骨磊嵬如枯龟。乃知至人外生死，此身变化浮云随。世人岂不硕且好，身虽未病心已疲。此叟神完中有恃，谈笑可却千熊罴。当其在时或问法，俯首无言心自知。至今遗像兀不语，与昔未死无增亏。田翁里妇那肯顾，时有野鼠衔其髭。见之使人每自失，谁能与诘无言师。[①]

维摩诘周游世界，游戏人间而不妨梵行佛道，示病于外而精神智慧充实于内，不惧生死，身如浮云。苏轼在诗中对这种"至人"精神心仪向往，以后的诗作也常常提及，如《臂痛谒告作三绝句示四君子》其三"维摩示病吾真病"，《张安道乐全堂》"维摩丈室空徜然"，《和文与可洋川园池三十首·无言亭》"殷勤稽首维摩诘"。

三、通判杭州前后的东坡诗与禅

熙宁四年（1071），苏轼因与变法派政见不合，乞外任。赴杭途中作《泗州僧伽塔》，中云：

> 耕田欲雨刈欲晴，去得顺风来者怨。若使人人祷辄遂，造

---

① 《苏轼诗集》，第 1 册，第 110 页。

物应须日千变。我今身世两悠悠，去无所逐来无恋。得行固愿留不恶，每到有求神亦倦。[1]

泗州城旧址在今江苏盱眙东北，已陷入洪泽湖。僧伽是唐代高僧，葱岭北何国人，自言俗姓何。唐龙朔初年，入中原在临淮传教，建立泗州普光王寺。景龙二年（708）卒，建塔葬于泗州。传说僧伽塔顶常出现小僧形象，舟行于此祈祷则可得顺风。[2]东坡偏要破除这个虚妄的说法，认为人们应当以更豁达的态度对待人生中的顺风逆风。先用欲抑先扬、欲擒故纵手法，描述治平三年（1066）护送父亲灵柩舟行返蜀的情景，自汴入泗入淮，曾过泗州僧伽塔，烧香祈祷竟得顺风，似是赞同祈祷灵验之说，不料笔锋一转，写出六句锋锐恣肆的议论。他指出，人们的私愿往往互相矛盾，同一事物对于要求不同的人，有时利害关系迥异，所谓"甲之熊掌，乙之砒霜"，要让各种各样的私愿都因祈祷而得到满足，即使造物者一日千变也无所适从。表面看是对祈祷神佛灵验之事的否定，希望行船遇逆风的船客，不要老是给神灵添麻烦，"我笑如来佛比人还忙，又要度化众生，又要保佑人家的病痛，又要管人家的婚姻"。（《红楼梦》第二十五回）细参起来，乃是表现顺应自然、随缘自适的旷达态度。它与善恶福祸不介于心、以超脱为宗的庄禅精神一脉相通，流动着物我两忘、进退从容的一片禅机。"至理奇文，只是眼前景物口头语，

---

[1]《苏轼诗集》，第 1 册，第 289 页。
[2]《宋高僧传》卷十八《唐泗州普光王寺僧伽传》记此塔称："多于塔顶现小僧状，倾州瞻望，然有吉凶表兆于时，乞风者分风，求子者得子。"故苏轼此诗称"舟人共劝祷灵塔"。

透辟无碍。"（汪师韩《苏诗选评笺释》卷二）

通判杭州期间，苏轼遍访佛寺道观，广交禅僧道士。北宋时期，杭州是佛教文化发达之地，浙江素有"东南佛国"之称，杭州则是东南佛国的核心区域，所以苏轼说："钱塘佛者之盛，盖甲天下。"① 在这样的东南佛国胜地，苏轼"杖屦无不之"，"处处题清诗"（苏辙《偶游大愚见余杭明雅照师旧识子瞻能言西湖旧游将行赋诗送之》），如《书焦山纶长老壁》云：

> 法师住焦山，而实未尝住。我来辄问法，法师了无语。法师非无语，不知所答故。君看头与足，本自安冠屦。譬如长鬐人，不以长为苦。一旦或人问，每睡安所措。归来被上下，一夜著无处。展转遂达晨，意欲尽镊去。此言虽鄙浅，故自有深趣。持此问法师，法师一笑许。

《金刚经》讲："应无所住，而生其心"，"应生无所住心。若心有住，则为非住"。②《坛经》发挥此义，提出："我此法门……无住为本。""无住者，为人本性，于世间善恶好丑，及至冤之与亲，言语触刺欺争之时，并将为空，不思酬害，念念之中，不思前境。若前念今念后念，

---

① 苏轼：《海月辩公真赞》，《苏轼文集》，第 2 册，第 638 页。田汝成《西湖游览志余》卷十四："杭州内外及湖山之间，唐以前为三百六十寺，及钱氏立国，宋朝南渡，增为四百八十，海内都会，未有加于此者也。为僧之派有三：曰禅、曰教、曰律。……嘉定间，品第江南诸寺，以余杭径山寺，钱唐灵隐寺、净慈寺，宁波天童寺、育王寺，为禅院五山。钱唐中天竺寺，湖州道场寺，温州江心寺，金华双林寺，宁波雪窦寺，台州国清寺，福州雪峰寺，建康灵谷寺，苏州万寿寺、虎丘寺，为禅院十刹。"（上海古籍出版社 2018 年版，第 174 页）
② 姚秦三藏鸠摩罗什译：《金刚般若波罗蜜经》，《大正新修大藏经》第八册。

念念相续不断，名为系缚；于诸法上，念念不住，即无缚也。此是以无住为本。"①诗之开篇，意即在此，《百步洪》其一"但应此心无所住，造物虽驶如吾何"，也是此意。长鬣者本来不以胡子长为碍，无念无意；一旦有人提醒，起心动念，反倒不知所措，连觉都睡不着了。故无念方能清净，有念则生妄执；唯无住者，才可破执。

熙宁八年（1075），知密州时，苏诗作《和子由四首·送春》："芍药樱桃俱扫地，鬓丝禅榻两忘机。凭君借助法界观，一洗人间万事非。"元丰二年（1079），知湖州时作《送刘寺丞赴余姚》："我老人间万事休，君亦洗心从佛祖。手香新写《法界观》，眼净不觑登伽女。""法界观"即《注华严法界观门》，隋杜顺述，唐宗密注，是阐述华严宗正修圆融、法界无尽、缘起观法的代表作。依此观法，万法都是一真法界之体现，诸缘依恃，相互具足，大小等殊，平等不二。苏轼对华严法界观情有独钟，深有研究，如《南都妙峰亭》云："俯仰尽法界，逍遥寄人寰。"《地狱变相偈》云："乃知法界性，一切惟心造。"东坡诗中夷旷洒脱的风格无疑与华严思想是一脉沟通的。除此之外，《楞伽经》《阿弥陀经》《金光明经》《维摩诘经》《金刚经》，苏轼也素有研究，尤其"深悟禅宗"，苏诗《夜直玉堂，携李之仪端叔诗百余首，读至夜半，书其后》所谓"每逢佳处辄参禅"，《书普慈长老壁》所谓"久参白足知禅味"，不啻

① 风旛报恩光孝禅寺住持嗣祖比丘宗宝编：《六祖大师法宝坛经》"定慧品第四"，《大正新修大藏经》第四十八册。标点据任继愈选编：《佛教经籍选编》，中国社会科学出版社1985年版，第106页。敦煌本《坛经》无"于世间善恶好丑……不思前境"数语。

夫子自道。

元丰元年（1078），苏轼在徐州任上作《送参寥师》，诗云：

> 上人学苦空，百念已灰冷。剑头惟一映，焦谷无新颖。胡
> 为逐吾辈，文字争蔚炳。新诗如玉屑，出语便清警。退之论草
> 书，万事未尝屏。忧愁不平气，一寓笔所骋。颇怪浮屠人，视
> 身如丘井。颓然寄淡泊，谁与发豪猛。细思乃不然，真巧非幻
> 影。欲令诗语妙，无厌空且静。静故了群动，空故纳万境。阅
> 世走人间，观身卧云岭。咸酸杂众好，中有至味永。诗法不相妨，
> 此语当更请。[①]

诗的中心意思就是"诗法不相妨"，诗人认为参寥所以"文字争
蔚炳，新诗如玉屑，出语便清警"，这与视人生为苦为空的佛法教
义在空静这一点上本不相妨。诗人作诗，有空静心态，才能明察群
动，"静故了群动，空故纳万境"，而诗歌与书法的至高妙境就是淡
泊与至味。参寥是苏轼以道相交的朋友，苏轼常称赞他的为人与文
章。此诗将诗情与佛法、艺术与禅悟有机缔和，相互融贯，化禅为
艺，融艺入禅，深得诗禅之妙。前八句谓参寥学佛，百念灰冷，又
何必追逐我辈俗人，把诗写得如此蔚然炳耀，清警秀美。以下取旨
于韩愈《送高闲上人序》论张旭草书笔骋不平，而高闲草书寄寓淡
泊，但书迹能工，必禅心未定；禅之与艺，乃扞格不入，异趣殊途。

---

① 《苏轼诗集》，第 3 册，第 905 页。

但反其意，为翻案语以论之。最后，归结到"空静"的眼目之上，谓排除一切外界干扰，空心凝神，静默反观，联想方能驰骋，思维方能跨越。这同庄禅动以静括、空以实迹的精神是一致的。"阅世"一句谓经历人世间风风雨雨，尝尽喜怒哀乐的万般情思之后，杂收广采，寂然澄观，才能悟得精神的最高境界。纪昀评此诗："禅与诗人并而为一，演成妙谛。"① 可谓的评。

四、被贬黄州前后的东坡诗与禅

元丰二年（1079）发生"乌台诗案"，苏轼人生、仕途和思想发生重大转折。"既而谪居于黄，杜门深居……后读释氏书，深悟实相，参之孔老，博辩无碍，浩然不见其涯也。"（苏辙《亡兄子瞻端明墓志铭》）儒家的人生哲学已经难以滋润干枯的心灵，于是苏轼就到佛教那里寻找思想救赎。苏轼说："学佛老者，本期于静而达，静似懒，达似放，学者或未至其所期，而先得其所似，不为无害。"② 东坡居士希望通过禅修达到静而达的境界。"乌台诗案"后，人情冷暖、世态炎凉将苏轼推向空门，他"喟然叹曰：'道不足以御气，性不足以胜习。不锄其本，而耘其末，今虽改之，后必复作。盍归诚佛僧，求一洗之'"③。"但多难畏人，不复作文字，惟时作僧佛语耳。"④ 于是有了《三朵花》《题沈君琴》这样径取佛语之作。前诗之"不劳

---

① 《纪评苏诗》卷十七。
② 苏轼：《答毕仲举二首·一》，《苏轼文集》，第 4 册，第 1672 页。
③ 《黄州安国寺记》，《苏轼文集》，第 2 册，第 391 页。
④ 《与程彝仲六首》之六，《苏轼文集》，第 4 册，第 1752 页。

千劫漫恋砂,归来且看一宿觉""两手欲遮瓶里雀,四条深怕井中蛇"
意尽句中,言外索然无味,禅语游离诗义,乃入魔之败笔。他如"首
断故应无断者,冰销那复有冰知"①"方定之时慧在定,定慧寂照非
两法"②"上穷非想亦非非,下与风轮共一痴"③"上人宴坐观空阁,观
色观空色即空"④也是同此病状,虽出自东坡,亦难曲为之说。但《题
沈君琴》值得另眼相看,诗云:

> 若言琴上有琴声,放在匣中何不鸣?若言声在指头上,何
> 不于君指上听?⑤

诗题一作《琴诗》。诗前自序云:"武昌主簿吴亮君采,携其友
人沈君十二琴之说,与高斋先生空同子之文、太平之颂以示予。予
不识沈君,而读其书如见其人,如闻十二琴之声。予昔从高斋先生
游,尝见其宝一琴,无铭无识,不知其何代物也。请以告二子:使
从先生求观之此十二琴者,待其琴而后和。元丰六年闰六月。"冯应
榴(1740—1800)《苏文忠公诗合注》以此序为诗题。吴亮君采、沈
君,事迹不详。"高斋先生",指赵抃(1008—1084)。⑥"元丰六年",

---

① 《钱道人有诗云:直须认取主人翁。作两绝戏之》,《苏轼诗集》,第 8 册,第 2525 页。

② 《虔州景德寺荣师湛然堂》,《苏轼诗集》,第 7 册,第 2430 页。

③ 《次韵奉和钱穆父蒋颖叔王仲至诗四首·见和仇池》,《苏轼诗集》,第 6 册,第 1934 页。

④ 《吉祥寺僧求阁名》,《苏轼诗集》,第 1 册,第 331 页。

⑤ 《苏轼诗集》,第 8 册,第 2535 页。

⑥ 赵抃,字阅道(一作悦道),号知非子,衢州西安(今浙江衢州)人,曾任参知政事,卒谥
清献。有《清献集》十卷。事见《苏文忠公全集》卷八十六《赵清献公神道碑》,《宋史》
卷三一六有传。

外集作元丰五年（1082）。此序与诗意并无相干，真正相关的是《与彦正判官》："古琴当与响泉韵磬，并为当世之宝，而铿金瑟瑟，遂蒙辍惠。报赐之间，赧汗不已。又不敢远逆来意，谨当传示子孙，永以为好也。然某素不解弹，适纪老枉道见过，令其侍者快作数曲，拂历铿然，正如若人之语也。试以一偈问之：'若言琴上有琴声，放在匣中何不鸣？若言声在指头上，何不于君指上听？'录以奉呈，以发千里一笑也。寄惠佳纸、名舜，重烦厚意，一一捧领讫，感怍不已。适有少冗，书不周谨。"[①] 其中谈到此诗是他听弹琴后有感而作，并自认此诗为"偈"，即类似佛经的颂词。纪老，即海印禅师。《苏文忠公全集》卷九十九《送海印禅师偈》云："海印禅师纪公，将赴峨眉，往别太子少保赵公于三衢。公以三诗赠行，而禅师复枉道过某于齐安，亦求一偈。公以元臣大老功成而归，某以非才窃禄得罪而去。禅师道眼，了无分别。乃知法界海惠，照了万殊，大小纵横，不相留碍。"此处海印禅师纪公所求之偈，当即《琴诗》。苏轼另有《杂书琴事十首》，末云："元丰四年六月二十三日，陈季常处士自岐亭来访予，携精笔佳纸妙墨，求予书。会客有善琴者，求予所蓄宝琴弹之，故所书皆琴事。""善琴者"当即海印禅师之侍者，据此可知，《琴诗》当作于元丰四年（1081）六月二十三日之前，时苏轼正躬耕于黄州。[②]

《楞严经》曰："譬如琴瑟、箜篌、琵琶，虽有妙音，若无妙指，终不能发。汝与众生，亦复如是。宝觉真心，各各圆满。如我按指，

---

① 《苏轼文集》，第 4 册，第 1729 页。
② 参见孔凡礼《苏轼年谱》卷二十，中华书局 1998 年版，中册，第 509 页。

海印发光。汝暂举心,尘劳先起。"又偈云:"声无既无灭,声有亦非生。生灭二圆(缘)离,是则常真实。"① 这是如来为其弟子说法的一段话,意谓世间芸芸众生及出世间的声闻缘学,各以其凡夫心、妄想心去测度如来的无上菩提,用妄起分别的世间语言去描述佛的圆觉境界,结果往往徒劳无功。这就好比琴、瑟、箜篌、琵琶诸般乐器,虽各具妙音,但如果没有善于弹奏的妙指,则其妙音终不能发。大家都有圆满自足的"宝觉真心",但如来自用其心,则能使海印发光;而诸弟子试举其心,则不免尘劳顿起,烦恼丛生。究其缘由,是因弟子们在追求"无上觉道"的过程中,还没有下足"勤求"的功夫,故只能在小乘境界上自足。冯景(1652—1715)注曰:"此诗宗旨,大约本此。"钱锺书《管锥编》还补充了《佛说长阿含经》卷七《弊宿经》第三、《大般涅槃经·圣行品》第七之三、《大智度论》卷九九《释昙无竭品第八十九上》等三则佛学资料,谓苏诗与韦应物《听嘉陵江水声寄深上人》、欧阳修《钟莛说》"皆拾《楞严经》'非于根出,不于空生'之牙慧"。② 前贤只注意到《楞严经》琴瑟与妙指对苏轼《琴诗》的启发,其实,"海印发光"与海印禅师之耦合,才是触动诗人诗思的真正的火花儿。明交光法师《楞严正脉》卷九解释说:"海印即佛心常住三昧,按指发光,动成妙用也。"另一种解释是"以按指喻举心,以发光喻尘劳起也。正以不具妙智,故但发尘劳,不发妙用,正合无妙指不发妙音也。海印者,应是佛手印文,不指佛心三昧。

---

① 见唐天竺沙门般剌密帝译:《大佛顶如来密因修正了义诸菩萨万行首楞严经》卷四;卷六(一名中印度那兰陀大道场经于灌顶部录出别行),《大正新修大藏经》第十九册。

② 钱锺书:《管锥编》,生活·读书·新知三联书店2007年版,第2册,第686—687页。

举心尘起，若剜取前文，实即倾夺而为色空耳"①。

　　这首非诗之诗的《琴诗》写二物相资为用之意。虽借用佛典，但信口吟诵，不露痕迹。两句反诘是一生酷爱琴艺的苏轼音乐哲学的最佳概括，妙旨解颐，耐人寻味；无甚空洞说教，也没有玄而又玄、似是而非之论。如果琴之有声在于琴，为何置之匣中则无音？如果琴之有声在于指，怎令音声无琴发于斯？乃知弦指和合，方有音色悠扬之琴声。而世间万物，亦如琴与指，彼此有因有缘，相互依恃。那"琴"分明就是外在的世界，那"指"不啻我们自己，二者因缘和合，相资为用，才能奏出悦耳悦心的乐曲。为人之学与为己之学的区别，也就在这里。②将一种朴素的辩证思想，写得天真活泼，机趣横生。平凡中孕育着深刻，由两句问语淡淡道出，不知诗人是否亦有一番斟酌、思量和锤炼？此后《西山诗和者三十余人，再用前韵为谢》："石中无声水亦静，云何解转空山雷？"也同此机杼，除佛典的痕迹之外，均有韦应物诗《听嘉陵江水声寄深上人》和《赠李

①真鉴：《大佛顶首楞严经正脉疏》，商务印书馆 1936 年版。参见《东坡诗论丛》，四川人民出版社 1983 年版，第 33 页。
②朱光潜《"见物不见人"的美学——再答洪毅然先生》："说要有琴声，就既要有琴（客观条件），又要有弹琴的手指（主观条件），总而言之，要主观与客观的统一。这是苏东坡的看法，也是我的看法。"（《新建设》1958 年第 4 期，收入《朱光潜美学文集》，上海文艺出版社 1983 年版，第 123 页）参见张君梅《苏轼〈琴诗〉与佛经譬喻》，《惠州学院学报》2006 年第 4 期；许外芳、廖向东《苏轼〈琴诗〉的譬喻渊源及其艺术评价》，收入陈允吉主编《佛经文学研究论集续编》，复旦大学出版社 2011 年版；范子晔《〈琴诗〉的妙理与法螺的妙音》，《东亚文学与文化研究》辑刊，2012 年；张煜《苏轼〈琴诗〉之再探讨》，《江苏师范大学学报》2017 年第 1 期；郎耀辉《从"古雅"到"无弦"：历史语境中苏轼琴学思想的变迁》，《美育学刊》2022 年第 6 期。

儋》的影子。①

　　元丰七年（1084），苏轼赴汝州途经庐山，与参寥同游。先游东林寺，晤住持常总，作《赠东林总长老》；再与总长老同游西林寺，作《题西林壁》。前诗："溪声便是广长舌，山色岂非清净身。夜来八万四千偈，他日如何举似人。"注者引《法华经》《阿弥陀经》《千佛名经》《正一论》《乐师经序》《景德传灯录》及佛法三身说诠释其出于佛典之迹，比之后诗，更堪称"有自来矣"之偈诗。禅的美妙真谛无所不在，一旦彻悟此理，则入耳溪声，皆是般若；触目山色，无非法身。虽有八万四千偈颂之佛门要语，却不妨当下顿悟，立地成佛。但可道之道，必非常道；可名之名，必非恒名。那么此中深意，教我将来如何向人转述呢？

　　诗宜参禅味，得之禅趣，不宜运禅语，直言禅理。《题西林壁》这首诗即是参禅味而得之禅趣之作。前两句："横看成岭侧成峰，远近高低各不同。"注者引《华严经》《感通录》释其来处，此外还可参看梅尧臣《鲁山山行》："适与野情惬，千山高复低。好峰随处改，幽径独行迷。"苏轼自己的《法惠寺横翠阁》："朝见吴山横，暮见吴山纵。吴山故多态，转侧为君容。"以及《江上看山》："船上看山如走马，倏忽过去数百群。前山槎牙忽变态，后岭杂沓如惊奔。"辛弃疾《水调歌头》（渊明最爱菊）："却怪青山能巧，政尔横看成岭，转面已成峰。"后两句："不识庐山真面目，只缘身在此山中。"则虽思

---

① 韦应物《听嘉陵江水声寄深上人》："……水性自云静，石中本无声；如何两相激，雷转空山惊。……"《赠李儋》："丝桐本异质，音响合自然。吾观造化意，二物相因缘。……"葛立方《韵语阳秋》卷十三曰："二诗意颇相类，然应物未晓所谓非因非缘，亦非自然者。"

想本身未必新奇，而在庐山诗中，却未经人道过。南北朝有"当局苦迷"（《宋书·王徽传》）、"有识傍观"（《颜氏家训·风操》）之句，唐人合而言之："当局称迷，傍观见审"（元行冲《释疑》）。南宋诗人如张孝祥《楞伽寺》三首其二，许锡《万山》都是从这一点理解此诗旨意。^① 参以佛家思想：万物因因相生，诸事缘缘而起；因又有因，缘又有缘；横观无边无际，纵看无始无终。一切世间之物，皆须受时空限约，唯有跳出庐山局外，破除"我执""法执"，开悟解悟觉悟证悟达悟，方能除却妄念，了断无明。而若反推此意，于处世之道论，旁观者虽清，却未免消极。以庐山论，九霄云外全息摄影，清则清矣，却无法领略身在此山之中变幻无穷的感受；以人生言，彻底超世脱俗，一了百了，实于世无补，于己有害，不如"天行健，君子以自强不息"。

五、晚年东坡诗与禅的离合

元祐六年（1091），苏轼出知颍州，所撰《祭龙井辩才文》称："孔老异门，儒释分宫。又于其间，禅律相攻。我见大海，有北南东。江河虽殊，其至则同。"^② 认为儒禅相通，殊途同归。同年作《泛颍》，中云：

---

① 张孝祥《楞伽寺》三首其二："天围欲尽三千界，地险真成百二关。不向中峰最高处，诸君元未识庐山。"（影印文渊阁《四库全书》本《于湖集》卷十二）许锡《万山》："平时西北望山峰，我忽西行山忽东。东望不如西望好，只缘身已出山中。"（《宋诗纪事补遗》卷三七）
② 苏轼：《祭龙井辩才文》，《苏轼文集》，第5册，第1961页。

忽然生鳞甲，乱我须与眉。散为百东坡，顷刻复在兹。①

后二句，杨慎（1488—1559）《升庵诗话》卷三称："刘须溪谓本《传灯录》。"②按，《传灯录》载，洞山良价过水睹影而开悟，作偈："切忌从他觅，迢迢与我疏。吾今独自往，处处得逢渠。渠今正是我，我今不是渠。应须恁么会，方得契如如。"③大意是说，佛性如影随人，未尝离分，所以应该即心即佛，不假外求。坡诗构意是否有鉴于此公案难以确考，不过细参确有相似之处。水波乱人须眉，水定影复在兹。因言临水，论玩水之趣；过水睹影，悟人影之理。在水中，这个"我"可以"散为百东坡，顷刻复在兹"，因此，同水一样，即使被扰乱，"我"也能顷刻恢复平静，即便有无数种"我"的视像，也不会受到外界魅惑而发生改变。唐代高僧黄檗希运偈云："万类之中，个个是佛。譬如一团水银，分散诸处，颗颗皆圆。若不分时，只是一块。此一即一切，一切即一。"④玄觉《永嘉真觉大师证道歌》"一性圆通一切性。一法遍含一切法。一月普现一切水。一切水月一月摄。"⑤法藏《华严金师子章》用上下十方镜中之金狮子的无穷无尽譬喻诸法界的无穷无尽。水月镜影，其中蕴涵的"一即一切，一切即一"的禅意岂非与此一脉相通？无怪查慎行（1650—1728）谓

---

① 苏轼：《泛颍》，《苏轼诗集》，第 6 册，第 1794 页。
② 见影印文渊阁《四库全书》本《升庵集》卷五八；《丹铅总录》卷十八；《丹铅余录》卷三。
③ 释道原：《景德传灯录》卷十五，《四部丛刊三编》影印宋刻本。
④《古尊宿语录》，中华书局 1994 年版，第 42 页。
⑤ 释道原：《景德传灯录》卷三十，《四部丛刊三编》影印宋刻本。

此诗"深于禅悟"①。

诗与禅，有合有离，若离若合，更有着不解之缘。正如陈弘绪（1597—1665）《与雪崖》所云："诗与禅相类，而亦有合有离。禅以妙悟为主，须从最上乘，具正法眼，悟第一义，而无取于辟支声闻小果。诗亦如之，此其相类而合者也。然诗以道性情，而禅则期于见性而忘情。说诗者曰：情动于中，而形于言，言之不足，故嗟叹而咏歌之。申之曰：发乎情，民之性也。是则诗之所谓性者，不可得而指示，而悉征之于情，而禅岂有是哉！一切感触，等之空华阳焰，漠然不以置怀，动于中辄深以为戒，而况形之于言乎！是故诗之攻禅，禅病也。既已出尘垢而学禅，其又安以诗为？世之离禅与诗为二者，其论往往如是。弟窃以为不然。今诸经所载，如来慈悲普被，虽其跛行蠕息，蠕飞蠕动，无所不用其哀悯，况于君臣、父子、兄弟、朋友之际乎？语情宜莫如禅，而特不以之汩没其自有之灵光耳。然则诗之与禅，其所谓合者，固有针芥之投，而其所谓离者，亦实非有淄渑之别也，要在人之妙悟而已。"②在诗与禅的妙悟方面，苏轼堪称典范。

被贬惠州，苏轼承受又一次政治挫折；再贬儋州，苏轼遭遇的人生苦难再次升级。已经步入暮年的苏轼，年逾花甲，体弱多病，"白头萧散满霜风，小阁藤床寄病容"③，看来仕途已无东山再起的可能。物质上的极度匮乏，倒在其次；精神上的孤苦忧愁，更令人难以排

① 查慎行：《初白庵诗评》卷中，清乾隆四十二年涉园观乐堂刻本。
② 周在浚等辑《赖古堂名贤尺牍新钞二选·藏弆集》卷十二，《四库禁毁书丛刊》影印清康熙间赖古堂刻本，集部第36册，第417–418页。
③《纵笔》，《苏轼诗集》，第7册，第2203页。

解。即便如此，儒家的入世思想与佛家的出世思想，在苏轼脑海中还一直处于斗争状态。完全放弃儒家的入世思想而遁入空门，他心有不甘；继续奉行儒家的入世思想而有所作为，他有所不能。立功已经无望，只好专心立言。在孤独寂寞中，苏轼一方面论佛谈禅，行善修德，寻求精神寄托，另一方面援引释道以补儒学，力求学术创获。儒家的入世、佛家的出世、道家的避世，三者在纠结中开始走向融合。

苏轼去世前经过金山，题自己的照容偈曰：

> 心似已灰之木，身如不系之舟。问汝平生功业，黄州惠州儋州。

在回首往事之际，这就是苏轼对自己一生的概括。庄学是苏轼入禅之佳途良助，"形固可使如槁木，而心固可使如死灰""无能者无所求，饱食而遨游，泛若不系之舟"，都是《庄子》中的名言。而元丰八年（1085）苏轼便自称："老于忧患，百念灰冷。"[1]《闻潮阳吴子野出家》和《送参寥师》也提到"枯槁""灰冷"的境界。[2] 当然，"心似已灰之木"，不等于心如死灰，只是说此生浮沉宦海，经过烈火焚烧，早已淡然漠然，形虽灰而体犹完，且心无所绊。

苏轼临终绝笔《答径山琳长老》云：

---

[1]《书楞伽经后》，《苏轼文集》，第5册，第2085页。
[2]《闻潮阳吴子野出家》："故应入枯槁，习气要除拂。"《送参寥师》："上人学苦空，百念已灰冷。"

与君皆丙子，各已三万日。一日一千偈，电往那容诘。大患缘有身，无身则无疾。平生笑罗什，神咒真浪出。

　　东坡曾谓韩愈"不依形而立，不恃力而行，不待生而存，不随死而亡者"①。其实亦东坡夫子自道也。从"名寻道人实自娱"②到"每逢佳处辄参禅"③，而"自疑身是五通仙"④；从"年来渐识幽居味，思与高人对榻论"⑤到"不向南华结香火，此生何处是真依"⑥，东坡与禅学日渐相亲，正如南宋汪应辰（1118—1176）《与朱元晦》所云："东坡初年力辟禅学，如《盐官县安国寺大悲阁记》，省记不分明，其中引'日知其所亡，月无忘其所能'之类。其后读释氏书，见其汗漫而无极。从文关西等游，又见其辩博不可屈服也，始悔其少作。于是凡释氏之说，尽欲以智虑亿度，以文字解说。"⑦与此相应，东坡诗中的禅影亦由无至有，由隐至显，最终达至诗禅浑融一体的至高境界。有学者认为苏轼早年处于"游禅"阶段，中、老年时期

---

① 《潮州韩文公庙碑》，《苏轼文集》，第 2 册，第 508 页。

② 《腊日游孤山访惠勤惠思二僧》，《苏轼诗集》，第 1 册，第 317 页。

③ 《夜直玉堂，携李之仪端叔诗百余首，读至夜半，书其后》，《苏轼诗集》，第 5 册，第 1616 页。

④ 释惠洪《冷斋夜话》卷七"苏轼衬朝道衣"引。查慎行《苏诗补注》卷四十四，题为《投南华长老一偈》。

⑤ 《是日宿水陆寺，寄北山清顺僧二首》其一，《苏轼诗集》，第 2 册，第 390 页。

⑥ 《昔在九江与苏伯固唱和，其略曰：我梦扁舟浮震泽，雪浪横空千顷白。觉来满眼是庐山，倚天无数开青壁。盖实梦也。昨日又梦伯固手持乳香婴儿示予，觉而思之，盖南华赐物也。岂复与伯固相见于此耶？今得来书已在南华，相待数日矣。感叹不已，故先寄此诗》，《苏轼诗集》，第 7 册，第 2408 页。

⑦ 影印文渊阁《四库全书》本《文定集》卷十五。

属于"近禅"和"逃禅"阶段，[①] 实际上，逃禅，正是融合之后的一种扬弃。

① 李赓扬、李勃洋：《潇洒人生——苏轼与佛禅》，河南人民出版社 2001 年版，第 6 页。

六、横看成岭侧成峰

——苏诗之议论风发

之須臾羨長江之無窮挟飛
仙以敖遊抱明月而長終知不
可乎驟得托遺響扵悲風蘇
子曰客六知夫水與月乎逝者

　　议论，是指评论人或事物的是非、高低、好坏，其中包括非议与批评。韩愈《柳子厚墓志铭》称柳宗元"议论证据今古，出入经史百子，踔厉风发"，这种议论风发的特色，也是北宋文化和苏轼诗歌共同具有的突出特点。苏轼《谢制科启》称："论议群起，予夺相乘。"欧阳修《镇阳读书》诗云："开口揽时事，论议争煌煌。"论议，意同议论。曾巩"议论古今治乱得失贤不肖，必考诸道，不少贬以合世"。程颐"以天下自任，论议褒贬，无所规避"。严羽《沧浪诗话·诗辨》谓"近代诸公"，"以议论为诗"。《宋史》卷一七三《食货志》序论称："世谓儒者议论多于事功，若宋人之言食货，大率然也。"陈邦瞻《宋史纪事本末》卷五六载："宋人议论未定，（金）兵已渡河。""议论"二字，道出了北宋文化精神至为突出的一大特色。

一、北宋文化的议论精神

　　形成北宋文化这种议论精神的原因是多方面的。归纳起来，大致有以下几个层次：①与北宋政府宽宏的文化政策有关；②与北宋诸帝文化修养高、尊重优容文士有关；③与文官政治制度在北宋能得以全面确立有关；④与北宋为加强中央集权并牵制相权而制定的台谏制度有关；⑤与北宋为巩固政权而提倡直谏、鼓励议论和大开言路有关；⑥与北宋科举制度废诗赋、试策论的改革有关；⑦与北宋时期科举考试提供的更加平等自由的竞争机会有关。

北宋文化的议论精神由北宋文化的核心——宋学发轫，正如陆游所言："唐及国初，学者不敢议孔安国、郑康成，况圣人乎？自庆历后，诸儒发明经旨，非前人所及。然排《系辞》、毁《周礼》、疑《孟子》、讥《书》之《胤征》《顾命》、黜《诗》之序，不难于议经，况传、注乎！"① 由此扩展，宋人不仅议学问、论经术，而且议时事、论政治；不仅与今人议论，而且找古人争辩。在学术、政事、文学，甚至绘画领域，也折射出这种议论精神。苏轼称论画求"常理"；沈括言书画之妙在乎"造理入神"②；米友仁云"子云以字为心画，非穷理者其语不能至是，是画之为说，亦心画也"③；等等。曰"常理"，曰"造理"，曰"穷理"，"理"正是北宋文化议论精神的核心命题。这里的绘画之"理"，同苏轼所谓"物一理也"④，同苏辙所谓"万物同一理"⑤"万物一理"⑥一样，都从一个侧面反映出北宋文化的议论精神。苏轼《凫绎先生诗集叙》引用父亲苏洵的话，盛称颜太初诗文"皆有为而作"，"言必中当世之过"，苏辙《亡兄子瞻端明墓志铭》谓苏轼"托事以讽"，"论古今治乱，不为空言"，与北

---

① 王应麟《困学纪闻》卷八引。
②《梦溪笔谈》卷十七《书画》，胡道静《梦溪笔谈校正》，上海古籍出版社1987年版，第542页。
③ 米友仁：《山水画卷跋》，《清河书画舫》卷十上，影印文渊阁《四库全书》本。
④《跋君谟飞白》，《苏轼文集》，第5册，第2181页。
⑤《王维吴道子画》，《栾城集》卷二。
⑥《墨竹赋》，《栾城集》卷十七。

宋文化议论精神的脉搏，正是同起同落的。苏轼《春秋论》云："而圣人岂有以异乎人哉？不知其好恶之情，而不求其言之喜怒，是所谓大惑也。"这一议论，对那些奉先秦经典若神明的汉唐经学家，不啻振聋发聩之当头棒喝。

二、苏轼诗歌的议论化特色

议论化，是苏诗的突出特色。较早指出苏诗这一特色的是宋人张戒，张戒论诗主张词婉意微、不迫不露。从这种贵含蓄的主张出发，他在《岁寒堂诗话》里批评道："子瞻以议论作诗……学者未得其所长，而先得其所短，诗人之意扫地矣。"更系统而有影响的批评是严羽提出的，其《沧浪诗话·诗辨》主张："所谓不涉理路，不落言筌者，上也。诗者，吟咏情性也。盛唐诸人唯在兴趣，羚角挂角，无迹可寻。故其妙处透彻玲珑，不可凑泊，如空中之音，相中之色，水中之月，镜中之象，言有尽而意无穷。"接着，他针对苏、黄指出："近代诸公乃作奇特解会，遂以文字为诗，以才学为诗，以议论为诗。"以后，很多论者都将议论化作为苏诗缺憾加以诟病。究其原因，不外有二。

其一，预设立场，以唐诗（尤其是盛唐诗）为正法眼藏、乡音乡味。在他们心中，以唐诗为代表的主情性、不主议论的审美趣味，已成为积淀颇久的标准和习惯。以这种思维定式去读苏诗，即使其议论超妙英发，至矣、工矣，终觉是旁门左道、殊方蛮语，不是吾乡之唐音正声、诗人之抒情本色。

其二，虽然在苏诗中，议论化并非意味专用议论，纯务理语，如玄言诗和理学诗一样，但在苏诗之后的江西诗派末流、道学家和偈子诗那里，议论与形象、情感割离脱节，被推到"理障"的极致，苏诗便被认为是始作俑者而备受不明不白的指责。

就第一点而言，唐音、宋调各有其胜，前人之论备矣。就第二点而言，其实，苏诗的议论化并非无源之水、无本之木，叶燮《原诗》中指出："从来论诗者，大约伸唐而绌宋。有谓'唐人以诗为诗，主性情，于《三百篇》为近；宋人以文为诗，主议论，于《三百篇》为远'。何言之谬也！唐人诗有议论者，杜甫是也，杜五言古议论尤多。长篇如《自京赴奉先县咏怀五百字》《北征》及《八哀》等作，何首无议论？而独以议论归宋人，何欤？彼先不知何者是议论，何者为非议论，而妄分时代邪？且《三百篇》中，《二雅》为议论者正自不少。彼先不知《三百篇》，安能知后人之诗也？如言宋人以文为诗，则李白乐府长短句，何尝非文？杜甫前、后《出塞》及《潼关吏》等篇，其中岂无似文之句！为此言者，不但未见宋诗，并未见唐诗。村学究道听耳食，窃一言以诧新奇，此等之论是也。"[①]沈德潜《说诗晬语》袭之，而略云："人谓诗主性情，不主议论，似也，而亦不尽然。试思《二雅》中，何处无议论？老杜古诗中，《自京赴奉先县咏怀五百字》《北征》《八哀》诸作，近体中《蜀相》《咏怀》《诸将》诸作，纯乎议论。"[②]细思起来，《诗经》中议论之端倪岂止二《雅》，如《伐檀》《相鼠》《七月》《硕鼠》，都可称典型的以议论入

---

① 《原诗》外篇（下），霍松林校注本，人民文学出版社 1998 年版，第 70—71 页。
② 《说诗晬语》卷下，霍松林校注本，人民文学出版社 1998 年版，第 249—250 页。

诗。汉魏以降，赵壹《疾邪诗》、班固和左思《咏史》、曹操《步出夏门行》、鲍照《拟行路难》及陶潜的诸多诗篇，也充满议论之辞。初唐陈子昂《登幽州台歌》绝唱千古，乃纯乎议论。李白《蜀道难》开篇便："噫吁嚱！危乎高哉！蜀道之难，难于上青天！"中间亦不乏议论。杜诗除沈德潜提及者之外，还有《戏为六绝句》《戏题王宰画山水图歌》《殿中杨监见示张旭草书图》等，更将以议论入诗在论诗题画领域中加以弘扬。其后，韩愈以文为诗、将文之议论入诗之作，白居易议论痛快、以理为胜之作，实已开宋诗议论化之门户。至北宋，"国初沿袭五代之余，士大夫皆宗白乐天诗"[①]。到了欧梅苏王，杜、韩受推重，此时宋诗中议论化倾向已颇成气候。《宋诗钞·临川集》小序直言："（王安石诗）独是议论过多。"从上述绵延不绝的诗歌发展线索中，不难看出以议论入诗从孕育、产生到发展的历史演变进程。有了这样的历史，苏诗的议论化上祧《诗经》、中承陶潜等汉魏诗人之作，近继李、杜、韩、白之诗的渊源也就一目了然了，可以说，苏诗议论化正是对上述固有诗歌传统的继承与发扬。

苏诗的议论化固然有着上述诗歌传统的历史渊源，但它能成为代表有宋一代诗歌的最突出的特色，则更有着北宋文化议论精神直接而深刻的时代影响。北宋文化的议论精神当然与前述文化政策等七项外在因素有关，但说到这种议论精神之于苏诗的影响，其影响痕迹与关系尚未直接触及。譬如，唐代也可谓思想解放、政治宽弘了，为何唐诗却不以议论见长呢？究其实质，议论精神在有宋一代

---

①《蔡宽夫诗话·宋初诗风》，郭绍虞《宋诗话辑佚》（下册），中华书局1980年版，第398页。

的特定涵义是通过尚思辨、主理意的理性主义文化精神来集中体现的，而这才是唐型文化中真正缺少的精神元素，这也正是两种文化的重要区别所在。有唐一代虽于儒、释、道兼收并蓄，但在中国哲学史上，唐代唯有佛教思想相对繁荣，而儒、道思想相对冷寂，尤其是对于传统文化中具有核心地位的儒学，唐人多重注疏而轻义理，从总体水平看，其哲学思辨的发达程度，其学术思想的批判意识和理性主义精神都远逊于赵宋。

可以说，宋型文化代表了传统文化中理性因素的高扬，唐型文化代表了传统文化中感性因素的高扬。宋型文化锻铸而成的，是对生命宇宙的思省，是对直觉感性的体悟，因而即使有灿若春花的生命情调，最终也常常归于淡泊澄观、宝光内蕴的人文境界。而唐型文化喷薄而出的，是对生命宇宙的歌咏，是对直觉感性的触动，因而即使有经验性的理性思考，在表现形式上也往往还原为感性的意象。这种差别既有特定的政治、经济等时代背景的不可抗拒的影响，同时也是中唐以来传统文化革故鼎新的必然结果，而其中尤为重要的一个因素，则是主导文化发展的制动权已由世族手中转移到庶族那里。盛唐帝国由世族阶层主导的文化精神，与其天宇开张的气魄和武功相一致，是那种发散与昂扬的风貌，大力搏控，在醇酒美人、狂呼高歌中迸发出生命旺盛向上的火焰；北宋王朝由庶族知识分子展示的文化精神，与其积贫积弱的国势相适应，是那种凝练与沉潜的风貌，诚笃内省，在茶茗与书卷中慢啜深品，体味宇宙人生的至奥。

苏轼诗如晴雨表一样，敏感地反映出这种时代文化精神的迁移与嬗变，并主动适应理性化时代主题的需要与召唤，发扬汉儒以来美刺观的诗学传统，同时注意舍去其纯教化的苍白观念，将魏晋六朝以来穷情写物的审美主义融入其创作思维，"状难写之景，如在目前；含不尽之意，见于言外"①，发扬言志写意精神之际，不废咏物壮景之工。一方面，接受情景相生与思理议论之间固有的差别；另一方面，开始摸索将意兴思理同性情兴象有机融合、相互渗透，力图寓隐喻和意会于议论言传，含不尽之意于抒情写景。因此，苏诗的主要贡献不在于舍弃宋以前的"诗要用形象思维"的传统，代之以抽象无味的议论，而在于合理继承形象思维的传统，同时反映并发扬本时代文化的议论精神。反映时代精神，才能代表时代；发扬时代精神，才能领导时代。在这一点上，正由于苏诗的议论化适时反映并发扬北宋文化时代精神，因而才代表并领导了古典诗歌由唐音转为宋调这一历程中在艺术风格气象上的新探索。正由于此，苏诗扩展了古典诗歌原有的表现范围，增强了古典诗歌原有的表现能力，开拓出古典诗歌另一种境界。这种境界使人感受和体会到：诗的魅力不仅可以在于情景交融，也可以在于意兴生发。

性情的抒发固然是诗歌的基本特征之一，但从精神分析学看，人的心理世界是一个复杂而有机的整体系统，知、情、意、直觉、理智、潜意识之间没有判然相隔的楚河汉界。在审美活动中，它们尤其是相互渗透和沟通着的。在诗歌的基本构成因素中，形象因

---

① 《六一诗话》，郑文校点本，人民文学出版社 1983 年版，第 9 页。

素、情感因素、知性因素、理智因素中的任何一种发生倾斜变化，都会导致诗歌风格、气象的不同。苏轼曾说："诗以奇趣为宗，反常合道为趣。"苏诗正是苏轼这种美学理想和追求的具体体现。感性因素和知性因素都是诗歌系统中不可缺少的，苏诗以议论化入诗，将后者加以突出、强调，向其倾斜，反唐音之常，创宋调之趣。理趣就是这"趣"的重要表现之一，而议论就是这理趣的重要表现之一。

退一步讲，议论与诗歌虽属两个不同的范畴，但并非水火不容。前者作为一种表现手法，与抒情、叙事等相并列；后者作为一种文学体裁，与散文、辞赋等相对举。两者关系与"文以载道"和"诗以言志"的关系相似，看似针锋相对，实则水米无干，甚或羽翼相辅。每种文学体裁都可以通过议论的手法表达；每种表现手法都不妨运用于诗。也许存在某种表现手法更适合某种文学体裁的问题，但表现手法与文学体裁、议论与诗歌之间并没有天然的鸿沟。如果需要，诗歌可以议论，议论可以诗化，只要运用得当，完全可以各得其所，充分恰切地表现出各自的极诣。

从诗歌内部着眼，陈陈相因绝非诗歌艺术应有的发展途径。北宋前期诗人对唐诗模式一味模仿、袭用，而且取己所好，十分偏颇。所以，无论白体、西崑体、晚唐体，最终都是昙花一现，影响有限。范仲淹《唐异诗序》说他们："学步不至，效颦则多，以至靡靡增华，惵惵相滥。"梅尧臣《答韩三子华……》称："迩来道颇丧，有作皆言空。烟云写形象，葩卉咏青红。"那种廓敷空洞的言情写景，确实已经难以适应宋人穷形尽相、致知格物的新的审美趣味。时代迫切需要诗歌在审美观念和意识上有一场新的革命。

从诗歌之外的其他文学体裁看，这一时期古文运动的再度兴起和宋词的崛起壮大，两面夹攻，促使宋人写诗在创作和观念上，不得不朝着新的道路开拓。词在抒写要眇的情思方面令宋诗自愧弗如，只好放弃一部分抒情的疆域，转而占据写意的一部分领土；古文运动更进一步加速了以文为诗的步伐，打通了诗文两种体裁之间的隔膜。前者使宋诗在内容方面从抒情上退却，后者使宋诗在形式方面的"破体"（散文化）上前进。二者合力，促成了古典诗歌史上的一次新的解放。

于是，这场革命的旗手和这次解放的领袖苏轼便应时而出。政治家和蜀学派巨子的双重身份，是苏诗能够以议论擅场的重要因素。眉山苏门之学，专精于政论、史论。在家学和地域传统的双重影响下，苏轼自小"奋厉有当世志"（苏辙《亡兄子瞻端明墓志铭》），努力考察"前世盛衰之迹与其一时风俗之变"（《东坡集》卷二十八《上韩太尉书》），"比冠，学通经史，属文日数千言"（苏辙《亡兄子瞻端明墓志铭》）。成为北宋政治舞台上的积极参与者后，力倡"诗须要有为而作"（《题柳子厚诗二首》其二）；"缘诗人之义，托事以讽，庶几有补于国"（苏辙《亡兄子瞻端明墓志铭》）；"精悍确苦，言必中当世之过"（《凫绎先生诗集叙》）；"寓物托讽，庶几流传上达"（《乞郡札子》）。他还说："清诗似庭燎，虽美未忘箴"（《次韵朱光庭喜雨》）、"春秋古史乃家法，诗笔离骚亦时用"（《过于海舶得迈寄书酒……》）。其中表现出的对诗歌与政治关系的认识，与杜甫、白居易以来的新乐府精神一脉相承。而"早岁便怀齐物志，微官敢有济时心"（《次韵柳子玉过陈绝粮二首》其二）、"岂敢便为鸡黍约，玉堂金殿要论思"
（《次韵蒋颖叔》）的政治抱负和决心，愈发使议论在苏诗中得以较好
运用。

"乌台诗案"就是因为苏诗中的议论引发的，在这场政治风浪中，
苏轼险些遭到灭顶之灾。"乌台诗案"的主谋者，通过诗歌文字陷害
的目的，不仅在除掉苏轼，而且在除掉与他交往的司马光、张方平、
范镇等。宋人朋九万《东坡乌台诗案》录《监察御史里行舒亶札子》
里说："盖陛下发钱以本业贫民，（苏轼）则曰'赢得儿童语音好，一
年强半在城中'；陛下明法以课试群吏，则曰'读书万卷不读律，致
君尧舜知无术'；陛下兴水利，则曰'东海若知明主意，应教斥卤
变桑田'；陛下谨盐禁，则曰'岂是闻韶解忘味，而来三月食无盐'。
其他触物即事，应口所言，无一不以讥谤为主。"政敌的摭摘，固多
牵强附会、深刻求之，例如苏轼《王复秀才所居双桧二首》其二"凛
然相对敢相欺，直干凌空未要奇。根到九泉无曲处，世间惟有蛰龙
知"，王珪对此诗肆意曲解，诬陷苏轼对真龙天子"不臣"，对此连
宋神宗都不以为然。但参以《宋诗纪事》卷二十一所列"乌台诗案"
中诸作，多涉政事，谓其有影射讥评之隐意，也并非全然无据。《后
山诗话》就曾评说道："苏诗始学刘禹锡，故多怨刺。"官场失意，屡
遭贬谪之后，坎坷的境遇使苏轼对社会、对人生有了深刻的认识和
体察，诗中议论更成为其总结以往，鉴戒今世，消解悲情，自我超
脱的有效武器和途径。

作为蜀学派巨子，苏轼于思辨哲学有深造自得，于儒释道亦融
会贯通，功力不浅。黄庭坚称苏轼"深入理窟"，秦观也说："苏氏（东

坡）之道，最深于性命自得之际。"最早在秘阁制科考试前后的 50
余篇策论，苏轼多以儒术统摄纵横家之雄辩，学在孟轲、贾谊、陆
贽之间。史论如《留侯论》《贾谊论》则擅长从历史人物事迹中，翻新
诠释出独特的哲思，具有总揽千古、纵横豪爽的气势，体现着奋励用
世的远大志向，诚可谓"有笔头千字，胸中万卷；致君尧舜，此事何
难"（苏轼《沁园春·赴密州早行马上寄子由》）。最了解他的胞弟苏辙，
在《亡兄子瞻端明墓志铭》中回顾其为学之道时说："初好贾谊、陆贽
书，论古今治乱，不为空言，既而读《庄子》，喟然叹息曰：'吾昔有
见于中，口未能言，今见《庄子》，得吾心矣。'……后读释氏书，深
悟实相，参之孔老，博辩无碍，浩然不见其涯也。"宏通广博的才学，
深造自得的识见和雄厚的文化素养，无疑成为苏诗议论化成功的内在
根底。

三、苏轼诗歌议论的具体方法

苏诗中的议论俯拾皆是，或全诗纯乎议论；或前面抒情叙事，
咏物写景，篇末发表议论；或议论与抒情叙事、咏物写景交替穿插；
或几种写作手法水乳交融，不分彼此。方法的多种多样和变化万状
使苏诗中的议论视野开阔，容量闳大，雄深博辩，气象万千。而其
议论的题材内容大到宇宙时空、小到鸟兽虫鱼，广到社会人生、狭
到碑刻古玩，雅到诗书画艺、俗到接物处世，近到花草木石、远到
海外仙国……无论大小广狭，雅俗远近，其"天生健笔一枝，爽如

哀梨，快如并剪，有必达之隐，无难显之情"①。皆取之于心，注之于手，似风行水上，自成其文，滔滔汩汩，无往不适。议论的具体方法亦多种多样。

（一）与形象结合

有的借助形象议论。如《雍秀才画草虫八物·蜗牛》：

> 腥涎不满壳，聊足以自濡。升高不知回，竟作黏壁枯。

《次韵子由岐下诗·鱼》：

> 湖上移鱼子，初生不畏人。自从识钩饵，欲见更无因。

有的就形象本身展开议论。如著名的《题西林壁》：

> 横看成岭侧成峰，远近高低总不同。不识庐山真面目，只缘身在此山中。

以及《饮湖上初晴后雨二首》其二：

> 水光潋滟晴方好，山色空蒙雨亦奇。若把西湖比西子，淡

---

① 赵翼：《瓯北诗话》卷五，霍松林、胡主佑校点本，人民文学出版社 1981 年版，第 56 页。

妆浓抹总相宜。

有的循事理结合形象而议论，并由此及彼，联类相生。如《和子由渑池怀旧》：

人生到处知何似？应似飞鸿踏雪泥。泥上偶然留指爪，鸿飞那复计东西。老僧已死成新塔，坏壁无由见旧题。往日崎岖还记否？路长人困蹇驴嘶。

《泗州僧伽塔》：

我昔南行舟系汴，逆风三日沙吹面。舟人共劝祷灵塔，香火未收旗脚转。回头顷刻失长桥，却到龟山未朝饭。至人无心何厚薄，我自怀私欣所便。耕田欲雨刈欲晴，去得顺风来者怨。若使人人祷辄遂，造物应须日千变。今我身世两悠悠，去无所遂来无恋。得行固愿留不恶，每到有求神亦倦。退之旧云三百尺，澄观所营今已换。不嫌俗士污丹梯，一看云山绕淮甸。

（二）与情感结合

有的带情议论，用议论以抒情，重在抒情，以理相辅。如《夜泊牛口》：

日落红雾生，系舟宿牛口。居民偶相聚，三四依古柳。负薪出深谷，见客喜且售。煮蔬为夜飧，安识肉与酒。朔风吹茅屋，破壁见星斗。儿女自咿嚘，亦足乐且久。人生本无事，苦为世味诱。富贵耀吾前，贫贱独难守。谁知深山子，甘与麋鹿友。置身落蛮荒，生意不自陋。今予独何者，汲汲强奔走。

著名的"荔枝的叹息"《荔支叹》更是如此。

有的用议论直接说理，但带情韵而行。如《和蔡准郎中见邀游西湖三首》之二：

城市不识江湖幽，如与蟪蛄语春秋。试令江湖处城市，却似麋鹿游汀洲。高人无心无不可，得坎且止乘流浮。公卿故旧留不得，遇所得意终年留。君不见抛官彭泽令，琴无弦，巾有酒，醉欲眠时遣客休。

《和陶饮酒二十首》之四：

蠢蠕食叶虫，仰空慕高飞。一朝傅两翅，乃得黏网悲。啁啾同巢雀，沮泽疑可依。赴水生两壳，遭闭何时归。二虫竟谁是，一笑百念衰。幸此未化间，有酒君莫违。

有的情理相融，难辨彼此。如《和孔密州五绝·东栏梨花》：

梨花淡白柳深青，柳絮飞时花满城。惆怅东栏二株雪，人生看得几清明。

《阳关词三首·中秋月》：

　　暮云收尽溢清寒，银汉无声转玉盘。此生此夜不长好，明月明年何处看。

（三）与叙事结合

如《赠眼医王彦若》："

　　针头如麦芒，气出如车轴。间关脉络中，性命寄毛粟。而况清净眼，内景含天烛。琉璃贮沆瀣，轻脆不任触。而子于其间，来往施锋镞。笑谈纷自若，观者颈为缩。运针如运斤，去翳如拆屋。常疑子善幻，他技杂符祝。子言吾有道，此理君未瞩。形骸一尘垢，贵贱两草木。世人方重外，妄见瓦与玉。而我初不知，刺眼如刺肉。君看目与翳，是翳要非目。目翳苟二物，易分如麦菽。宁闻老农夫，去草更伤谷。鼻端有余地，肝胆分楚蜀。吾于五轮间，荡荡见空曲。如行九轨道，并驱无击毂。空花谁开落，明月自朏朒。请问乐全堂，忘言老尊宿。"《於潜僧绿筠轩》："可使食无肉，不可使居无竹。无肉令人瘦，无竹令人俗。人瘦尚可肥，俗士不可医。旁人笑此言，似高还似痴。若对此君仍大嚼，世间那有扬州鹤。

《唐道人言，天目山上俯视雷雨，每大雷电，但闻云中如婴儿声，殊不闻雷震也》：

> 已外浮名更外身，区区雷电若为神。山头只作婴儿看，无限人间失箸人。

（四）隐理含趣，论而不枯

有的寓理而不道破，留给读者以思悟的空间。如《东坡》：

> 雨洗东坡月色清，市人行尽野人行。莫嫌荦确坡头路，自爱铿然曳杖声。

《题沈君琴》：

> 若言琴上有琴声，放在匣中何不鸣？若言声在指头上，何不于君指上听？

有的选择有意趣的事理议论。如《次韵刘京兆石林亭之作，石本唐苑中物，散流民间，刘购得之》：

> 都城日荒废，往事不可还。惟余古苑石，漂散尚人间。公来始购蓄，不惮道里艰。忽从尘埃中，来对冰雪颜。瘦骨拔凛凛，苍根漱潺潺。唐人惟奇章，好石古莫攀。尽令属牛氏，刻

凿纷斑斑。嗟此本何常，聚散实循环。人失亦人得，要不出区寰。君看刘李末，不能保河关。况此百株石，鸿毛于泰山。但当对石饮，万事付等闲。

有的设譬取喻以议论。如《书焦山纶长老壁》：

法师住焦山，而实未尝住。我来辄问法，法师了无语。法师非无语，不知所答故。君看头与足，本自安冠屦。譬如长鬣人，不以长为苦。一旦或人问，每睡安所措。归来被上下，一夜无着处。展转遂达晨，意欲尽镊去。此言虽鄙浅，故自有深趣。持此问法师，法师一笑许。

《高邮陈直躬处士画雁二首》其一：

野雁见人时，未起意先改。君从何处看，得此无人态。无乃槁木形，人禽两自在。北风振枯苇，微雪落璀璀。惨澹云水昏，晶荧沙砾碎。弋人怅何慕，一举渺江海。

有的采用平实而警策的语言。如《洗儿戏作》：

人皆养子望聪明，我被聪明误一生。惟愿孩儿愚且鲁，无灾无难到公卿。

《赠刘景文》：

> 荷尽已无擎雨盖，菊残犹有傲霜枝。一年好景君须记，最是橙黄橘绿时。

一谐一庄，都是比较著名的哲理短诗。前者承白乐天《哭皇甫七郎中》"多才非福禄，薄命是聪明"诗意，转为讽世嫉俗之意。后者承韩退之《早春呈水部张十八员外二首》（其二）诗意，含蓄地赞扬刘景文的品格节操，皆语浅而情遥。

上述区分，没有非此即彼的绝对界限，只具有相对意义。实际上，苏诗中的议论与抒情叙事、写景咏物在很多情况下是难以截然划开的，这也正是其成功秘诀所在。

在北宋文化议论精神的直接影响下，苏诗以其卓越成就，适时而深刻地反映出宋代文化尚理的时代精神趋向，这是其一。其二，议论入诗或诗含理趣本就有着"内在合理性"，并且从《诗经》始，就有着绵延不绝的发展脉络。其三，苏诗直接继承了议论入诗的创作传统，学习借鉴前人成功的经验。其四，苏轼才思敏捷，学力宏赡，胸中书卷繁富，头脑道理极多，"其绝人处，在乎议论英爽，笔锋精锐，举重若轻，读之似不甚用力，而力已透十分"[1]。乃涉笔成趣，触处生春，左右逢源，无入不得，这正是议论化的时代所呼唤的。这四种条件造就了苏诗议论化在从唐诗到宋诗转变历程中枢纽一

---

[1] 赵翼：《瓯北诗话》卷五，霍松林、胡主佑校点本，第 56 页。

样的关键地位。苏诗大大丰富了古典诗歌中议论入诗手法的运用，使议论化或尚理成为宋诗有别于唐诗的重要标志之一。正是在苏诗以后，议论才成为继抒情、叙事之后有宋一代诗歌新的审美风尚。而北宋文化的议论精神无疑是成就苏诗地位中最主要最直接的影响因素。

七、绚烂之至归平淡

——苏诗的艺术追求

如斯而未嘗往也盈虛者如代
而卒莫消長也蓋將自其變者
而觀之則天地曾不能以一瞬
自其不變者而觀之則物與我

北宋文化的议论精神和淡雅精神，都与苏诗有着密切的关系，这两种北宋文化突出的精神，给予苏轼诗歌直接而深刻的影响，同时，又通过苏轼的诗歌生动而具体地体现，二者形成一种有机的互动。从总体上看，议论精神的影响更偏于内容，淡雅精神的影响更偏于风格。

一、北宋文化的淡雅精神

雅俗之争，浓淡之辩，是贯穿中国文化发展历程中的两条相互交织的线索。在文化发展的一定历史时期，崇雅还是趋俗，喜浓还是尚淡，集中体现着当时人们的审美标准和文化趣味。宋人在不绝然放弃对事功理想追求的同时，将人生意义的重心更多地偏转到个体生命和内在心灵的自适自足上。他们在感时伤怀、忧国忧民之际，将人生的空寞之感、个体的身世之忧、家国的兴亡之思消解为一种知性的体悟；尝试超越执着，抑止悲欢，进退由时，出处从容。这是一种内求的、理性的精神，这种理性和内求的精神使宋人的生活态度和审美趣味趋向高雅之志，淡泊之风。他们在诗、书、画等各种文化领域里平和淡泊地寄托着自己的高情雅志，丰富着、扩展着内在心灵世界，平衡着、冲淡着理想与现实、个体与社会矛盾造成的身心分裂。

这种高雅，这种淡泊，是北宋文化在议论精神之外的另一种精神——淡雅精神，这种淡雅精神需要以博学广识作为其基础和内涵，幸运的是：首先，北宋诸帝都尊儒尚学，鼓励读书；其次，北宋的治国政策重文右文，注重文化教育；最后，北宋印刷出版业较前代更为发达，更为兴盛。这些都为博学广识创造了条件，使一批又一批博学广识的学者型知识分子得以且博且雅，且雅且淡，不仅能够在知识的海洋、艺术的氛围里，体味淡雅的意境，而且在现实生活中，也自觉地追求淡雅的趣味。在这样一批人的引导下，崇雅趋淡便由一种人生理想、生活态度、审美趣味、社会心态，进而成为北宋文化的一种时代精神。

总之，理性内求使崇雅趋淡成为北宋文化时代精神的需要，而博学广识则使这一时代精神的需要恰切地得以满足。当然，除了理性内求、博学广识分别构成北宋文化淡雅精神的充分条件和必要条件之外，各种通俗文化形态的成长兴盛，对北宋文化淡雅精神的形成有很大的影响。这些通俗文化形态的成长兴盛给原有的文化机制提供了一个对立面，它对北宋文化选择以俗为雅、化俗为雅的道路起到了刺激作用，北宋文化的淡雅精神就是在与通俗文化的交锋融汇、矛盾互补中逐渐鲜明起来的。无论在理论，还是在实践上，尽管观念意识各异、风格体派有别，但北宋文化的主流在趋雅避俗、崇淡轻艳这一倾向上可谓殊途同归、异口同声。在各种文化形式、文化领域都渗透着崇雅趋淡的时代精神时，这种崇雅趋淡的时代精神就构成了北宋文化五颜六色、缤纷多彩面貌不可或缺的底调。

二、北宋诗歌如何走向淡雅之路

在北宋前期，追求淡雅是与柳开等人的复古主义思潮和后来同样打着复古旗号的北宋诗文革新运动密切相关的，更多的带有以再振儒学传统为目的的功利性色彩。而在北宋后期，推崇淡雅则逐渐趋向于非功利性或超功利性的纯粹美学目的，更多地向与之底蕴相通的庄禅离尘绝俗、返璞归真精神靠拢。以苏轼为例，黄庭坚《题东坡字后》称："东坡简札，字形温润，无一点俗气。"《论子瞻书体》又说："观其少年时字画已无尘埃气，那得老年不造微入妙也。"苏轼《於潜僧绿筠轩》可谓淡雅精神有名的宣言诗："可使食无肉，不可使居无竹。无肉令人瘦，无竹令人俗。人瘦尚可肥，俗士不可医。旁人笑此言：'似高还似痴？'若对此君仍大嚼，世间那有扬州鹤。"竹以挺拔有节，有高洁之风，为树中君子；鹤以瘦劲孤高，有凌云之意，称禽中雅士，它们都是超凡脱俗文化精神的最佳写照。淡雅精神贯穿在苏轼对各种文化形式的认识上，是其艺术鉴赏品评的重要标准。如品诗："示及数诗，皆超然奇逸，笔迹称是，置之怀袖，不能释手。"如论文："足下文章之美，固已超轶世俗而追配古人矣。"如鉴赏书法："谢家夫人澹丰容，萧然自有林下风。"

就诗歌而言，在北宋初期，淡雅精神的追求和实现经历了一个"之"字形的发展历程。它先则是受胎于对晚唐五代非雅非淡颓靡诗风的反拨，继则是为了矫正白体诗人中只淡不雅、浅俗庸陋的偏颇，再则是意在纠正西崑派刻辞镂意、专事藻饰等只雅不淡的倒行逆施。反拨力将王禹偁对"可怜诗道日已替，风骚委地何人收"（《还扬州许书记家集》）这种晚唐五代浮靡诗风的流弊深致慨叹，提出从改变"秉笔多艳冶"（《五哀诗》）入手，竖起复古以革新的旗帜，以杜甫、白居易为榜样。自称"本与乐天为后进，敢期子美是前身"（《前赋春居杂兴诗二首……聊以自贺》），积极倡导易道易晓的文风。然而，大多数白体诗人并未像王禹偁那样学到白诗浅切平淡风格的真谛，而只是袭习了经过晚唐人改造过的枯瘠卑陋、流易鄙俚之气。崑体之兴，欲惩其失，意在以雄文博学、庄正典雅去五代芜鄙浮靡和晚唐体破碎窘促、"体轻意浅"[1]之弊的同时，校正白体的平庸芜鄙。所以，他们刻意学习李商隐诗的富艳精工、深细婉曲，兴起一次雅化运动，"风采耸动天下"[2]，诗体为之一变。但是，西崑派未正确处理好雅与淡之间的关系，"穷妍极态，缀风月，弄花草，淫巧侈丽，浮华纂组；刓镀圣人之经，破碎圣人之言，离析圣人之意，蠹伤圣人之道"[3]，最终也未能逃脱晚唐五代浮靡诗风的藩篱。因而，反崑体姚铉、穆修、范仲淹、尹洙、石介等再度扛起趋淡以复雅的旗帜，强调洗净铅华，不落俗套，复兴"古雅"以与"今俗"对抗。[4]在一定程度上，反崑体以朴实流畅的诗学观开启了宋调的发展趋势。

经过这样一个"之"字形的发展历程，到了欧阳修、梅尧臣等

---

① 贺裳《载酒园诗话》评潘阆诗句语，《清诗话续编》，上海古籍出版社 1999 年版，上册 403 页。
② 刘克庄《后村诗话》前集卷二引欧阳修语，王秀梅点校本，中华书局 1983 年版，第 22 页。
③ 石介：《怪说》中，《徂徕石先生文集》，中华书局 1984 年版，第 62 页。
④ 参见姚铉《唐文粹·序》，据光绪十六年杭州许氏榆园校刻本影印，浙江人民出版社 1986 年版。

人发起北宋诗文革新运动的时候，晚唐五代诗风的流弊和西崑派的颓风已大有改观。欧阳修充分利用科举考试这一指挥棒，演奏了一曲向平淡诗风前进的交响乐。这位革新运动的主帅，着重从文道相兼的角度提倡古硬、平淡、自然的诗风，他主张："我所谓文，必与道俱。"（苏轼《祭欧阳文忠公夫人文》引）而与道俱之"文"，正是与古淡相一致的"文"。他说："子言古淡有真味，大羹岂须调以齑。"（《再和圣俞见答》）"譬如娇韶女，老自有余态。近诗尤古硬（一作淡），咀嚼苦难嘬。"（《水谷夜行寄子美圣俞》）梅尧臣，人称"去浮靡之习，超然于崑体极弊之际；存古淡之道，卓然于诸大家未起之先"（龚啸《宛陵先生集·附录》）。他认为："作诗无古今，惟造平淡难。"（《读邵不疑学士诗卷》）他总结自己的诗："因吟适情性，稍欲到平淡。"（《依韵和晏相公》）他评价林逋之诗"平淡邃远，读之令人忘百事也"（《林和靖先生诗集序》）。在这一时期，诗歌内容上的淡雅与否往往与体式上的今古有密切联系，因而，欧阳修、梅尧臣之诗与内容上趋雅复淡相一致，在体式上偏古体而轻近体。

在儒学复兴之初，欧阳修、梅尧臣等人倡古淡之风，有效制止了西崑体浮靡诗风的蔓延，对宋学的开创和北宋诗文革新运动的胜利起到了重要作用。但遗憾的是，因为过于偏重功利性目的，"梅圣俞诗不是平淡，乃是枯槁"（朱熹《清邃阁论诗》）。钱锺书《宋诗选注·梅尧臣简评》说他"'平'得常常没有劲，'淡'得往往没有味"，也就是说太拙太涩。在这种情况下，如何矫正这一矫枉过正之失，如何淡而不涩，平而不拙，使之有味有劲的任务，就摆在了北宋中期诗人王安石、苏轼等人面前。王安石是一个过渡，他一方面将功利性的诗学观推至极端，另一方面又对平易提出很深刻的见解："看似寻常最奇崛，成如容易却艰辛。"（《题张司业诗》）其诗风早年直率刻露，晚年寓悲壮于闲淡，是宋诗淡雅之风发展过程中重要的里程碑。

三、苏轼诗歌与北宋文化的淡雅精神

到了苏轼，北宋诗歌趋雅崇淡思潮的这支交响曲，得以由其天才之作奏出最高潮的乐章。苏诗真正将淡雅的追求脱离了纯功利性目的，提高到审美的层次，妥善处理了雅俗之间、绚烂与平淡之间、人工美与自然美之间的关系，体现出朴素但却圆熟的辩证法精神。其有关言论如下：

> 诗要有为而作，用事当以故为新，以俗为雅。①
>
> 凡文字，少小时须令气象峥嵘，采色绚烂，渐老渐熟，乃造平淡，其实不是平淡，绚烂之极也。②
>
> 渊明作诗不多，然其诗质而实绮，癯而实腴，自曹、刘、鲍、谢、李、杜诸人，皆莫及也。③
>
> 渊明诗初看若散缓，熟看有奇句（一作趣）。……大率才高

---

① 《题柳子厚诗二首》其二，《苏轼文集》，第 5 册，第 2109 页。《稗海》本《东坡志林》卷九无"用事"二字。
② 《与二郎侄一首》，《苏轼文集》，第 6 册，第 2523 页。
③ 《东坡续集》卷三《追和陶渊明诗引》；苏辙《栾城后集》卷二十一《子瞻和〈陶渊明诗集〉引》。

意远，则所寓得其妙，造语精到之至，遂能如此。似大匠运斤，不见斧凿之痕。①

所贵乎枯澹者，谓其外枯而中膏，似澹而实美，渊明、子厚之流是也。若中边皆枯澹，亦何足道。②

永禅师书，骨气深稳，体兼众妙，精能之至，反造疏淡。如观陶彭泽诗，初若散缓不收，反复不已，乃识其奇趣。……褚河南（遂良）书，清远萧散。……（张旭）《郎官石柱记》作字简远，如晋宋间人。③

予尝论书，以谓钟、王之迹，萧散简远，妙在笔画之外。至唐颜、柳，始集古今笔法而尽发之，极书之变，天下翕然以为宗师，而钟、王之法益微。至于诗亦然。苏、李之天成，曹、刘之自得，陶、谢之超然，盖亦至矣。而李太白、杜子美以英玮绝世之姿，凌跨百代，古今诗人尽废，然魏、晋以来高风绝尘，亦少衰矣。李、杜之后，诗人继作，虽间有远韵，而才不逮意。独韦应物、柳宗元发纤秾于简古，寄至味于澹泊，非余子所及也。唐末司空图崎岖兵乱之间，而诗文高雅，犹有承平之遗风，其论诗曰："梅止于酸，盐止于咸。"饮食不可无盐、梅，而其美常在咸、酸之外。④

---

① 惠洪《冷斋夜话》卷一"东坡得陶渊明之遗意"条引，陈新点校本，中华书局 1988 年版，第 13 页。
② 《评韩柳诗》，《苏轼文集》，第 5 册，第 2109—2110 页。
③ 《书唐氏六家书后》，《苏轼文集》，第 5 册，第 2206 页。
④ 《书黄子思诗集后》，《苏轼文集》，第 5 册，第 2124 页。

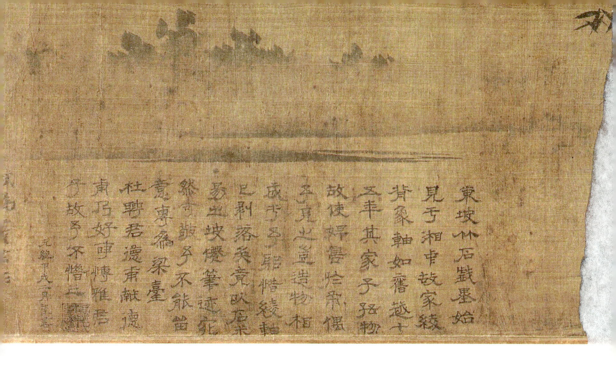

东坡竹石戬墨始
见于湘中故家缣
背象轴如旧越十
五年其家子孙物
故使婢馨烂悉偶
平见此意遗物相
成书另那惜绫轴
已刻落吞竟叹石采
易出坡优惫笔遂死
然何耿乎不能当
意专为梁豪
杜聘君遗甫献德
肃乃好申博雅君
于故乃不惜之
元鹤中氏二年

由这些议论可以看出，淡雅精神的追求，贯穿在苏轼对诗、文、书、画等各种艺术形式的认识上。他的这种代表北宋文化淡雅精神的审美趣味，可以上溯到《周易·贲卦》上九"白贲无咎"①，极饰反素的思想，同时，与孔子"绘事后素"②的思想和《文心雕龙·情采》里"贲象穷白，贵乎反本"③的思想，底蕴相通，尤其受到老庄返璞归真、恬澹无为精神的影响。苏轼的贡献就在于，他能将哲学上二道相因、多合于一、万取一收、收万于一的辩证法思想，得心应手地运用到艺术领域中，在理论和实践中求得"豪华落尽见真淳"④、大巧反拙、反常合道、绚烂归于平淡、"质而实绮，癯而实腴"、"精能之至，反造疏淡"、"外枯而中膏，似澹而实美"、"发纤秾于简古，

①《周易·贲卦》象曰："白贲无咎，上得志也。"王弼注曰："处饰之终，饰终反素，故任其质素，不劳文饰而'无咎'也。以白为饰，而无患忧，得志者也。"《十三经注疏·周易正义》，北京大学出版社 1999 年版，第 108 页。

②《论语·八佾》，《十三经注疏·论语注疏》，北京大学出版社 1999 年版，第 32 页。

③范文澜：《文心雕龙注》，人民文学出版社 1998 年版，下册，第 538 页。

④元好问：《论诗绝句》三十首之四，郭绍虞《元好问论诗三十首小笺》，人民文学出版社 1998 年版，第 60 页。

〔北宋〕苏轼　《潇湘竹石图》

寄至味于澹泊”的艺术境地。作为对诗、词、文、书、画皆深造自得的文化巨人，苏轼更能敏感把握哺育其成长的北宋文化的时代精神，自觉将崇雅趋淡融入实践之中。前引黄庭坚评苏轼书法雅致不俗是一个方面，此外，正如徐复观所言：“苏氏虽天才超逸，能尽诙诡谲怪之变，然一如他的前后《赤壁赋》一样，一变原系浓丽的赋体，为萧疏淡雅之文。因此，他论画的极诣，也必会归结到这一点上面来；这也可以说是由中国自然画的基本性格而来的归纳。”[①]证之以苏轼仅传于世的几幅画作，不外墨竹古木、怪石佛像，皆运笔清拔，笔法简古，可见徐氏之言不虚。

在诗歌方面，有学者注意到苏轼诗风中雄放的本色与平淡的追求之间存在差距。[②]其实，苏轼对淡雅精神的理解，与欧阳修、梅尧臣等人的不同之处就在于，他并不将诸如绚烂与平淡、通俗与古

① 徐复观：《中国艺术精神》，春风文艺出版社 1987 年版，第 322 页。
② 参见谢桃坊《苏轼诗研究》，巴蜀书社 1987 年版，第 202 页；孟二冬、丁放《试论苏轼的美学追求》，《国学研究》，第二卷，北京大学出版社 1994 年版，第 159 页；袁行霈、孟二冬、丁放《中国诗学通论》，安徽教育出版社 1994 年版，第 516 页。

雅、旷达与萧散、雄放与清远这几组美学范畴看作是截然相对或判然相隔，他不像梅尧臣，只顾追求平淡古雅，而是主张在不断成熟完美的诗歌艺术实践中，以俗为雅，由绚烂归于平淡，最终达到"质而实绮，癯而实腴"，"精能之至，反造疏淡"，"外枯而中膏，似澹而实美"，"发纤秾于简古，寄至味于澹泊"，并体现于所谓"高风绝尘""萧散简远"那样自然朴素的浑融诗境之中。所以，尽管苏诗中不乏雄放豪迈之作，但综合来看，那些雄放豪迈归于平淡清远之作，更能代表苏轼在中国诗歌美学史上的独特地位和艺术追求。

　　除了诗歌风格和前述议论化方法的运用之外，苏诗对淡雅精神的追求还体现在诗歌语言上。避俗趋雅自不必说，以俗为雅、化俗为雅，则苏诗堪称擅场。它与"以故为新"貌异神合，下开江西诗派"换骨夺胎"[①]、"点铁成金"（黄庭坚《答洪驹父书》）的说法，影响深远。苏轼自称："街谈市语，皆可入诗，但要人镕化耳。"[②]当时亦有人评论说："惟东坡全不拣择，入手便用，如街谈巷说，鄙俚之言，一经坡手，似神仙点瓦砾为黄金，自有妙处。"[③]像《和蒋夔寄茶》"厨中蒸粟堆饭瓮"和《除夜大雪，留潍州，元日早晴，遂行，中途雪复作》"助尔歌饭瓮"之"饭瓮"，用山东民间俗语和歌谣语。《次韵孙秘丞见赠》"不怕飞蚊如立豹"，自注："湖州多蚊蚋，豹脚尤毒"；《次韵周开祖长官见寄》"风定轩窗飞豹脚"，自注："湖多蚊，土人云，豹脚者尤毒"，豹脚乃吴兴一种蚊名。《东坡八首》之四"毛空暗春泽，

① 惠洪：《冷斋夜话》卷一"换骨夺胎法"条，陈新点校本，第15页。
② 周紫芝：《竹坡诗话》引，《历代诗话》上册，第354页。
③ 朱弁：《风月堂诗话》卷上，陈新点校本，中华书局1988年版，第106页。

针水闻好语"，自注："蜀人以细雨为雨毛。稻初生时，农夫相语稻针出矣。"《发广州》："三杯软饱后，一枕黑甜余。"自注云："浙人谓饮酒为软饱"，"俗谓睡为黑甜"。这些北宋时期各地的俗词俚语，被苏轼创造性地融入自己的诗中，往往显出一种雅人深致。

又如《被酒独行，遍至子云、威、徽、先觉四黎之舍，三首》其一

"半醒半醉问诸黎，竹刺藤梢步步迷。但寻牛矢觅归路，家在牛栏西复西"。①

其中咏及前人从未入诗的题材"牛矢"，要是让在"糕"字都不敢用的唐代大诗人刘禹锡知道，肯定要瞠目结舌。"牛矢"可谓卑俗之秽语，但在这首绝句中，却真实刻画了苏轼身处逆境而淡泊平和的意趣，东坡直录老乡的口语，多么的生动有趣，全诗洋溢着泥土气息，可谓一首活泼自然的好诗，故王文诰评云："此儋州记事诗之绝佳者。"

再如《白鹤峰新居欲成，夜过西邻翟秀才，二首》其一："林行婆家初闭户，翟夫子舍尚留关"，宁伤于俗而拙，但有了其后四句："连娟缺月黄昏后，缥缈新居紫翠间。系闷岂无罗带水，割愁还有剑铓山。"②清雅奇丽，全诗格调便一洗俗拙，在泥土之中，散发出玫瑰

---

① 《苏轼诗集》，第 7 册，第 2322—2323 页。
② 《苏轼诗集》，第 7 册，第 2214—2215 页。参见叶梦得《石林诗话》卷上，《历代诗话》上册，第 411 页。

般的芬芳。

苏轼擅长运用典故来题咏一些俚俗之物以达到化俗为雅。如《豆粥》"沙瓶煮豆软如酥"不免俚俗，但运以刘秀、石崇二人与豆粥相关的典故，诗的文化气息自然扑面而至。

东汉光武帝刘秀（字文叔）起兵之初，行军至滹沱河下游的芜蒌亭，天寒乏食，部将冯异（字公孙）送来豆粥，才得饥寒俱解，此即诗中所云："滹沱流渐车折轴，公孙仓皇奉豆粥。湿薪破灶自燎衣，饥寒顿解刘文叔"。西晋豪富石崇（字季伦）与人斗富，炫耀厨艺，其家烹煮豆粥，竟能一声令下，便立刻办妥，此即诗中所云："金谷敲冰草木春，帐下烹煎皆美人。萍齑豆粥不传法，咄嗟而办石季伦。"刘秀困于干戈扰攘，石崇溺于声色享受，岂能领会豆粥的真味？只有诗人如苏东坡者，身处江湖，心态悠闲，才能细品那光洁似玉、豆软如酥的豆粥。但愿长住江边茅屋，每天清晨都到东家去享用！于是，诗人写道：

> 干戈未解身如寄，声色相缠心已醉。身心颠倒自不知，更识人间有真味。岂如江头千顷雪色芦，茅檐出没晨烟孤。地碓春秔光似玉，沙瓶煮豆软如酥。[①]

两个典故，出之以生动的叙事，情景的细节描写，毫无炫学夸博之嫌。对江村晨景的刻画，对农家晨炊的描写，更是优美细腻，

①《苏轼诗集》，第 4 册，第 1271—1272 页。

诗意盎然——"我老此身无着处，卖书来问东家住。卧听鸡鸣粥熟时，蓬头曳履君家去"。可以毫不夸张地说，经过苏轼审美观照的豆粥，已化为诗意，进入诗境，兴会淋漓，且趣味盎然。

凡此，皆可见苏轼在诗歌理论和创作领域，对于绚烂之至归于平淡的艺术追求。

八、玉雪为骨冰为魂

——苏轼咏梅以寓意

消無盡也而又何羨乎且夫天
地之間物各有主苟非吾之所
有雖一毫而莫取唯江上之清
風與山間之明月耳得之而

　　苏诗对淡雅精神的追求也体现在题材内容上。论书题画、茶茗酒饮、赠别酬唱、记游山水、谈禅论道、亭阁题咏等人文题材的选择无疑是提高苏诗淡雅品位的重要因素，其中和陶诗与咏梅诗尤为显著。这里以咏梅诗为例。

　　梅花，内修外美，玉蕊香清，"自古承春早，严冬斗雪开"①，"梅须逊雪三分白，雪却输梅一段香"②。《尚书》《诗经》早有关于梅的描述，但仅取其实而已。《离骚》遍撷香草，然独不及梅。

　　"梅花见于五言诗，自晋时始也……至梁陈而大盛。"③谢朓、鲍照、何逊、萧纲、庾信、陆凯都有咏梅名作传世。有唐肇兴，赋咏未辍，但梅花幽姿渐为牡丹绚彩所掩。至北宋，林逋结庐西湖孤山，梅妻鹤子，苏轼《书林逋诗后》称之"神清骨冷""高节""绝俗"④。林逋《山园小梅》诗句"疏影横斜水清浅，暗香浮动月黄昏"，曲尽梅之体态，唱出千古咏梅绝调。梅之高格逸韵，遂成为宋代文化淡雅精神的缩影。

---

① 朱庆馀：《早梅》，《全唐诗》卷五一五，中华书局 1992 年版，第 15 册，第 5889 页。

② 卢梅坡：《雪梅》，宋陈景沂《全芳备祖》前集卷一。卢梅坡，即卢钺，见王三毛《宋末诗人卢梅坡考》，《文献》2008 年第 1 期。

③ 方回：《瀛奎律髓》卷二十，李庆甲集评校点《瀛奎律髓汇评》，上海古籍出版社 1986 年版，中册，第 745 页。

④ 《苏轼诗集》，第 4 册，第 1344 页。

一、花中之梅

国色天香，盛唐牡丹之富贵；冰肌玉骨，北宋梅萼之清奇。梅花审美地位的发展，中晚唐是个拐点。此前多偶然寄意，视之与其他诸花略同，此后则逐渐别立品题，单成一脉。宋政和年间，庐陵太守程祁守郡六年，其间与郡人段子冲以《梅花》绝句相互唱酬，递互辗转达千首。后来又有陈从古裒辑古今梅花诗八百篇，一一次韵，其自序云："在汉晋未之或闻，自宋鲍照以下，仅得十七人，共二十一首，唐诗人最盛，杜少陵十二首，白乐天四首，元微之、韩退之、柳子厚、刘梦得、杜牧之各一首。自余不过一二，如李翰林、韦苏州、孟东野、皮日休诸人，则又寂无一篇。至本朝方盛行，而予日积月累，酬和千篇。"[1] 梅花审美地位的提升，无论从数量看，还是从影响论，起到重要转捩作用的是诗人白居易。

白居易是多情之人，爱花是其多情的自然流露。其2700多首诗中，直接咏花的达110多首，具体有所指的花有20余种。既有象征纯洁的白牡丹、白槿花、白莲花等白色之花，也有象征热情的红辛夷花、红樱桃花等火红明艳之花，更有傲霜斗雪、迎寒怒放的梅花。不像陶渊明仅爱菊，也不似陈子昂、张九龄独以兰若、桂花自比，乐天是爱花"不限桃杏梅"（《东坡种花二首》其一），"逐处花皆好"（《樱桃花下叹白发》）。

而引起苏轼留意的是白居易笔下的紫薇花。宋时杭州府治虚白

---

[1] 周必大：《二老堂诗话·程祁陈从古梅花诗》，《历代诗话》第 672 页。

堂前，有紫薇花两株，初传白乐天所植，苏子瞻守郡时，神宗尝书乐天《紫薇花》诗以赐之。[1] 苏轼《次韵钱穆父紫薇花二首》其一云："虚白堂前合抱花，秋风落日照横斜。阅人此地知多少，物化无涯生有涯。"自注曰："虚白堂前紫薇两株，俗云乐天所种。"另一首云："折得芳蕤两眼花，题诗相报字倾斜。箧中尚有丝纶句，坐觉天光照海涯。"自注曰："乐天诗云：'丝纶阁下文章静，钟鼓楼中刻漏长。独坐黄昏谁是伴，紫薇花对紫薇郎。'上尝书此诗以赐轼。"钱穆父，指钱勰，字穆父，元祐初拜中书舍人，迁给事中，后曾知开封、越州等地。唐以来，中书省植紫薇花，历世循用之，不以为非。至宋代舍人院紫薇阁前植紫薇花，用唐故事也。[2] 白居易笔下的紫薇花，除了上面苏轼后一首诗中自注所引《紫薇花》，还有 45 岁在江州所作《见紫薇花忆微之》："一丛暗淡将何比？浅碧笼裙衬紫巾。除却微之见应爱，人间少有别花（一作惜花）人。"[3] 以及 54 岁在苏州所作《紫薇花》："紫薇花对紫微翁，名目虽同貌不同。独占芳菲当夏景，不将颜色托春风。浔阳官舍双高树，兴善僧庭一大丛。何似苏州安置处，花堂栏下月明中。"[4] 将苏州、江州和长安三处的紫薇花，并置在同一首诗中，视野和境界自是不同。

除了紫薇，杭州虚白堂前的牡丹，相传也是白乐天手植。[5] 因其与乐天的因缘，也曾引起苏轼留意。晚唐范摅《云溪友议》"钱塘论"

---

① 参见日本近藤元粹辑《苏诗记事》卷上。
② 《苕溪渔隐丛话前集》卷二十一《香山居士》引黄朝英《靖康缃素杂记》。
③ 朱金城：《白居易集笺校》，第 992 页。
④ 朱金城：《白居易集笺校》，第 1623 页。
⑤ 参见罗隐有《虚白堂前牡丹相传云太傅手植在钱塘》（《全唐诗》卷六六四）。

一则，载有颇具传奇色彩的徐凝、张祜较文公案，开篇就事关杭州牡丹。本来杭州并无牡丹，长庆中，开元寺僧惠澄自京师乍得一本，始栽植于庭，谓之洛花。时春景方深，惠澄设油幕以覆其上，牡丹自此东越分而种之。徐凝《题开元寺牡丹》诗云："此花南地知难种，惭愧僧闲用意栽。海燕解怜频睥睨，胡蜂未识更徘徊。虚生芍药徒劳妒，羞杀玫瑰不敢开。惟有数苞红萼在，含芳只待舍人来。"[①] 张祜亦有《杭州开元寺牡丹》诗："浓艳初开小药栏，人人惆怅出长安。风流却是钱塘寺，不踏红尘见牡丹。"白居易来到开元寺看牡丹花，乃命徐凝同醉而归。那两句——"惟有数苞红萼在，含芳只待舍人来"，可谓恰到好处的恭维。

　　至宋代，杭州牡丹渐多，而吉祥寺独盛。苏轼任杭州通判时，有《牡丹记叙》，其略云："熙宁五年三月二十三日，予从太守沈公观花于吉祥寺僧守璘之圃。圃中花千本，其品以百数。酒酣乐作，州人大集，金盘彩篮，以献于座者五十有三人。饮酒甚乐，素不饮者皆醉。自舆台皂隶，皆插花以从，观者数万人。可谓盛矣。"历史上，苏东坡是醉吟诗风最合适的承继者，即使仅仅限于牡丹这个小小的窗口，也可领略那一脉相承的绝世花王真国色的风神。

---

① 《全唐诗》卷四七四，中华书局繁体竖排本 1992 年版，第 14 册，第 5374 页。作于长庆三年（823）。此前元和十四年（819），徐凝还有《寄白司马》："三条九陌花时节，万户千车看牡丹。争遣江州白司马，五年风景忆长安。"（《全唐诗》卷四七四，中华书局繁体竖排本第 14 册，第 5378 页）

二、白之启发

但若论对苏轼最富启发的咏花诗品类，则首推咏梅诗。乐天咏梅诗，以出现在诗题而论，有四首。第一首《和薛秀才寻梅花同饮见赠》："忽惊林下发寒梅，便试花前饮冷杯。白马走迎诗客去，红筵铺待舞人来。歌声怨处微微落，酒气醺时旋旋开。若到岁寒无雨雪，犹应醉得两三回。"这一首中，梅花还只是个引子，尚未占据全篇核心，从篇幅看，"花"的分量也还不如"饮"重。

第二首《与诸客携酒寻去年梅花有感》："马上同携今日杯，湖边共觅去春梅。年年只是人空老，处处何曾花不开。诗思又牵吟咏发，酒酣闲唤管弦来。樽前百事皆依旧，点检唯无薛秀才（自注：去年与薛景文同赏，今年长逝）。"这一首中，梅花在全诗中的审美地位略有提升，正面描写梅花的篇幅，与饮酒各占一半。三四句："年年只是人空老，处处何曾花不开"，以人花相映，用颠倒之法，颇有杜少陵之笔意。

第三首《（忆杭州梅花因叙旧游）寄萧协律》："三年闲闷在余杭，曾为梅花醉几场。伍相庙边繁似雪，孤山园里丽如妆。蹋随游骑心长惜，折赠佳人手亦香。赏自初开直至落，欢因小饮便成狂。薛刘相次埋新垄，沈谢双飞出故乡。（自注：薛、刘二客，沈、谢二妓，皆当时歌酒之侣）歌伴酒徒零散尽，唯残头白老萧郎。"这一首中，梅花已是主角，正面特写已占到至少三分之二的篇幅。尤其是正面特写中收尾的一句——"赏自初开直至落"，为评家所激赏，许以"最佳"。^①明代高鹤（1517—1601）《见闻搜玉》以此诗为代表，谓孤山梅花虽以和靖得名，然白乐天《（忆杭州梅花因叙旧游）寄萧协律》诗云云，则自唐已赏鉴矣。^②

第四首《新栽梅》："池边新种七株梅，欲到花时点检来。莫怕长洲桃李妒，今年好为使君开。"已全篇句句写梅花，唯角度不同而已。

另外，白居易还有一首《寄情》，其实也是咏梅诗："灼灼早春梅，东南枝最早。持来玩未足，花向手中老。芳香销掌握，怅望生怀抱。岂无后开花，念此先开好。"满含惜花之意，但并无惜花长怕花开早的惆怅。全诗写因春梅早开引发的情思波动，娓娓道来，一一铺开，说得极纤细，极平淡，但令人有静观物理、因花悟道之感。陆时雍《唐诗镜》评价此诗说："诗人随注生情，无所不可。"

白居易还有一些咏梅诗句，如"春风先发苑中梅，樱杏桃梨次第开"（《春风》），"碧毡帐暖梅花湿，红燎炉香竹叶春"（《洛下雪中……》），或对比于樱杏桃梨，或相衬于竹叶炉香，点缀在全篇之中，皆绘形有神，气色难掩。

三、苏之绍承

苏轼的咏梅诗对乐天之作有绍承，亦有超越。苏轼与梅花的结缘，始于被贬黄州之后。从诗题上看，苏轼咏梅诗有 40 多篇，大

---

① 《瀛奎律髓》卷二十"梅花类"，李庆甲《瀛奎律髓汇评》，第 784 页。
② 高鹤：《见闻搜玉》卷四，中国社会科学院文学研究所图书馆善本室藏明万历十九年夏越中函三馆雕本。

都作于被贬黄州之后，占全部咏花诗半数之多。这些"惜花未忍都无言"（《花落复次韵》）的歌咏，与白居易咏梅诗相较，青出于蓝而胜于蓝，全无风花雪月、无病呻吟，往往融入诗人对坎坷经历的切身感触；而在这样的主题之下，诗人并未喧宾夺主，将梅花视作附庸风雅的点缀。梅花仍是诗中主角，咏物与抒情，描摹与寓意有机但却无形地结合于咏梅诗之中，令人叹为观止。其中《梅花二首》是体现上述特色的名作：

> 春来幽谷水潺潺，的皪梅花草棘间。一夜东风吹石裂，半随飞雪渡关山。
>
> 何人把酒慰深幽，开自无聊落更愁。幸有清溪三百曲，不辞相送到黄州。

二诗作于元丰三年（1080）正月。时苏轼赴黄州贬所路途中。东坡从乌台死地回归人间，心情复杂难言。在赴贬所的路途中，看见幽谷寂寞开落飞散的清梅，触动情怀，写下这两首七绝。第一首开篇所云幽谷，令人联想起杜甫《佳人》："绝代有佳人，幽居在空谷。"幽居在空谷的是佳人绝代，幽处在草棘间的是梅花的皪，赞美梅花明妍的皪之貌，感叹其"半随飞雪渡关山""开自无聊落更愁"，显然寄托着诗人自己的感情、个性和遭遇。"风吹石裂"一句，化自欧阳修《山斋绝句》"正当年少惜花时，日日春风吹石裂"之句；"飞雪渡关山"一句，化自高适《和王七玉门关吹笛》"借问梅花何处落，风吹一夜满关山"。"昨夜"，一作"一夜"，写出整夜有风，状心绪之黯淡，境遇之恶劣，更为贴切。除了《和王七玉门关听吹笛》"风吹一夜满关山"之外，卢仝《有所思》"相思一夜梅花发"，刘方平《梅花落》，"新岁芳梅树，繁花四面同。春风吹渐落，一夜几枝空"，亦用"一夜"，或可相参。

这两首咏梅诗，不即不离，亦实亦虚，托意在似有似无之间，运笔空灵而深沉。第二首后两句从"落"字生情，写只有三百曲清清溪流不辞辛苦，直送落梅到黄州，实际是暗寓自己的身世之悲。人情之炎凉，使原本无心的自然之物在孤寂的诗人看来，令人眷恋感怀，一往情深。其中深情绵邈，奇幻非凡，令人百读不厌。东坡后来屡次提到这两首咏梅诗，可见他当时写作时是极富感思而有所寓怀的。如一年后的《正月二十日，往岐亭，郡人潘、古、郭三人送余于女王城东禅庄院》"去年今日关山路，细雨梅花正断魂"，十四年后的《十一月二十六日松风亭下梅花盛开》"春风岭上淮南村，昔年梅花曾断魂"。在不同时间回忆昔日所赏之梅花，在反复书写中自我互文，不断累加记忆和情感。

两年后的《红梅三首》是更为后人所称道的名作：

怕愁贪睡独开迟，自恐冰容不入时。故作小红桃杏色，尚余孤瘦雪霜姿。寒心未肯随春态，酒晕无端上玉肌。诗老不知梅格在，更看绿叶与青枝。（石曼卿《红梅》诗云："认桃无绿叶，辨杏有青枝。"）

雪里开花却是迟，何如独占上春时。也知造物含深意，故与施朱发妙姿。细雨裹残千颗泪，轻寒瘦损一分肌。不应便杂夭桃杏，半点微酸已着枝。

　　幽人自恨探春迟，不见檀心未吐时。丹鼎夺胎那是宝（朱砂、红银，谓之不夺胎色），玉人頩颊更多姿。抱丛暗蕊初含子，落盏秾香已透肌。乞与徐熙画新样，竹间璀璨出斜枝。

　　第一首是众选家青睐之作，因为诗中创造性地提出一个"梅格"的概念，对梅花审美地位的提升至关重要。据施宿《东坡先生年谱》，此诗作于元丰五年（1082）。当时苏轼贬黄州团练副使已是第三载。诗以梅自况，咏物寓志；借凌霜傲雪、玉洁冰清的红梅，象征诗人刚正坚贞的品格。红梅独开迟放，不是"怕愁贪睡"，而是自知"冰容""寒心"难以入时；故作"桃杏""酒晕"之浅红，并非欲与群芳斗艳争妍，只是口诺心非，身不由己。故"诗老"石延年（曼卿）《红梅》诗篇之末虽有"未应娇意急，发赤怒春迟"，不愧全篇精彩之收笔，但其诗中"认桃无绿叶，辨杏有青枝"，终为有形无神之败句，此后元祐三年（1088），苏轼《东坡志林·评诗人写物》又说："若石曼卿《红梅》诗云：'认桃无绿叶，辨杏有青枝。'此至陋语，盖村学究体也。"此正可移笺"诗老不知梅格在"。这首《红梅》诗品出自人品，梅品照映人品，梅格与人格互衬，《唐宋诗醇》卷三十七评云："不着意'红'字则泛衍，然一落色相，则又如涂涂附矣。石延年句岂不精切？而诗谓其不知梅格，知此者可与言诗。"诗人自己也引为得意之作，还稍加损益，填为《定风波·咏红梅》：

　　好睡慵开莫厌迟。自怜冰脸不时宜。偶作小红桃杏色，闲雅，尚余孤瘦雪霜姿。　休把闲心随物态，何事，酒生微晕沁瑶肌。诗老不知梅格在，吟咏，更看绿叶与青枝。

刘熙载《艺概·词概》评价说："东坡《定风波》云：'尚余孤瘦雪霜姿'，《荷花媚》云：'天然地别是风流标格'，雪霜姿、风流标格，学坡词者，便可从此领取。"非仅可以学坡词，观"孤瘦雪霜姿"，还可得东坡独特的审美取向。所谓"孤瘦"，杨夔生《续词品》之形容有云："怅焉独迈，谬兮隐忧。悟出系表，天地可求。亭亭危峰，倒影碧流。空山沍寒，老梅古愁。味之无腴，揖之寡俦。遥指木末，一僧一楼。"《红梅三首》第二首尾句："不应便杂夭桃杏，半点微酸已着枝。"第三首颔联："丹鼎夺胎那是宝，玉人頮颊更多姿。"亦佳妙之笔。

又过了两年，元丰七年（1084），苏门弟子秦观寄来一首《和黄法曹忆建溪梅花》诗："海陵参军不枯槁，醉忆梅花愁绝倒。为怜一树傍寒溪，花水多情自相恼。清泪斑斑知有恨，恨春相逢苦不早。甘心结子待君来，洗雨梳风为谁好？谁云广平心似铁，不惜珠玑与挥扫。月没参横画角哀，暗香销尽令人老。天分四时不相贷，孤芳转盼同衰草。要须健步远移归，乱插繁华向晴昊。"苏轼答以《和秦太虚梅花》，诗云：

西湖处士骨应槁，只有此诗君压倒。东坡先生心已灰，为爱君诗被花恼。多情立马待黄昏，残雪消迟月出早。江头千树春欲暗，竹外一枝斜更好。孤山山下醉眠处，点缀裙腰纷不扫。

万里春随逐客来，十年花送佳人老。去年花开我已病，今年对花还草草。不如风雨卷春归，收拾余香还畀昊。

西湖处士指林逋（967—1028），林逋是钱塘（今浙江杭州）人，少孤力学，恬淡好古。早年放游江淮间，后隐居杭州孤山，相传二十年足不至城市，以布衣终身。真宗闻其名，曾赐粟帛；及卒，仁宗赐谥和靖先生。和靖先生的文化符号标志是梅妻鹤子。他对前辈杭州太守白乐天并不陌生，还颇有好感，有诗为证。诗云："白公睡阁幽如画"（《读王黄州诗集》），"放达有唐惟白傅，纵横吾宋是黄州"（《读王黄州诗集》）。黄州即自称"本与乐天为后进"的王禹偁，咸平元年（998）任黄州太守。86年后来到黄州的苏轼，接续了这段因缘。此诗步秦观梅花诗原韵。秦观诗回忆梅花，东坡也从忆梅归结到贬谪黄州的感慨。诗中说他因爱林逋和秦观的梅花诗而更爱梅花，但自己穷愁潦倒，有负大好春光，还不如让风雨送春归去算了。东坡不黏滞于咏梅，而能寓感慨于言外，寄托深远。全篇押"槁"字仄韵，诗句骈散交错，音韵流美。宋蔡正孙《诗林广记后集》卷八曾评价说："前辈谓东坡梅花诗有押'嚗'字韵三首，皆绝妙，摆落陈言，古今人未尝经道者。愚谓此篇语意亦高妙，如'竹外一枝斜更好'之句，写出梅花幽独闲静之趣，真不在暗香疏影之下也。"诗中描绘梅花，正面描绘仅"江头""竹外"一联，确实点染生动，传神微妙，造语新鲜自然。《诗人玉屑》卷十七引范正敏《遯斋闲览》评云："语虽平易，然颇得梅之幽独闲静之趣。"值得留意的是，诗中"点缀裙腰纷不扫"之"裙腰"二字，正出自长庆三年（823）白居易所作《杭州春望》诗："谁开湖寺西南路，草绿裙腰一道斜。"透过这则跨越 261 年历史风烟的用典，可以看到白、苏之间一脉相承的文化血脉与渊源。无独有偶，5 年后，元祐六年（1089），东坡另一首咏梅诗《再和杨公济梅花十绝》其五再用此典："春入西湖到处花，裙腰芳草抱山斜。"①

上引《诗林广记后集》卷八所云"前辈谓东坡梅花诗有押'瞰'字韵三首，皆绝妙，摆落陈言，古今人未尝经道者"所谓前辈云云，见宋胡仔《苕溪渔隐丛话后集》卷二十一，苕溪渔隐曰："陈敏政《遯斋闲览》云：'荆公在金陵，有《和徐仲文鬈字韵咏梅诗》二首，东坡在岭南，有《瞰字韵咏梅诗》三首，皆韵险而语工，非大手笔不能到也。'余以《临川集》《东坡后集》细细味之，《鬈字韵》二首，亦未是荆公平日得意诗，其一云：'额黄映日明飞燕，肌粉含风冷太真。'其一云：'肌冰绰约如姑射，肤雪参差是玉真。'其余亦别无奇特句。至若东坡《瞰字韵》三首，皆摆落陈言，古今人未尝经道者，三首并妙绝，第二首尤奇。"下面来看苏轼这三首他 60 岁在惠州所作的"瞰"字韵咏梅诗。

第一首《十一月二十六日松风亭下梅花盛开》：

> 春风岭上淮南村，昔年梅花曾断魂。岂知流落复相见，蛮风蜑雨愁黄昏。长条半落荔支浦，卧树独秀桄榔园。岂惟幽光留夜色，直恐冷艳排冬温。松风亭下荆棘里，两株玉蕊明朝瞰。

---

① 参见曾季狸《艇斋诗话》，《历代诗话续编》，第 308 页。杨公济名蟠，时任杭州通判。

海南仙云娇堕砌，月下缟衣来扣门。酒醒梦觉起绕树，妙意有在终无言。先生独饮勿叹息，幸有落月窥清樽。

此诗作于绍圣元年（1094）十一月。时苏轼在惠州贬所。松风亭，在广东惠州嘉祐寺附近。"昔年"句，苏轼自注："予昔赴黄州，春风岭上见梅花，有两绝句。明年正月，往岐亭道上，赋诗云：'去年今日关山路，细雨梅花正断魂。'"蛮雨，泛称南方海上暴雨。"海南"二句，把梅花写成善解人意的仙子，叩诗人的门拜访诗人。同是咏梅诗，此诗可与东坡《梅花二首》同看。一是刚从死地复生，贬黄州途中作；一是从大学士直落而下，南贬至惠州所作。时隔十四年，同借梅花记贬谪情怀。悲伤断魂，幽人自叹，时光借着花开花落而交叠在一起，引动东坡无限感慨。年来踪迹无定，而每在寂寞落拓时分，惟孤梅相对，似有情长相伴，而不似人间情意淡薄，只相弃不遑顾。诗自昔年见梅情怀说起，写梅花虽流落荒蛮之地，仍洁身自好，清姿雅态，不同凡俗。梅与人相融一体，叹梅花知己，怜梅花落寞。梅在东坡的想象中，化成海南仙子，正如纪昀所评"天人姿泽，非此笔不称此花"（《纪评苏诗》卷三八），汪师韩所赞"秀色孤姿，涉笔如融风彩霭"，寓目寄情，描写梅花形神俱佳，寓托幽微。

第二首是胡仔评以"尤奇"的《再用前韵》：

罗浮山下梅花村，玉雪为骨冰为魂。纷纷初疑月挂树，耿耿独与参横昏。先生索居江海上，悄如病鹤栖荒园。天香国艳肯相顾，知我酒熟诗清温。蓬莱宫中花鸟使，绿衣倒挂扶桑暾。

抱丛窥我方醉卧，故遣啄木先敲门。麻姑过君急洒扫，鸟能歌舞花能言。酒醒人散山寂寂，惟有落蕊黏空樽。（岭南珍禽有倒挂子，绿毛红喙，如鹦鹉而小，自东海来，非尘埃中物也。）

这首咏梅诗，与上一首属自赓自和之作。罗浮山梅花村与大庾梅岭、西湖孤山、苏州邓尉、杭州西溪并列五大梅花风景名胜，与此诗尤其是首联有很大关系。而接下来"纷纷初疑月挂树，耿耿独与参横昏"一联，则更为后人艳称。宋人周紫芝《竹坡诗话》谓，林和靖赋梅花诗，有"疏影横斜水清浅，暗香浮动月黄昏"之语，脍炙天下殆二百年；东坡"此语一出，和靖之气遂索然矣"。这一联中的"耿"字，是苏轼笔下体现梅格内涵的重要诗眼，既有明亮鲜艳之貌，又含坚贞正直之意，为苏诗咏梅所偏爱，如《忆黄州梅花五绝》"淮阳城里娟娟月，樊口江边耿耿参"，《次韵钱穆父王仲至同赏田曹梅花》"寒厅不知春，独立耿玉雪"，《次韵詹适宣德小饮巽亭》"涛雷殷白昼，梅雪耿黄昏"。上一首写刚到环境险恶的贬谪地，乍看到荆棘丛中的两株梅花，不禁牵动情思。诗人将梅花比作善解人意的仙子，以博学多才为联想的底蕴，抒写梅花引发的翩翩美善情思，内心产生无限慰藉之感。这一首把海南的一种叫"倒挂子"的鸟写成使者，而使者派啄木鸟敲诗人的门。麻姑是道教神话人物，据《神仙传》记载，修道于牟州东南姑余山，东汉时应仙人王方平之召降于蔡经家，年十八九，貌美，自谓"已见东海三次变为桑田"，故以麻姑喻高寿。苏轼又有《西江月·梅》词："玉骨那愁瘴雾，冰姿自有仙风。海仙时遣探芳丛，倒挂绿毛么凤。　　素面常嫌粉涴，洗

〔宋〕佚名　《观梅图》

妆不褪唇红。高情已逐晓云空，不与梨花同梦。"其所用比喻，与此诗略同，再次展现出梅花的高贵情操和优雅风姿。明代杨慎《词品》评曰："古今梅花词，以坡仙绿毛幺凤为第一。"

第三首《花落复次前韵》云：

玉妃谪堕烟雨村，先生作诗与招魂。人间草木非我对，奔月偶桂成幽昏。暗香入户寻短梦，青子缀枝留小园。披衣连夜唤客饮，雪肤满地聊相温。松明照坐愁不睡，井花入腹清而暾。先生年来六十化，道眼已入不二门。多情好事余习气，惜花未忍终无言。留连一物吾过矣，笑领百罚空罍樽。

苏轼在惠州共作有三首自唱自和的白梅诗，前二首咏盛开的梅花，待到梅花零落时，一直关心着梅花命运的诗人，又写下这首咏落花的诗。诚可谓"惜花未忍终无言"。首句"玉妃谪堕烟雨村"，梅花以玉雪为骨冰为魂，故比作玉妃，但"谪堕"二字出《杨贵妃外传》，玉妃还暗指着杨贵妃。而与杨贵妃密切相关的本应首选牡丹，苏轼却夺胎换骨将其与宋代精神的象征——梅花联系在一起，以"谪堕"来转换，诚可谓先生作诗招魂之际的奇思妙想，出新而入化。《长恨歌》中的玉妃在后半部分的仙化描写，不知是否也对此诗有所启发。人间草木决非玉妃愿意为伍，她要奔向月宫与桂花相伴。后面幻想暂断，先生再次回到人间。耳顺之年的先生已皈依佛法，佛法是不二之法。所谓"不二之法"，指"佛性非常非无常，是故不断，名为不二"，"无二之性即是佛性"，佛性既不是永恒不变的，也不是转瞬即逝的，所以，善根是不断灭的，无差别的本性就是佛性。那梅花怎么办呀？"多情好事余习气，惜花未忍终无言。"先生自嘲，习气尚未除尽，我还留恋人间。为了这对梅花的留恋，我愿罚酒百杯，一空罍樽。拿不二之佛法，立爱梅之宣言，不能不令人惊叹。元人韦居安《梅磵诗话》云："梅格高韵胜，诗人见之吟咏多矣。自和靖'香影'一联为古今绝唱，诗家多推尊之。其后东坡次少游'槁'字韵及谪罗浮时赋古诗三篇，运意琢句，造微入妙，极其形容之工，真可企微孤山。以此见骚人咏物，愈出而愈奇也。"这的确是知音之言。

四、贵在超越

东坡咏梅佳作还有很多，佳句亦多可圈可点，除上面提到的"江头千树春欲暗，竹外一枝斜更好"（《和秦太虚梅花》），"乞与徐熙画新样，竹间璀璨出斜枝"（《红梅三首》其三），"玉雪为骨冰为魂。纷纷初疑月挂树，耿耿独与参横昏"（《再用前韵》）之外，像"返魂香入岭头梅""数枝残绿风吹尽，一点芳心雀啅开"（《岐亭道上见梅花戏赠季常》），"玉蕊檀心两奇绝"（《蜡梅一首赠赵景贶》），"浮光风宛转，照影水方折"（《次韵钱穆父王仲至同赏田曹梅花》），"长与东风约今日，暗香先返玉梅魂"（《六年正月二十日复出东门仍用前韵》），"月地云阶漫一樽，玉奴终不负东昏"（《次韵杨公济奉议梅花十首》其四），"檀心已作龙涎吐，玉颊何劳獭髓医"（《再和杨公济梅花十绝》其七），"风蒲半折寒雁起，竹间的皪横江梅"（《赵令晏

237

崔白大图幅径三丈》），"真态香生谁画得，玉如纤手嗅梅花"（《四时词》其四），"冷烟湿雪梅花在，留得新春作上元"（《二月三日点灯会客》），"殷勤更下山阴雪，要与梅花作伴来"（《次韵秦少游王仲至元日立春三首》之一），"从今莫入寻春会，为欠梅花一首诗"（《法惠小饮以诗索周开祖所作》），"秋来欲见紫髯翁，待得梅花细蕚红"（《欲往湖州见孙莘老别公辅希元彦远醇之穆仲》），"山行尽日不逢人，浥浥野梅香入袂"（《自普照游二庵》），"已惊弱柳万丝垂，尚有残梅一枝亚"（《定惠院寓居月夜偶出》），"醉看梅雪清香过，夜棹风船骇汗流"（《次韵周开祖长官见寄》），"化工未议苏群槁，先向寒梅一倾倒"（《再和潜师》），"坐听屐声知有路，拥裘来看玉梅春"（《次韵陈履常雪中》），"为公过岭传新唱，催发寒梅一信春"（《次韵韶守狄大夫见赠二首》其二），亦各具梅姿，兼寓心志。或由梅而入，或由人而梅；或描摹梅态，借题发挥；或使事传神，清空入妙；或声情跌宕，韵险语工，无不各臻其致。

就影响与接受而言，接受者接受影响，还须结合自身特点来消化熔铸；如果一个作家剥离其所受影响后毫无自己的特色，那么这无疑是失败的接受。与白居易相比，苏轼对于梅花的审美更加独到而全面。他笔下的梅花清冷孤傲、不屈不挠，具有梅格的同时，又不失人性的细腻。从咏梅诗这一视角看，苏东坡对白香山既有受容，亦有超越，其超越首先是建立在受容基础之上的超越。而其超越的重要原因就在于，苏轼时时警惕不要像白诗那样流易繁复，以致沦为浅俗啰唆，此外更重要的是，正如苏轼《宝绘堂记》开篇所指出的："君子可以寓意于物，而不可以留意于物。寓意于物，虽微物足以为乐，虽尤物不足以为病；留意于物，虽微物足以为病，虽尤物不足以为乐。"正因如此，苏轼将梅花置于更为广阔的人生舞台上，将自己的人生际遇、宦途遭遇寄托在了梅花之上。其最大的超越处在于，将梅格与人品有机融合，使梅之高格逸韵，成为东坡范式的形象写真，并进一步被升华为宋代文化淡雅精神的缩影。

九、闻思所及共香焄

——苏轼咏香而悟道

為聲目遇之而成色取之无
禁用之不竭是造物者之无
盡藏也而吾與子之所共食
喜而笑洗盞更酌肴核既盡

皮朽而心香的海南沉香，是苏轼历难而不屈的最佳写照。苏轼不仅用香品香，还制香合香，可说是香界少有的通才。如同对待书画一样，苏轼将香道视为滋养性灵之桥，不只享受香之芬芳，更以香正心养神；不仅将香道提升到立身修性、明德悟道的高度，同时将禅风引入品香和香席活动中，以咏香参禅论道，表达自己的精神追求。

一、苏轼在黄州因焚香悟道

元丰六年（1083），苏轼在黄州（今湖北黄冈），受转运使蔡景繁的关照，在黄州城南江边驿站增修房屋三间，位于临皋亭旁，俯临长江，取名南堂。据《东坡志林》卷四："临皋亭下八十数步，便是大江。其半是峨眉雪水，吾饮食沐浴皆取焉，何必归乡哉！江山风月，本无常主，闲者便是主人。"苏轼在《迁居临皋亭》诗中还说："全家占江驿，绝境天为破。"其《南堂》诗五首，从不同角度描绘南堂风光，最后一首写道：

扫地焚香闭阁眠，簟纹如水帐如烟。客来梦觉知何处，挂起西窗浪接天。

南堂四面临水，水天相接。夏日，在南堂扫地焚香静坐，安适自得，闭阁而昼眠。睡在细密的竹席上，竹席所织纹理光润，像水的波纹一样；纱帐轻细薄透，如烟如雾，犹如李白《乌夜啼》中"碧纱如烟隔窗语"那样，似云烟缭绕一般的轻软柔细。这种闭门焚香昼寝的境界，与苏轼《黄州安国寺记》所写"焚香默坐"的心曲是一致的，不同于王维《竹里馆》"独坐幽篁里，弹琴复长啸"的悠闲意境，而近似韦应物"鲜食寡欲，所居焚香扫地而坐"[①]的高洁情怀，确实"可追踪唐贤"。因客忽访，打破梦境，恍惚醒来，一时间不知身在何处。挂起帘子，只见窗外江浪连天。那种闲适、安静，与天地自然气息相接的生活状态，俱现于纸上。诗写得声情俱美，兴象自然，且意在象外。尤其结句，以景收束。挂起西窗，从阁内打通到阁外，拓出一派江浪连天的阔远境界；不仅表现了清静而壮美的自然环境，而且与诗人悠闲自得的感情相融合，呈现出一种清幽绝俗的意境美，确如清人查慎行所评"想见襟怀"。羲皇上人，亦不过如此。清汪师韩《苏诗选评笺释》卷三评云："境在耳目前，味出酸感外。"纪晓岚《纪评苏诗》卷二十二也认为："此首兴象自然，不似前四首，有宋人桠杈之状。"此诗写于贬谪时期，诗人仍能够焚香闭阁，酣然高卧，从容安闲，悠然自得，可见其真性情、真胸襟。

---

① 李肇：《国史补》卷下，上海古籍出版社 1979 年版，第 55 页。

二、苏轼与黄鲁直烧香唱和

元祐元年（1086），苏轼有《和黄鲁直烧香二首》：

> 四句烧香偈子，随香遍满东南；不是闻思所及，且令鼻观
> 先参。

> 万卷明窗小字，眼花只有斓斑；一炷烟消火冷，半生身老
> 心闲。

黄鲁直，即黄庭坚，苏门四学士之一，也是香学史重量级人物。以上两首咏烧香之诗，均为和黄庭坚之作。宋神宗元丰八年（1085），黄庭坚以秘书省校书郎被召，与苏轼第一次在京相见。元祐元年（1086）春，黄庭坚作《有惠江南帐中香者戏答六言二首》，赠给苏轼，其一云："百炼香螺沉水，宝熏近出江南。一穟黄云绕几，深禅想对同参。"其二又云："螺甲割昆仑耳，香材屑鹧鸪斑。欲雨鸣鸠日永，下帷睡鸭春闲。"

诗从别人所赠送的帐中香谈起，分析帐中香的成分与香味，焚香的时机，用何种香具，等等。前一首，先以精心炮制的"香螺"（即螺甲或甲香）、"沉水"（即沉香）开首，说明帐中香来自江南李主后宫，这种百炼而成的"宝熏"，当时刚刚流行于江南一带。然后以香飘的形态，来烘托诗中主角与同伴一起专注参禅的幽静、祥和、沉默的气氛。后一首开篇呼应前一首前两句，但换了一种描述方式，

述及香材的外形，描写制香的原料上一点一点的斑纹，也就是对制香过程的细部观察。甲香（或螺甲）有如昆仑人（南海黑人）的耳朵形状，据吴时万震（220—280）《南州异物志》载："甲香，螺属也，大者如瓯，面前一边，直拖长数寸，围壳有刺。其厣可合，杂众香烧之，皆使益芳，独烧则臭。"甲香入香方中，有助于发烟、聚香不散之特点。不过，作为香药使用，需要经过繁复的修制程序。修制甲香，主要以蜜酒再三煮过、焙干，如此重复数次，方能使用。"香材屑鹧鸪斑"，说的是一种鹧鸪斑香，为香中之绝佳者，系从沉水香、蓬莱香及笺香中所得，因其色斑如鹧鸪，故名。丁谓《天香传》即云："鹧鸪斑，色驳杂如鹧鸪羽也。"叶廷珪《名香谱》有鹧鸪斑香，谓其"出日南"。范成大《桂海虞衡志·志香》亦云："鹧鸪斑香，亦得之于海南沈水、蓬莱及绝好笺香中，槎牙轻松，色褐黑而有白斑点点，如鹧鸪臆上毛，气尤清婉，似莲花。"接着，也是对前一首气氛的呼应，前一首说的是自己和同伴置身宁静之境，后一首则用成天鸣叫的鸠、在帷幕下徜徉的鸭子（大概联想自女性闺房中常用鸭形香熏），呈现一幅闲适且平静的春日画面。

诗题既然称为"戏赠"，就考验苏轼的回应了，对此，苏轼分别依韵唱和，时亦在元祐元年（1086）。苏轼的两首和作，最突出的特点，是打通诗艺与香道，将《楞严经》的"鼻观"引入诗歌的评价，以"鼻根"品味黄鲁直的烧香诗偈。

第一首，称赞黄庭坚的诗偈如此美妙，已随江南帐中香的香气传遍东南，因此只能用鼻子来闻，才能感觉其美其妙；这诗偈中的智慧，不是凭耳闻心思便能企及，而是要靠嗅觉的观照才能参透。

虽然苏轼是用戏谑的方式，提出从嗅觉的角度来观诗偈，但显然已经点透，"鼻观"既是最佳的品香境界，也是最高的品诗法。"四句烧香偈子"，指黄庭坚的两首原诗。偈，梵语"偈佗"（Gatha）的简称，即佛经中的唱颂词，通常以四句为一偈，故《金刚经》曰：偈，谓之四句偈。"闻思"，来自《楞严经》卷六观世音所云"佛教我从闻思修入三摩地"，佛书还称观世音为闻思大士。宋陈敬《陈氏香谱》有配方略异的两种"闻思香"之香方，应取意于此。明周嘉胄则认为"闻思香"为黄庭坚所命名，其《香乘》卷十一云："黄涪翁所取有闻思香，概指内典中从闻思修之意。""且令鼻观先参"之鼻观，又称鼻端白，是佛教修行法之一。注目谛观鼻尖，时久鼻息成白。故次公注曰："佛有观想法，观鼻端白，谓之鼻观，新添香之妙意，非闻与思所从入也。"此首诗意，即《楞严经》所云："孙陀罗难陀即从座起，顶礼佛足，而白佛言：我初出家，从佛入道，虽具戒律，于三摩提，心常散动，未获无漏。世尊教我，及俱绨罗，观鼻端白。我初谛观，经三七日，见鼻中气，出入如烟，身心内明，圆洞世界，遍成虚净，犹如琉璃，烟相渐销，鼻息成白，心开漏尽，诸出入息，化为光明，照十方界，得阿罗汉。"

第二首，以文人书斋中的熏香，作为内心表露的回应。言万卷小字密密麻麻，即使置于明窗之下，也让人无法看得清楚。当一炷香烧尽时，个中的妙意尽是心境的平静，带入出世之思。末句，有欲隐居世外之意，即使暂时漂游于俗世，亦令人有隽永意冷之感，或许与苏轼在朝中几度沉浮的经历相关。当时苏轼已经51岁，年过半百，在京任中书舍人、九月为翰林学士。然而，如同爱书人进入藏书无穷的书斋，却眼已昏花，只觉字小；烟消火冷，香味已远。对苏轼而言，或许半生身老，大抵只剩"心闲"。而溯其源，应该也是取义于《楞严经》关于鼻观的另外一个典故："香严童子，即从座起，顶礼佛足，而白佛言：我闻如来，教我谛观，诸有为相。我时辞佛，宴晦清斋。见诸比丘，烧沉水香。香气寂然，来入鼻中。我观此气，非木非空，非烟非火。去无所著，来无所从。由是意销，发明无漏。如来印我，得香严号。尘气倏灭，妙香密圆，我从香严，得阿罗汉，佛问圆通，如我所证，香严为上。"看来，香严童子因香而悟道，参透禅关才是主题。"鼻观"是山谷以禅入诗之惯用语汇，其《题海首座壁》也有"香寒明鼻观，日永称头陀"的说法，而《谢曹子方惠二物》其一亦云："炷香上袅袅，映我鼻端白。"

鼻子具有眼睛的"观"的功能，这种说法源自《楞严经》"六根互相为用"的思想。佛教称人的眼、耳、鼻、舌、身、意为六根，对应于客观世界的色、声、香、味、触、法六尘，而产生见、闻、嗅、味、觉、知等作用。与此相应，《俱舍论颂疏》有"六境"之说，即色、声、香、味、触、法六种境界。《楞严经》认为，只要消除六根的垢惑污染，使之清净，那么六根中的任何一根都能具他根之用，这叫作"六根互用"或"诸根互用"。惠洪不仅信奉"鼻观"说，而且相信眼可闻，耳可见，各感官之间可以互通。他在《泗州院旃檀白衣观音赞》中说："龙本无耳闻以神，蛇亦无耳闻以眼，牛无耳故闻以鼻，蝼蚁无耳闻以身。六根互用乃如此。"他认为，"观音"一词，表示声音可观，本身就包含六根互用、圆通三昧的意味。在《涟水观音像赞》中，他对此进行讨论：

声音语言形体绝，何以称为光世音？声音语言生灭法，何
以又称寂静音？凡有声音语言法，是耳所触非眼境。而此菩萨
名观音，是以眼观声音相。声音若能到眼处，则耳能见诸色法。
若耳实不可以见，则眼观声是寂灭。见闻既不能分隔，清净宝
觉自圆融。

两组四首六言咏香小诗，见证了黄庭坚与苏东坡之间最初结交
的一段情谊，也是苏、黄二人日后不断分享烧香参禅的生活情调的
一个缩影。在苏、黄应答诗中，两人以香结下的情缘，同修共参，
令人动容，所谓气味相投，莫过于此。"沉水""烧香""一穟黄云""鼻
观先参"，种种场景，建构出一种安和平静的气氛。"身老心闲"，
渗透着对清静心有所追求的思想，平静如"火冷"一般，是对寂静
本心的向往，想要抛开令人"眼花斓斑"的"万卷小字"，以求一念
清净、心身皆空、物我相忘之境，而"烟消火冷"四字，则把此种
意境展现得恰到好处。继苏轼之和作，黄庭坚又有《子瞻继和复答
二首》："置酒未容虚左，论诗时要指南。迎笑天香满袖，喜公新赴
朝参。""迎燕温风旎旎，润花小雨班班。一炷烟中得意，九衢尘里
偷闲。"及《有闻帐中香以为熬蝎者戏用前韵二首》："海上有人逐臭，
天生鼻孔司南。但印香严本寂，不必丛林遍参。""我读蔚宗香传，
文章不减二班。误以甲为浅俗，却知麝要防闲。"苏、黄二人以六言
小诗的形式，这般相互唱和，乐于玩味再三，看似无拘束的轻松交流，
实是对佛理的同参，融入着禅机妙理，可见二人精神境界在诗道与

香道上的相契相和。①

三、苏轼与苏辙的香道交流

另一位在诗道与香道上与苏轼相契相和的，是他的弟弟苏辙（1039—1112）。苏辙的生日，苏轼寄赠檀香观音像，并将专门合制的印香（调制的香粉）和篆香的模具（银篆盘）作为寿礼，可见其对香道的重视与钟爱。其《子由生日以檀香观音像及新合印香银篆盘为寿》诗云：

> 旃檀婆律海外芬，西山老脐柏所薰。香螺脱黡来相群，能结缥缈风中云。一灯如萤起微焚，何时度惊缪篆纹。缭绕无穷合复分，绵绵浮空散氤氲。东坡持是寿卯君，君少与我师皇坟。旁资老聃释迦文，共厄中年点蝇蚊。晚遇斯须何足云，君方论道承华勋。我亦旗鼓严中军，国恩当报敢不勤。但愿不为世所醺，尔来白发不可耘。问君何时返乡枌，收拾散亡理放纷。此心实与香俱爇，闻思大士应已闻。

这首诗尚存苏轼原迹拓本，曾收入宋拓《成都西楼苏帖》，帖心高 29.5 厘米，天津市艺术博物馆藏端匋斋本，题为《子由生日诗帖》。诗作于绍圣元年（1094）二月初。时苏轼在定州任，苏辙在京师为官。

---

① 参见拙作《尘里偷闲药方帖——黄庭坚与香文化之缘》，《中国俗文化研究》第 13 辑，四川大学出版社 2017 年版。

苏辙的生日，是己卯年二月二十日，所以苏轼诗中称其为"卯君"。^①
《唐宋诗醇》卷四十评云："香难以形容，偏为形容曲尽。平时好以
禅语入诗，此诗偏只结句'大士已闻'一点，真有如天花变现不可测。
识者在诗道中，殆以从闻思修而入三摩地矣。"确实，苏诗只在结尾
点题，再次呼应《和黄鲁直烧香二首》从《楞严经》"佛教我从闻思
修入三摩地"借鉴的"闻思"，禅思、香道与诗艺，打通一气。清人
张问陶则评云："此作章法奇甚，仄韵叶来稳甚。"前半段多处谈香，
旃檀即檀香，陈敬《陈氏香谱》卷一"牛头旃檀香"条载："《华严经》
云：从离垢出，以之涂身，火不能烧。"婆律即龙脑香（亦名冰片），
均为海外引进的名香。《酉阳杂俎》前集卷十八"广动植之三"云："龙
脑香树，出婆利国，婆利呼为固不婆律。亦出波斯国。树高八九丈，
大可六七围，叶圆而背白，无花实。其树有肥有瘦，瘦者有婆律膏
香，一曰瘦者出龙脑香，肥者出婆律膏也。在木心中，断其树，劈
取之。膏于树端流出，斫树作坎承之。入药用，别有法。"柏，即柏树，
是用来熏烧的香料。而香螺脱厣，为甲香也，能聚众香，多出于海
南。这些显然是东坡合香的香料。老脐，麝香也。诗言麝食柏而香，
原袭古人成说，不过麝的取食，的确很清洁，如松与冷杉的嫩枝和
叶，及地衣、苔藓、野果。合香所用为整麝香，亦即毛香内的麝香
仁，俗称当门子，其香气氤氲生动，用作定香，扩散力最强，留香
特别持久，惟名贵不及舶来品的龙涎香。"缪篆纹"一句，又谈到用

---

^①《王直方诗话》："苏黄门以己卯生，故东坡有卯君之语，其以檀香观音像遗黄门云：'持是
寿卯君。'其《出局偶书》云：'倾杯不能饮，待得卯君来。'其《送王巩》诗云：'泪湿粉
笺书不得，凭君送与卯君看。'"（胡仔《苕溪渔隐丛话前集》卷三十九）

香工具，即篆香盘，从后句"缭绕无穷合复分"看来，这款香印屈曲缠绕，相当回环复杂，饶有意趣。后半段回顾与子由各自生平的主要阶段，堪称苍茫一生之概括，并表达与子由一起返还乡枌（乡曲，故乡）之心，特别是最后两句，颇有意欲与香并世而存，又要与香共赴九天之感，可见兄弟情谊之深厚。对此，清人陈用光（1768—1835）曾有诗寄慨，其《白小山前辈钟仰山阁学陈范川舍人彭春农学士暨家复荐朱虹舫朱椒堂帅海门姚伯昂徐星伯钱东生诸同年因余六十生日分日治具招游尺五庄虹舫复约顾晴芬偕辛酉同年共十人就求闻过斋中款洽竟日余自顾庸骏何以得此于诸君坚辞之而未许也用白乐天不准拟身年六十登山犹未要人扶为韵作诗十四章书怀志愧报谢诸君》诗第一首写道："东坡寿颍滨，诗寄旃檀佛。四海一子由，同怀恩自结。何期文字交，谊等弟昆密。隽赏就郊园，荷风扇初日。香园有布施，食许阿难乞。爱居享钟鼓，志惭吾岂不。"按，陈用光，字硕士，一字实思。新城（今江西黎川）人。陈道之孙。嘉庆六年（1801）进士。授编修，官至礼部左侍郎，提督福建、浙江学政。工古文辞，尝为其师姚鼐、鲁仕骥置祭田，以学行重一时。其品鉴与评论，可谓恰如其分。

对兄长的赠诗，苏辙有《次韵子瞻生日见寄》相和，诗云："日月中人照与芬，心虚虑尽气则薰。彤霞点空来群群，精诚上彻天无云。寸田幽阙暖不焚，眇视中外绛锦纹。冥然物我无复分，不出不入常氤氲。道师东西指示君，乘此飞仙勿留坟。茅山隐居有遗文，世人心动随虹蚊。不信成功如所云，蚤夜宾钱同华勋。尔来仅能破魔军，我经生日当益勤。公禀正气饮不醺，梨枣未实要锄耘。日云莫矣收桑枌，西还闭门止纷纷。忧愁真能散凄焄，万事过耳今不闻。"（《登真隐诀》云：日中青帝，日照龙韬，其夫人曰芬艳婴。）和韵诗分依韵、用韵和次韵（步韵）三类，在诗韵的创作难度上，逐次加大。其中依韵，是指按照原诗原韵部的字来协韵；用韵，是指在依韵基础上按照原诗原字来协韵；次韵，是指在用韵基础上按照原诗原字原序来协韵。苏辙这首和韵之作，韵部及次序与苏轼原唱完全相同，属于难度最高的次韵。挑战这一次韵的，是 740 年之后的清代人。清道光十四年甲午（1834），胡敬（1769—1845）作《以藏香赠小米用东坡子由生日以檀香观音像及新合印香银篆盘为寿诗韵》，和者汪远孙、汪铽，收录在汪远孙编刊本的一卷本《销夏倡和诗存》中。

绍圣元年十月二日，苏轼到达贬所惠州，子由亦于同年被贬筠州（今江西高安）。绍圣二年（1095），子由生日前夕，苏东坡又寄给子由香合，作为生日贺礼。苏轼到惠州之后，程正辅旋亦任广东提刑，驻跸韶州（今广东韶关）。在《与提刑程正辅书》中，苏轼说："有一信箧并书欲附至子由处，辄以上干，然不须专差人，但与寻便附达，或转托洪、吉间相识达之。其中乃是子由生日香合等，他是二月二十日生，得此前到为佳也。不罪不罪。"苏轼与程正辅绍圣二年正月初始相通问，而程正辅绍圣三年二月即离任赴阙。书信中未提及正辅离任事，可知不在绍圣三年。子由生日前夕，苏轼希望程正辅在子由生日之前将信箧寄到，可知这封书信写于绍圣二年正月末或二月初，可见兄弟二人以香为媒传递友情之一斑。

绍圣五年（1098）二月，64 岁的哥哥苏轼，为了庆祝弟弟苏辙六十大寿，以沉香山子寄弟苏辙[1]，并作《沉香山子赋》，题下自注"子由生日作"。

> 古者以芸为香，以兰为芬，以郁鬯为裸，以脂萧为焚，以椒为涂，以蕙为薰。杜衡带屈，菖蒲荐文。麝多忌而本羶，苏合若芗而实荤。嗟吾知之几何，为六入之所分。方根尘之起灭，常颠倒其天君。每求似于仿佛，或鼻劳而妄闻。独沉水为近正，可以配蘸蔔而并云。矧儋崖之异产，实超然而不群。既金坚而玉润，亦鹤骨而龙筋。惟膏液之内足，故把握而兼斤。顾占城之枯朽，宜爨釜而燎蚊。宛彼小山，巉然可欣。如太华之倚天，象小孤之插云。往寿子之生朝，以写我之老勤。子方面壁以终日，岂亦归田而自耘。幸置此于几席，养幽芳于悦姅。无一往之发烈，有无穷之氤氲。盖非独以饮东坡之寿，亦所以食黎人之芹也。

写这篇赋时，正值朝廷大力镇压元祐党人；兄弟二人，正隔海相望，一个被贬儋州，一个被贬雷州。年迈之人被流放在蛮荒绝域，心情的恶劣是可想而知的。身处蛮荒之地，不便以贵重的礼物给弟弟祝寿，于是就地取材，以当地儋崖之沉香送给弟弟做寿品。沉香亦称"伽南香""奇南香"，为海南特产，范成大《桂海虞衡志·志香》曰："沉水香，上品，出海南黎峒，一名土沉香……焚一博投

---

[1] 绍圣五年，六月改年号为元符元年。《苏颍滨年表》所云："元符元年戊寅二月，轼以辙生日，有《沉香山子赋》赠辙，辙和以答之。"应订正为绍圣五年。

〔南宋〕佚名《竹涧焚香图》

许，氛翳弥室。"赋中的沉香，专指品质卓越的海南沉香。《舆地纪胜》卷一二四说："沉香，出万安军（今海南万宁），一两之值与百金等。"如此高昂的价值，自是奇物。苏轼《和拟古九首》其六曾写到用沉香木和甲煎粉制作庭中照明之大烛，诗云："沉香作庭燎，甲煎纷相和。岂若炷微火，紫烟袅清歌。贪人无饥饱，胡椒亦求多。朱刘两狂子，陨坠如风荷。本欲竭泽渔，奈此明年何。"自注："朱初平、刘谊欲冠带黎人，以取水沉耳。"盖谓朱、刘"改置和买，抑勒多取，其害转甚"，故加以讽刺。又在《次韵滕大夫三首·沉香石》中写道："壁立孤峰倚砚长，共疑沉水得顽苍。欲随楚客纫兰佩，谁信吴儿是木肠。山下曾逢化松石，玉中还有辟邪香。早知百和俱灰烬，未信人言弱胜强。"其中提到的辟邪香，指安息香。据《酉阳杂俎》载："安息香，出波斯国，其树呼为辟邪树，长三丈许，皮色黄黑，叶有四角，经冬不凋。二月有花，黄色，心微碧，不结实。刻皮出胶如饴，名安息香。"百和，指以众香末合和为之。李之仪还有《次韵东坡沉香石诗》："海南枯朽插天长，岁久峰峦带藓苍。变化那知斫山骨，仪刑兀自在人肠。几因晓日疑镂蜡，试沃清泉觉弄香。切莫轻珉忘什袭，须防偷眼误摧刚。"

当时苏辙深陷逆境，苏轼借着沉香山子（即沉香块料山料雕成的山形工艺品）隐喻坚贞超迈的士君子，以此激励子由，可谓大有深意。整篇寿赋构思奇妙。妙在笔笔不离沉香，却处处在颂扬一种卓然不群的品格。开篇列举古人以为珍奇的种种香草香料，但苏轼认为，其香浓烈乱心而不可取。笔锋一转，点出"独沉水为近正"，沉香与众不同，"实超然而不群。既金坚而玉润，亦鹤骨而龙筋"，其淡香无尽和不凡的形象，给人一种启示：沉香，就要坚硬似金却温润如玉，纤细似鹤却重筋如龙，形状小然气象豪，有太华倚天、小孤插云的伟姿。尤其是其香味，更非其他香木可比——香不浓然久不衰。像香木产地占城的香木在沉香的面前，就只能用来烧饭、熏蚊子了。这种种物性，岂不都与人内在的节操与品性相似吗？夸赞当地山崖所产的香，实际暗含对中原某些官僚贵族的不满。前半部分铺陈的香草，就是那些人的象征，而讴歌蛮荒之香，实际上是对自身价值的肯定。在香草对比中，反映的是一种自励的心态，同时向弟弟倾诉，是在异地他乡寻找自我和精神的象征。

于是，接着说它可以送给苏辙，弟弟面壁，正好可放之于几席之上。香之芬芳和人之品德正好对应，将之作为寿品，再好不过。不难看出，苏轼在给逆境中的弟弟输送一种精神力量，激励他以沉香山子为鉴，保持晚节，作一个立场坚定、精神超然的士君子。如此的寿祝，如此的寿礼，如此的手足悌爱，是建立在心心相印基础上的相互牵挂、相互疼爱，与一般寿礼的善祝善颂，自然大异其趣。

这篇赋还有一个妙处，即严肃的思想内容，反以风趣的笔调出之。从"往寿子之生朝"之后，便以诙谐的口吻和弟弟开起玩笑来：你这个书呆子整天闭门读书，让这沉香山子散发的淡淡的幽香永远提醒你，可不要忘了身在黎民之间的哥哥的情谊哟！两鬓星霜的弟弟读到这里定会欣然开怀。是啊，在这严酷的人世间，还有什么比这真诚的手足之情更让他感到慰藉的呢！通读全文，虽历近千年岁月，仍馨香氤氲，堪称文字海南沉！

读到哥哥苏轼的这篇寿赋，苏辙答以《和子瞻沉香山子赋》，前有小序云："仲春中休，子由于是始生。东坡老人居于海南，以沉水香山遗之，示之以赋，曰'以为子寿'，乃和而复之。"赋云：

我生斯晨，阅岁六十。天凿六窦，俾以出入。有神居之，
漠然静一。六为之媒，聘以六物。纷然驰走，不守其宅。光
宠所眩，忧患所迮。少壮一往，齿摇发脱。失足陨坠，南海
之北。苦极而悟，弹指太息。万法尽空，何有得失。色声横鹜，
香味并集。我初不受，将尔谁贼。收视内观，燕坐终日。维
海彼岸，香木爰植。山高谷深，百围千尺。风雨摧毙，涂潦啮蚀。
肤革烂坏，存者骨骼。巉然孤峰，秀出岩穴。如石斯重，如
蜡斯泽。焚之一铢，香盖通国。王公所售，不顾金帛。我方
躬耕，日耦沮溺。鼻不求养，兰茝弃掷。越人髡裸，章甫奚适。
东坡调我，宁不我悉。久而自笑，吾得道迹。声闻在定，雷
鼓皆隔。岂不自保，而佛是斥。妄真虽二，本实同出。得真
而喜，操妄而栗。叩门尔耳，未入其室。妄中有真，非二非一。
无明所廛，则真如窟。古之至人，衣草饭麦。人天来供，金
玉山积。我初无心，不求不索。虚心而已，何废实腹。弱志
而已，何废强骨。毋令东坡，闻我而咄。奉持香山，稽首仙释。
永与东坡，俱证道术。

此赋充分表现了弟弟苏辙对哥哥原赋精神实质的心领神会，这
样的唱和，既是骨肉亲情的彼此依恋，又是在同一文化层次上知音
的心照与默契。与《次韵子瞻生日见寄》不同，此赋和其意，不和
其体，采用北宋时期并不多见的四言赋和答——苏辙集只有两篇四
言赋，另一篇是《卜居赋》。虽然四言在字数上不免局促，但毕竟也
是赋。其体物铺张扬厉，同样很好地体现出赋的特色。写沉香山子

"维海彼岸，香木爱植。山高谷深，百围千尺。风雨摧毙，涂潦啮蚀。肤革烂坏，存者骨骼。巉然孤峰，秀出岩穴。如石斯重，如蜡斯泽。焚之一铢，香盖通国"。从物的出产地，写到性状，正是咏物赋的特点。但此外更有叙事、抒情与议论。赋中回顾往事，忆及自己早年"纷然驰走，不守其宅"的宦海生涯，而今耳顺之年，深感"少壮一往，齿摇发脱。失足陨坠，南海之北。苦极而悟，弹指太息"，似乎想到自己年迈体衰，对人生也有些悔意。表现出晚年贬官雷州带来的思想变化。但一转念，又觉得人生如梦，一切都会归于空无，领悟到"万法尽空，何有得失"，妄真虽二，本实同出，只要淡化得失，持此香山，必将与兄长俱证道术。

元符三年（1100），流落海外三年的苏轼回归内陆，南贬北归后，事事值得新奇，主要涉及饮酒、啜茶、焚香等雅事。十月二十三日，他在拜访老友孙鼛之后，写下《书赠孙叔静》，中云：

今日于叔静家，饮官法酒，烹团茶，烧衙香，用诸葛笔，皆北归喜事。①

孙叔静（1042—1127）名鼛，本钱塘（今浙江杭州）人，随父徙江都（今江苏扬州），十五游太学，苏洵曾亟称之。②《宋史》卷三四七记载，鼛笃于行义，在广东时，苏轼谪居惠州，极意与周旋。

---

① 《苏轼文集》，第5册，第2236页。
② 孔凡礼：《苏轼年谱》下册，中华书局1998年版，第1355页；孔凡礼：《三苏年谱》，北京古籍出版社2004年版，第2910页。

二子娶晁补之、黄庭坚女，党事起，家人危惧，鞏一无所顾，时人称之。孙叔静款待南贬北归的老友，在一日之内，汇集了官方宴会专享的法酒，专供宫廷饮用的贡品团茶，官方专用的高级合香衙香，还有闻名天下的宣州诸葛氏家族制作诸葛笔，酒、茶、香、笔，四般雅事，其尊享配置等级，皆为顶级，四美相并，足以令人动容而难忘，难怪苏轼称为"皆北归喜事"。

四、苏轼的咏香词影响深远

再来看苏轼的咏香词。东坡词今存 326 首，有一首和香有关的词牌，其得名即出自东坡，那就是《翻香令》：

> 金炉犹暖麝煤残，惜香更把宝钗翻。重闻处，余熏在，这一番、气味胜从前。　　背人偷盖小蓬山。更将沈水暗同然。且图得，氤氲久，为情深、嫌怕断头烟。

《翻香令》约作于宋英宗治平二年（1065）六月。是年二月，东坡还朝，除判登闻鼓院，专掌臣民奏章事。五月妻王弗卒，时年 27 岁。后封为魏成君、崇德君、通义郡君。六月，殡于京城西。这首《翻香令》系东坡在殡仪后撰写的怀旧词，就香炉焚香、今昔对比之景来怀念王弗。词调下注曰："此词苏次言传于伯固家，云：老人自制腔名。"（《傅榦注坡词》卷十二）苏伯固，名坚，博学能诗，是苏轼好友。傅榦则是南宋初年的人。这一记载，可以说是流传有自，相当可靠。由此也证明，苏轼的确能够自己度曲。《御定词谱》卷十二亦云："翻香令，此调始自苏轼，取词中第二句'惜香爱把宝钗翻'为名。"双片 56 字，上、下片各五句三平韵。《词式》卷二说"全调只有此一词，无别词可较"。

上片，写灵柩前烧香忆旧情景。第一句忆旧。忆当年，每天祝福烧香的金炉暖气犹存，伴读时的麝煤已所剩无几。金炉，指金属所铸香炉，有可能是金色的铜质香炉。王安石《夜直》诗："金炉香尽漏声残，剪剪轻风阵阵寒。"麝煤，或指含有麝香的墨[①]，这里泛指香（并非专指以麝香制作的香）燃烧后的香灰，借代香，因为香气浓烈，所以称"麝"，并不是焚麝香[②]。第二句用递进句忆旧。忆当年，君"惜香"（珍惜麝香，供香），希望香气长留我们身边。更为可贵的是，用"宝钗"将那残余未尽的香翻动，让它全部燃烧完毕。范智闻《西江月》所写"烟缕不愁凄断，宝钗还与商量。佳人特特为翻香，图得氤氲重上"，与此相似。翻香，此后渐成宋词常见意象之一。[③]而范成大《桂海虞衡志·志香》还以"翻之四面悉香，至煤烬气不焦"，来辨别海南香，品第优劣，意趣正与之无别，焚香之要，实亦在此。最后四句用叙述的语言写现实。"重闻"（再

---

① 如韩偓《横塘》诗："蜀纸麝煤添笔媚，越瓯犀液发茶香。"杨无咎《清平乐》（花阴转午）："麝煤落纸生春。只应李卫夫人。我亦前身逸少，莫嗔太逼君真。"

② 类似用例，还有贺铸《点绛唇》："一幅霜绡，麝煤熏腻纹丝缕。"张元幹《菩萨蛮》："春浅锦屏寒，麝煤金博山。"晁公武《鹧鸪天》："兰烬短，麝煤轻。"陆淞《瑞鹤仙》："屏间麝煤冷。"唐艺孙《天香》（螺甲磨星）："海蜃楼高，仙娥细小，缥缈结成心字。麝煤候暖，载一朵、轻云不起。"

③ 如蔡伸《满庭芳》"玉鼎翻香，红炉迭胜"，辛弃疾《虞美人》"宝钗小立白翻香"，马子严《满庭芳》"逢解佩、玉女迷香"，方千里《渡江云》"还暗思、香翻香烬，深闭窗纱"，黄机《水龙吟》"歌罢翻香，梦回呵酒"，吴文英《西江月》"添线绣床人倦，翻香罗幕烟斜"，张枢《木兰花慢》"记剪烛调弦，翻香校谱"，刘埙《六么令》"锦瑟银屏何处，花雾翻香曲"。

嗅）那个地方，"余熏"（余留的香味）还在。"这一番气味"犹胜从前的烧香祝福。整个上片饱含着浓烈香气，象征着东坡与王弗昔日幸福绵绵。

下片，描叙殡仪上精心添香，及其忠诚心态。第一、二句写感情上的隐私。明人沈际飞评曰："遮遮掩掩，孰谓坡老不解作儿女语。"小蓬山，相传为仙人居地，这里代指焚香之炉，应该是博山炉。《北堂书钞》卷一百三十五引李尤《熏炉铭》："上似蓬山，吐气委蛇。"沈水，即沉水、沉香，一种珍贵香料。晋嵇含《南方草木状·蜜香沉香》："此八物同出于一树也……木心与节坚墨，沉水者为沉香，与水面平者为鸡骨香。"后因此以沉水借指"沉香"。然，"燃"的本字。趁人不知道，"背人偷盖"上小蓬山式的香炉，再把沉香木加进去，和燃烧着的香料一同暗暗燃烧。这是为了什么？"背人偷盖小蓬山"，这一举动，虽极微小，但刻画出东坡对爱情的虔诚专一。最后几句，又从两层意思上作答：一是"且图得，氤氲久"，只愿香气浓烈，弥漫不散；二是"为情深、嫌怕断头烟"，更为情深香久，不会断截。断头烟，即断头香，谓未燃烧完就熄灭的香。俗谓以断头香供佛，是不吉之兆，来生会得与亲人离散的果报，卓人月《古今词统》卷七云："元曲所谓'前生烧了断头香'者，宋时先有此说耶。"尽管这是陈旧习俗，但从一个侧面反映了东坡对王弗矢志不渝的深挚之情。

苏轼的《翻香令》影响深远，南宋临川（今江西抚州）人邬虑（字文伯），今存词仅一首，即《翻香令》，词云："醉和春恨拍阑干。宝香半炫情谁翻。丁宁告、东风道，小楼空，斜月杏花寒。梦魂无夜不关山。江南千里霎时间。且留得、鸾光在，等归时，双照泪痕干。"上、下片第三句六字折腰，第四句三字，第五句五字，分句与苏词略微不同。清人用此调填词者颇多，如李雯（1608—1647）《翻香令·本意》："微翻朱火暖金猊。绿烟斜上玉窗低。龙香透，云英薄，近流苏、常自整罗衣。　轻分麝月指痕齐。博山余篆润丹泥。只赢得，笼儿热，但灰成心字少人知，岭南有心字香。"屈大均（1630—1696）《翻香令》："香魂煎出怕多烟。未焦翻取气还鲜。玻璃片，轻轻隔，要氤氲、香在有无间。　莞中黄熟胜沉檀。忍教持向博山燃。且藏取，箱奁内，待荀郎、熏透玉婵娟。"钱芳标（1635—1679）《翻香令·烧香曲感旧》："绨函牢合鹧鸪斑。殷勤曾索绿窗间。重开检，人何处，对金凫、不忍便烧残。　双心一意本相关。那知荀令损韶颜。营斋日，招魂夜，只留熏、小像挂屏山。"虽各有胜境，但皆紧扣翻香词意，与苏轼原作一脉相承。

元丰五年（1082），苏轼在黄州，回忆起七岁时，在眉山遇到一位年九十多岁的朱姓老尼，自言尝随其师入蜀主孟昶（919—965）宫中。一日大热，孟昶与花蕊夫人纳凉于成都市郊的摩诃池上，作一词，朱具能记之。四十年后，朱去世已久，人无知此词者，苏轼也只记其首两句，于是敷之衍之而为《洞仙歌》，词云：

　　冰肌玉骨，自清凉无汗。水殿风来暗香满。绣帘开，一点明月窥人；人未寝，欹枕钗横鬓乱。　起来携素手，庭户无声，时见疏星渡河汉。试问夜如何？夜已三更，金波淡，玉绳低转。但屈指西风几时来，又不道流年，暗中偷换。

首写炎夏之夜，清凉幽淡之景，"冰肌"二句，形容女子肌肤美妙，性情幽静，如冰清玉润一般。"水殿风来暗香满"之"暗香"，寓含着殿里焚茗之静香，栏边美人肌肤之幽香，水上荷花之清香，从中可以想见花蕊夫人的清雅气质，而"欹枕钗横鬓乱"，则更有娇慵神态。下片"庭户无声""疏星渡河汉""金波淡，玉绳低转"诸语，小处见大，细画夜之静谧，也烘托出主人公心境之清淡。玉绳，指北斗七星中的两星名，在第五星玉衡的北面。玉绳转，表示夜深。美人易老，年华易逝。这惯常的主题，在苏轼这首词里，不仅另有一番清凉光景，而且似乎续写出一段美妙的佳话，勾勒出一幅夏夜美人纳凉图，但苏轼的深意，却结在末句的"但屈指西风几时来，又不道流年，暗中偷换"。此词笔墨空灵超妙，清人沈祥龙《论词随笔》谓诵其句，"自觉口吻俱香"。

五、海南沉香玉成坡仙风范

龚明之《中吴纪闻》有一则"姚氏三瑞堂"，记载一桩以香为礼的逸闻：

> 阊门之西，有姚氏园亭，颇足雅致。姚名淳，家世业儒，东坡先生往来必憩焉。姚氏素以孝称，所居有三瑞堂，东坡尝为赋诗云："君不见董召南，隐居行义孝且慈。天公亦恐无人知，故令鸡狗相哺儿。又令韩老为作诗，尔来三百年，名与淮水东

南驰。此人世不乏，此事亦时有。枫桥三瑞皆目见，天意宛在虞鳏后。惟有此诗非昔人，君更往求无价手。"东坡未作此诗，姚以千文遗之。东坡答简云："惠及千文，荷雅意之厚。法书固人所共好，而某方欲省缘，除长物，旧有者犹欲去之，又况复收邪？"固却而不受。此诗既作之后，姚复致香为惠。东坡于《虎丘通老简》尾云："姚君笃善好事，其意极可嘉，然不须以物见遗。惠香八十罐，却讬还之，已领其厚意，与收留无异。实为它相识所惠，皆不留故也。切为多致，此恳。"予家藏三瑞堂石刻，每读至此，则叹美东坡之清德，诚不可及也。[①]

姚淳为了答谢苏东坡的美意，恭送上好的香料给他，以表敬意。只是这礼物实在太贵重了，一次送礼就八十罐，数量之多令人咋舌！苏东坡也具有清雅高迈的美德，对如此雅礼表示心领，龚明之对他二人都赞佩不绝。实在来说，这些都是深深为香效所迷醉的士大夫，他们于香学，早已铭刻在心灵的最深处，可谓香道之知己，香学之知音。

江山如有待，北宋时以蛮荒著称的海南岛，在孕就其特产沉香的同时，也成就了具有沉香性格——皮朽而心香、历难而不屈的一

---

① 龚明之：《中吴纪闻》卷二，清知不足斋丛书本。"除长物，旧有者犹欲去之"，或断为"除长物旧有者，犹欲去之"，如《中吴纪闻》(《丛书集成初编》排印本，商务印书馆1936年版，第7页；孙菊园校点本，上海古籍出版社1986年版，第28页)，孔凡礼点校《苏轼文集》(中华书局1986年版，第4册，第1734页)，毛德富等主编《苏东坡全集》(北京燕山出版社1998年版，第3967页)，顾之川校点《苏轼文集》(岳麓书社2000年版，上册，第491页)，四川大学古籍整理研究所编《全宋文》(巴蜀书社2006年版，第43册，第778页)，李之亮《苏轼文集编年笺注》(巴蜀书社2011年版，第7册，第522页)，张志烈等主编《苏轼全集校注》(河北人民出版社2010年版，第17册，第6345页)，不妥。

代"坡仙"苏轼。逆境在此时成为他的意外财富，贬谪生涯使他更深刻地理解了社会和人生，使他的创作更深刻地表现出自己内心的情感波澜。在被放逐海南的三年间，苏轼不仅实现了多舛人生的自我救赎，更将中国文学从内陆延展至广阔的海洋，海云海天海容海色，伴随着海景海情海韵海味，成为新人耳目的文学新元素，而苏轼自己在文学创作上，也因新鲜的自然风光、迥异的风土人情的刺激，迈入精深华妙的新境。

"九死南荒吾不恨，兹游奇绝冠平生！"（苏轼《六月二十日夜渡海》）在一代"坡仙"身上，诗艺、香道以苦难及其超越为媒，结出芬芳绚烂的艺术之花，可谓闻思所及共香焄——海南为时代玉成了"坡仙"，"坡仙"也从此改变了海南的文化僻壤地位。借由其咏香诗文的书写，苏轼与海南结下不解的香之缘，由此，将传统香道提升到立身修性、明德悟道的高度，同时将禅风引入品香和香席活动中，以咏香参禅论道，表达自己的精神追求，成为中国香道文化史上一道独特的风景线。

东坡一生嗜香制香，流传至今的有关香的故事还有很多。诗文中所见，如《是日宿水陆寺寄北山清顺僧》二首中"草没河堤雨暗村，寺藏修竹不知门。拾薪煮药怜僧病，扫地焚香净客魂。"还有《端午遍游诸寺得禅字》"肩舆任所适，遇胜辄留连。焚香引幽步，酌茗开静筵。微雨止还作，小窗幽更妍。盆山不见日，草木自苍然。"[①]同时，东坡不仅品香咏香，更以香悟道，以香参禅，不愧香界的实

① 见《苏轼全集校注》，第769—772页、第1995—1997页。

践家兼理论家。以上所论，点滴而已。希望爱香的有心人，可以根据有关文献，可以研制出当年东坡的香方，写出一部《东坡香道》一类更为详尽的专书，也不枉东坡当年惜香用香的一脉香息。

十、山川良是昔人非

——坡仙之遗迹遗踪

杯盤狼籍相與枕藉乎舟中

不知東方之既白

地不自美，借诗而显；迹难自胜，因诗而彰。山川名胜，因为诗歌吟咏而魅力倍增。苏轼的文学作品与祖国的大好河山之间，更是如此。

苏轼一生"身行万里半天下"，其中长期停留和居住过的地方，一个是他出生与成长的四川眉山，一个是他宦游为官之地，其中开封是最重要的地方，他前后八次进入汴京开封，多数是在京城担任朝官。而"乌台诗案"时，被关开封御史台大牢134天。在外当过签判的地方有一处，陕西凤翔；当过通判的地方是杭州。当过太守的地方有八处，包括山东密州、江苏徐州、浙江湖州、浙江杭州、山东登州、安徽颍州、江苏扬州、河北定州。贬居地有四处，被贬时间合计长达13年半之久，包括第一次贬居的黄州，人生最后的贬谪地岭南地区，先后贬居过广东惠州、海南儋州和量移至广西廉州。

一、身行万里半天下的足迹

苏轼的一生是伟大的一生，也是坎坷的一生。从26岁任凤翔签判算起，到66岁逝世为止，在40年仕宦生涯中，有28年在地方任职在朝为官的时间加在一起还不到9年。苏轼来往各地的主要路线与行程：

（一）出蜀至汴京或从汴京回眉山：苏轼第一次出蜀至汴京，是随父洵与弟辙至汴京参加考试，从北方过秦岭蜀道，经凤翔、长安、郑州等地至开封。母殁，从原路赶回眉山。第二次出蜀是带着妻子王弗随父与弟等，乘舟顺岷江下行，再经长江出蜀，至江陵后出陆北上，过襄阳、唐州、朱仙镇等地至汴京。第二次回眉山，是在苏洵殁后，苏轼兄弟二人扶枢（父洵与妻王弗）返乡，出京舟行汴河，在淮阴转运河，出瓜渡西转长江，逆行至眉山。服丧完毕，苏轼与苏辙再由北方走蜀道、过秦岭，往汴京东去，为第三次进京。

（二）任凤翔签判：西行，过郑州、洛阳、长安至凤翔，回程路线相同。

（三）任杭州倅：自汴京顺蔡河南下，转颍水过陈州至颍州拜望欧阳修后，再顺颍水南下，转淮河，过洪泽湖，至楚州转运河南下，过长江。经润州、常州、苏州、秀州等地，到达杭州。苏轼任杭州倅时，曾三次至各地巡视，其中有一次是北行至湖州、常州、镇江、无锡等地勘灾救济。

（四）山东知密：自杭州起，顺运河北上至楚州，再往东北行，过涟水、海州，沿海岸北行至密州。

（五）江苏知徐：自密州北上至潍州，向西行，过青州、济南，再往南行至山东郓州，转西行，至陈桥驿，再至汴京东郊，时皇上不准苏轼入京，苏轼再顺汴河至宿州出陆，北上徐州就任。

（六）浙江知湖：自徐州起，或南行至宿州，西北至南都探望张方平与子由后，再顺汴河、运河南下至湖州。在湖州仅任官三个月，即受"乌台诗案"迫害，朝廷派官南下拘捕苏轼，北入太湖，转苏州顺运河北上汴京。

（七）贬谪黄州：自汴京南下，经陈州、蔡州，过淮河，经光州、麻城、团风至黄州。约四年后，诰命下，苏轼离黄，顺长江东行，后登陆，过磁湖、黄石、瑞昌至九江，先至筠州探望苏辙十日，再回庐山一游，接着顺江而下，过金陵、真州、常州等地，至宜兴买地。然后，北行准备往汝州。苏轼多次请求告老归宜兴终老，舟至南都，朝廷准其归根常州宜兴，然太后辅政，再度下旨，命苏轼知登州。苏轼自宜兴出发，至楚州后，顺原先知密道路，过密州至登州。

（八）安徽知颍：苏轼出汴京，顺蔡河行，过陈州入颍水，至颍州。苏轼任杭倅时，亦曾沿此道路至颍州探望欧阳修。

（九）江苏知扬：苏轼从颍州，自颍水下行至淮河，顺水而下，过洪泽湖、楚州，再沿运河而下至扬州。

（十）河北知定：苏轼自汴京出，沿陆路行，过相州、邯郸、邢州、真定府等至定州。

（十一）贬居惠州：苏轼自定州沿陆路南下，先行至汝州，见苏辙一面，再舟行入汴河，顺运河至长江，逆行至鄱阳湖，往南逆行至赣州后，转往支流上犹江出陆。过大庾岭，至南雄再入北江下行至广州，再东转东江，经罗浮，游山后至惠州。

（十二）贬居儋州（昌化军）：自惠州西行至广州，再沿西江西行，逆流而上，至藤州后往南行，逆北流江至今北流市，折向东南行，出陆后，再循龙化水至遂溪，过雷州、徐闻，自递角场码头渡海至琼州，再往西，沿海，过澄迈、临高，至儋州。

（十三）量移廉州：自儋州出，沿海行，过临高、澄迈，至琼州登船至徐闻，再至雷州后，西行至中和净相院，登海舟，至合浦白沙登岸，陆行至廉州。

（十四）北归殁于常州：苏轼北返，沿南流江上行，至郁林州登陆；陆行至今北流市，再沿北流江下行，至藤州后东转西江，至广州后，往北，舟行北江，行过英州、韶州，至南雄弃舟入陆，过大庾岭，至大余县，再行登舟，至虔州（即赣州），入赣江北上，至九江转东行至真州，再至润州南下，至常州，殁于孙氏公馆（今藤花旧馆）。

二、苏轼定州的功绩和遗迹

这里选取定州作为坡仙遗迹之主题，先来看清人边浴礼《定州吊苏文忠公》：

先生知中山，宣仁始升祔。奸邪恣阚伺，国是日凌遽。金门玉堂地，从此不能住。公持刚大志，劲节直不仆。濒行上封事，杀毒同有庶。州民扑手贺，公也来何暮。巡师折奸贪，御寇保生聚。蒲鞭聊一试，谈笑清百务。沿边弓箭社，净扫积年痼。英琼倏转徙，凫舄远飞鹜。轮囷雪浪石，兀傲松醪赋。遗踪至今留，生气郁盘互。我行燕赵郊，经过起退慕。颇疑公天

人，不受尘埃污。故令堕滇海，龙藏悆沿泝。近同陆忠州，远
比贾太傅。浩浩胸中奇，探喉快倾吐。文章雄百代，不足供咒诅。
徒令后世人，悲感到童孺。荒城斜阳下，野色在孤戍。邈焉怀
古心，山岚引归路。①

　　这首诗基本上概括了苏轼在定州的功绩和遗踪。雪浪石与松醪
赋，一物质，一精神，是坡翁在定州的主要亮点。作者边浴礼，字袭友，
一字袖石，直隶任丘（今属河北）人。道光二十四年（1844）甲辰进
士，官河南布政使。幼耽吟咏，弱冠已有诗数千首，游中州，观察
李梦韶以才子目之。长洲陶樑官大名时，边浴礼与王柏心先后入其
幕。陶樑尝言"吾于燕楚得两奇士"，盖说王柏心与边浴礼也。陶樑
所选《畿辅诗传》，多出边浴礼之手。少作以才华胜，通籍后，敛才
就范，托意闲雅。居京师八年，出典山左乡试，入为吏科给谏。忧
时念乱，激昂慷慨，然赋性恬淡，虽跻显仕，时有林泉之思。其冲
情远致，亦时于诗中见之。善七古。有《健修堂诗集》十八卷。兼
工倚声，有《空青馆词》。与华长卿、高继珩称"畿南三才子"。诗
有《送〔魏〕默深源出都》一首。

　　公元 1093 年东坡至定州任太守，公元 2012 年我赴定州寻访东
坡遗踪。近千年的岁月轻轻翻过，山川良是昔人非。自古就有"九
州咽喉地，神京扼要区"之称的定州，如今更是华北地区的重要交
通枢纽，而且还是河北省县级第一人口大市，下辖 8 个乡、14 个镇、

---

① 《健修堂诗集》卷六，《清代诗文集汇编》，上海古籍出版社 2010 年版，第 659 册，第 62 页。

3 个城区办事处；总面积 1274 平方公里，总耕地 115.5 万亩；总人口 115 万；城区规划区面积 30 平方公里。2005 年被确定为河北省 22 个扩权县（市）之一。作为省级历史文化名城的定州，新石器时代先人就在此繁衍生息，商代建立贵族方国，春秋时期齐相管仲在此筑城,战国时为中山国；公元 400 年始称定州,此后历代设州置府；1949 年至 1954 年设立定县区督察专署；1986 年撤县建市。现有市级以上文物保护单位 75 处，其中国家级 7 处，省级 14 处；市博物馆馆藏文物 5 万多件，其中国宝级文物 3 件，国家一、二、三级文物 600 多件,文物数量居河北省县级市首位,是全国文物工作先进市,2005 年被联合国地名专家组中国分部命名为"千年古县"。真可谓：由来文物邑，风俗缅犹昨。

地处燕南赵北的定州，历来是兵家的必争之地，宋代亦为边防重镇。东坡来任太守的 1093 年,可谓他一生的重要转折点。那一年，八月初一妻子病故，九月初三太后崩逝，这两个女人都是苏轼的守护神。苏夫人去世前，苏轼尚鸿运当头；老太后去世后，苏轼便接连遭贬。此前，苏轼已屡求外放，请求出守"重难边郡"。那时，他不安于朝，除了淡泊名利之外，与哲宗关系的不融洽，也是原因之一。哲宗继位时仅十岁，现已十七八岁，成人了。苏轼当小皇帝的侍读时，要求比较严格。但老师对学生的口吻，颇使这位少年天子不悦。而苏轼那些直言无隐的表章，尤令哲宗大为恼火。他向皇帝提出六事：一曰慈，"好生恶杀，不喜兵刑"；二曰俭，"约己省费，不伤民财"；三曰勤，"躬亲庶政，不迩声色"；四曰慎，"畏天法祖，不轻人言"；五曰诚，"推心待下，不用智数"；六曰明，"专信君子，不杂小人"。——这不等于暗示已成年的皇帝身上有这六种毛病吗？所以，老太后去世前不久，苏轼即已获得外放。一如他之所请，任所是一个问题诸多、号称难治的地方。——他奉命以端明殿学士和翰林侍读学士的身份，充任河北西路安抚使，并指挥该地区的步兵骑兵。这一年，他已 58 岁。作为哲宗的御前侍读、朝廷的要员，出守"重难边郡"，理应陛辞，但如今政局已变，哲宗的答复便显得毫无王者气度，他以"本任阙官，迎接人众"为借口，拒绝苏轼上殿面辞。苏轼上书，直言感慨说："臣备位讲读，日侍帷幄，前后五年，可谓亲近。方当戍边，不得一见而行。况疏远小臣，欲求自通，亦难矣。……今陛下听政之初，不行乘乾出震见离之道，废祖宗临遣将帅故事，而袭行垂帘不得已之政，此朝廷有识所以惊疑而忧虑也。臣不得上殿，于臣之私，别无利害，而于听政之始，天下属目之际，所损圣德不小。"苏轼就是这样，犯颜直谏，不避利害。在这篇《朝辞赴定州论事状》中，他深感"国是将变"，进一步又以"操舟者常患不见水道之曲折，而水滨之立观者常见之"与"弈棋者胜负之形，虽国工有所未尽，而袖手旁观者常尽之"为例，希望哲宗"处晦而观明，处静而观动"，"不过数年，自然知利害之真，识邪正之实，然后应物而作，故作无不成"。这也是将他的"横看成岭侧成峰，远近高低各不同。不识庐山真面目，只缘身在此山中"的哲思，用在了谋政议事上。只可惜，对于虽然庙号带一个"哲"字的哲宗，却是枉然！离京前，苏轼在赠别其弟苏辙的诗中，沉重而又无奈地自解道："今年中山去，白首归无期。客去莫叹息，主人亦是客。对床定悠悠，夜雨空萧瑟。"

〔北宋〕李公麟 《毛女图》

元祐八年（1093）九月二十七日，苏轼告别京师，从开封出发，坐马车行走，一路摇摇晃晃，走了一月之久才到达定州。赴任赶路途中，有人用松明火炬照明探路，东坡被散发出来的香味所刺激，想起古老相传的故事：一个毛女在松林里，靠吃松枝松果，活了300多岁，好事者画为《毛女图》。于是诗人的灵感来了，挥毫写下：

> 雾鬓风鬟木叶衣，山川良是昔人非。
> 只应闲过商颜老，独自吹箫月下归。

苏轼又想，松树乃千岁之质，能取其精华，定是神仙食品，人若食之，即使不会长生不老，但亦很可能有利于健康。若能用松枝松果酿造成酒，岂不美哉？对于酿酒，苏轼并不陌生，他曾先后酿过蜜酒、葡萄酒。这次他要将奇思妙想变为现实。定州有无数松柏，于是，东坡取松针、松果熬成水，然后按照所得秘方依法投料酿造成酒。于是就有了这篇《中山松醪赋》：

> 始予宵济于衡漳，车徒涉而夜号。爇松明而识浅，散星宿于亭皋。郁风中之香雾，若诉予以不遭。岂千岁之妙质，而死斤斧于鸿毛。效区区之寸明，曾何异于束蒿？烂文章之纠缠，惊节解而流膏。嗟构厦其已远，尚药石而可曹。收薄用于桑榆，制中山之松醪。救尔灰烬之中，免尔萤爝之劳。取通明于盘错，出肪泽于烹熬。与黍麦而皆熟，沸春声之嘈嘈。味甘余而小苦，叹幽姿之独高。知甘酸之易坏，笑凉州之蒲萄。似玉池之生肥，

非内府之烝羔。酌以瘦藤之纹樽，荐以石蟹之霜螯。曾日饮之几何，觉天刑之可逃。投拄杖而起行，罢儿童之抑搔。望西山之咫尺，欲褰裳以游遨。跨超峰之奔鹿，接挂壁之飞猱。遂从此而入海，渺翻天之云涛。使夫嵇、阮之伦，与八仙之群豪。或骑麟而翳风，争楫挈而飘操。颠倒白纶巾，淋漓宫锦袍。追东坡而不可及，归铺歠其醨糟。漱松风于齿牙，犹足以赋《远游》而续《离骚》也。

这是一篇题材新颖而寓意深刻的作品。《经进东坡文集事略》于本篇题下引晁补之语云："《松醪赋》者，苏公之所作也。公帅定武，饬厨传断松节以酿酒，云饮之愈风扶衰。松，大厦材也，摧而为薪，则与蓬蒿何异？今虽残破，犹可收功于药饵。则世之用材者虽斫而小之为可惜矣，傥因其能，转败而为功，犹无不可也。"松木是否可以酿酒，姑置之不论，但晁补之所言用材之道，确为此赋主旨。赋中借松木之口，控诉了对大厦之材的糟蹋，触及封建社会在对待人才上存在的问题。"岂千岁之妙质，而死斤斧于鸿毛。效区区之寸明，曾何异于束蒿？""嗟构厦其已远，尚药石而可曹。"对于本为栋梁之材的巨松，已被摧残得失去了建筑材料的功能，苏轼深感惋惜与痛心，于是设法转败为功，用来酿造可愈风扶衰的药酒，使之发挥于人更为益的作用。接着写这种酒不仅有强身健体的作用，而且还可以为像西晋初的"竹林七贤"，以及唐代"饮中八仙"那样的高人才士助兴，给他们的文思插上想象的翅膀，助他们远游"四荒""六漠"，"上下求索"，以抒发情怀，写出像屈原《远游》与《离骚》那样伟大的作品。这篇赋形象地反映了苏轼对封建社会糟蹋人才的不满，以及他爱才、惜才的思想感情，也是苏轼一生乐于扶持、奖拔人才的艺术折射。联系自熙宁以来，不少人才成为党争的牺牲品，而当时正处于又一次激烈的党争前夕，更加可以看出这篇作品的言外之意。中山松醪酒后来成为了历史名酒，而且被公认为是有利于健康长寿的美酒。1915 年还同茅台酒一道，参加巴拿马国际酒赛，获得金奖，有"中国 XO"的美誉。

苏轼到定州不久，先去始建于唐大中二年（848）的文庙祭奠孔子。定州文庙又称先师庙、孔子庙，如今坐落在定州市内的刀枪街，1959 年辟为定县博物馆，1982 年被列为河北省重点文物保护单位，今存东、西、中三个毗邻的北院。此建筑布局北三院各自为中轴式，中院为大成殿、戟门、官厅及东西两庑，东院为崇圣祠和魁星阁，西院为明伦堂。

文庙前院有两棵槐树，据说就是当年苏轼亲手所栽，东者树根凸露，如巨大的龙爪匍匐于地，躯干镂空成片块状，树根、躯干难分你我地纠缠在一起，躯干粗大，五六个人手连手不能合围。西者躯干分裂成板条状的两部分，各向东西，似两个老人负气背道而驰，中空，可容纳一七八岁的小孩，可卧可立。据《定州志》记载："东者葱郁如舞凤，西者槎丫竦拔如神龙"，因此又叫"龙凤双槐"。

千年过去了，但东坡栽下的两棵古槐，历经风雨，虽干枯而枝绿，如果只看躯干，谁也不会说这是两棵活树，可抬头向上看，明明上面枝叶繁茂，绿意浓浓。探究细部，则会发现，躯干虽枯，但枝叶直接生长在枯木之上。而这些枯木，你只要用手一摸，准会掉下一块。树冠之大之圆更令人叫绝。每棵古槐茂密的树冠直径都在 10 米开外，

定州 "东坡双槐"

似两个巨大的绿色伞盖。千年古树枯木发新绿，游人观之，无不称之为奇，清康熙年间，曾将此列为定州八景之一，定名"东坡双槐"。"东坡双槐"是苏轼在定州留下的活生生的遗迹。而今人们来到定州，必去定州文庙（定州市博物馆）看"东坡双槐"，看那两棵神奇的槐树，缅怀一代文坛巨人。

按照宋朝制度，文官往往担任军职，而以武将为副手。现在，我们将要看到的一幕，就是一个诗人兼画家如何在军旅中发号施令。定州是北邻契丹的军事重镇，但当时军中兵饷过低，衣食俱差，军营破旧，军纪松弛殆废，苏轼用了四个字概括："不堪开眼。"特别是行政上腐败盛行，有个叫王光祖的副总管，身为老将，倚老卖老，骄横霸道，克扣粮饷，兵丁食不果腹，"日有逃亡，聚为盗贼，民不安居"。苏轼到任后，严惩克扣军饷、放债取息的官吏，对腐败军官雷厉风行地予以惩处或革职，又派人修缮营房，让士兵不仅吃好穿好，更要住好。他说："岂可身居大厦，而使士卒终年处于媵地破屋之中，上漏下湿，不安其家？"与此同时，苏轼大力整饬军纪，"渐次申严军法，逃军盗贼已觉衰少，年岁之间，庶革此风"。尽管如此，苏轼却上书认为，即便经过整训，一旦有事，也不能确保无虞。他说，自"澶渊之盟"后，边地人民为了自卫，组织了"弓箭社"，不论家业厚薄，每户出一人，"带弓而锄，佩剑而樵"，自立赏罚，严于官府，公推武艺高强者为首。遇有情况，击鼓相召，顷刻可致千人，"人自为战，虏甚畏之"。王安石变法期间，因推行保甲法，在无形中削弱了这种民间的自卫组织。苏轼主张"弓箭社实为边防要用，其势决不可废"，请朝廷"立法少赐优异，明设赏罚"。在苏轼的努力下，仅定、保二州便有588个村子组织了651个弓箭社，总计31411人，比当时禁军还多出6000余人。他还想进行整编与扩充，并颇有信心地认为：这样下去，"决可使北贼望风知畏"，不敢犯境侵边了。这时，有些下级军官看见苏轼惩治腐败的军官，便不断地密告上级。苏轼告诉他们说："这个，你们不要管，这是我的分内之事。"他深知，若许下级官兵控告上级官长，军纪定会荡然无存。于是，告密者被苏轼一并惩处。

来到定州开元寺塔这座建于北宋的"料敌塔"，追怀当年东坡治军爱民的政绩，令人感慨万千。这座罗哲文先生题字的"中华第一塔"，是中国现存最高的一座砖塔，塔高83.7米，为11层楼阁式建筑。塔平面为八角形，基座周长127.65米，于1961年3月4日被列为国家重点文物保护单位。宋辽对峙时，定州地处边陲，军事

定县开元寺塔（"料敌塔"）

地位十分重要。宋王朝为防御契丹，利用此塔瞭望敌情，所以又称"料敌塔"。定州塔建在开元寺内，故名"开元寺塔"，又名"开元宝塔"。该塔整体结构由内外层衔接而成，之间形成回廊，犹如外塔环抱内塔，上下两层之间，设踏道，可蹬顶层，登极远望，可俯瞰城池，统揽全市。

苏轼知定州期间，请了一位好帮手在府中执掌机宜，他就是《姑溪集》的作者李之仪。当年，苏轼作为中国的一场文字狱——"乌台诗案"的受害者，被贬为黄州团练副使，从前的亲门故交避之唯恐不及，而李之仪却无所顾忌，大胆地与苏轼通信。他那首《卜算子》一直被世人所传诵："我住长江头，君住长江尾。日日思君不见君，共饮长江水。 此水几时休，此恨何时已。只愿君心似我心，定不负相思意。"值得一提的是，李之仪有一位出身书宦人家的贤妻胡文柔，不仅博学多才，喜好佛经，而且练达世故，评点人物，颇中要害。有一次，苏轼拿着新近创作的一首《书丹元子所示〈李太白真〉》造访李府。那诗中说：

　　天人几何同一沤，谪仙非谪乃其游，麾斥八极隘九州。化为两鸟鸣相酬，一鸣一止三千秋。

　　开元有道为少留，縻之不可矧肯求。西望太白横峨岷，眼高四海空无人。

　　大儿汾阳中令君，小儿天台坐忘身。平生不识高将军，手污吾足乃敢瞋，作诗一笑君应闻。①

　　李之仪吟过，说道："先生《李太白碑阴记》曾云：'戏万乘若僚友，视俦列如草芥'，看来，先生之于李白，非仅以同乡视之，更引以为同调也。"二人正在这里从容谈笑，评诗论艺，忽有公事至前，苏轼便马上办理，判清曲直。胡文柔在屏后窥见，叹息说："我尝谓苏子瞻未能脱书生谈士空文游说之弊，今见其临事不苟，信一代豪杰也！"惺惺惜惺惺，两家熟识之后，苏轼对胡文柔的才识亦青眼有加，因她好佛，苏轼戏呼她为"法喜上人"。后来苏轼遭贬，文柔这位"性高严，喜风节"、自许甚高的大家闺秀，也亲手裁衣以赠，并说："我一女子，受此等人知，复何憾耶？"

　　转眼之间，秋天到了，一年一度的全州大阅兵开始了。"八百里分麾下炙，五十弦翻塞外声。沙场秋点兵。"只见苏轼身着戎装，与各级将校、副官按照官阶依次站立。点名过后，单单缺席了一名将校。副官悄声道：这个王光祖，乃一骄悍老将，据说是谁谁的小舅子，在此统制多年；苏大人整顿军纪，他觉得自己的权力渐被剥

①《苏轼全集校注》，第 6 册，第 4223 页。

夺，所以一直心怀不满。此次阅兵，别人说，要是不愿参加，干脆就告病算了，他却说："我没病，就是不去。那苏东坡不是说过嘛：吾上可陪玉皇大帝，下可以陪卑田院乞儿。眼前见天下无一个不好人。既然如此，我便要看看，他苏东坡怎么来奈何我这个好人？！"苏轼出镇定州期间，屡次谈到，任一地方军之首长，受到当受之礼貌尊敬，甚为重要。众部下因耳闻苏轼心善，一直对此不以为意，所以苏轼一直都在等待落实他这句话的机会。听了副官的话，他大声说道："好，不参加，可以；立刻传令王光祖，以后他再也不用参加阅兵了！"

阅兵式开始，望着士兵们矫健的英姿，苏轼不禁想起十八年前的那个秋天，想起熙宁八年（1075）在密州（今山东诸城）所写的《祭常山回小猎》，立刻唤起了诗意的回忆。那诗中说："弄风骄马跑空立，趁兔苍鹰掠地飞。回望白云生翠巘，归来红叶满征衣。"他又忆起同时所作的那首被人唤作"豪放词"之祖的《江城子·密州出猎》，不禁高声吟道：

老夫聊发少年狂，左牵黄，右擎苍。锦帽貂裘，千骑卷平冈。欲报倾城随太守，亲射虎，看孙郎。　　酒酣胸胆尚开张，鬓微霜，又何妨！持节云中，何日遣冯唐？会挽雕弓如满月，西北望，射天狼。

千骑出猎，不仅要射猎场上的猛虎，而且要射西北国境上象征着侵略的天狼星。此词一出，词坛上顿时掀开了新的一页，所谓

"一洗绮罗香泽之态，摆脱绸缪宛转之度"（胡寅《题酒边词》），所谓"指出向上一路，新天下耳目，弄笔者始知自振"（王灼《碧鸡漫志》卷二）。当年的密州壮士们"抵掌顿足而歌之，吹笛击鼓以为节"（苏轼《与鲜于子骏书》），何等之慷慨，何等之壮观！只可叹：当年四十挂零，年届不惑，"老夫"尚未老；如今五十过八，年近耳顺，"狂"虽可依旧，人却再也不是少年。老了，毕竟是老了。志未就，鬓先秋；此心虽在，心老定州！

三、从前雪浪石到后雪浪石

定州还有一处当年东坡留下的遗迹，就是著名的定州八景之一的雪浪石。雪浪石乃一黑石，白脉，其纹似石间奔流，本来位于古众春园雪浪斋内，众春园为宋太宗时定州太守李昭亮所建，后韩琦知定州时取"与民同乐，偕众同春"之意，命名为"众春园"。后经多次毁坏、多次整修，康熙、雍正、乾隆、嘉庆都曾在此驻跸。1947

雪浪石

年定县解放时，众春园在战乱中已被拆毁，中华人民共和国成立后在旧址建学校、干休所等，众春园除存有雪浪石的雪浪斋及苏轼、乾隆碑刻外，其他古建筑物已荡然无存。如今古众春园原址已经变成一家武警医院。穿过医院一座楼门，来到雪浪石面前，大家都非常兴奋。是啊，这可是当年东坡所咏之物啊！

在中国历史上，苏轼是牛僧孺之后，与米芾齐名的嗜石成癖者，他对石有着特别的情愫，留下许多咏石诗文，如《仇池石》《雪浪石》《沉香石》《双石（并引）》《咏怪石》《壶中九华》等诗词及《怪石供》《后怪石供》等文章。其中《次韵滕大夫三首·雪浪石》云：

> 太行西来万马屯，势与岱岳争雄尊。飞狐上党天下脊，半掩落日先黄昏。削成山东二百郡，气压代北三家村。千峰右卷蠹牙帐，崩崖凿断开土门。揭来城下作飞石，一炮惊落天骄魂。承平百年烽燧冷，此物僵卧枯榆根。画师争摹雪浪势，天工不见雷斧痕。离堆四面绕江水，坐无蜀士谁与论。老翁儿戏作飞雨，把酒坐看珠跳盆。此身自幻孰非梦，故园山水聊心存。

此诗从定州附近太行山的雄伟气势写起，突兀撑空，每一联都是一个形象而贴切的比喻，接着写雪浪石的殊异，从石头的花纹形状，取名"雪浪"，说石如山水江河，立显形象生动，妙不可言。"雪浪"一词，苏轼诗中屡见，如《十月二日，将至涡口五里所，遇风留宿》"今朝雪浪满，始觉平野隘"，《送孙勉》"白河翻雪浪，黄土如蒸面"，《迁居》"长江在北户，雪浪舞吾砌"，《西山诗和者三十余人，再用前韵为谢》"遥知二月春江阔，雪浪倒卷云峰摧"，《答吕梁仲屯田》"夜闻沙岸鸣瓮盎，晓看雪浪浮鹏鲲"，《次旧韵赠清凉长老》"送我长芦舟一叶，笑看雪浪满衣巾"。还有一首诗，长题曰："昔在九江，与苏伯固唱和。其略曰：'我梦扁舟浮震泽，雪浪横空千顷白。觉来满眼是庐山，倚天无数开青壁。'盖实梦也。昨日，又梦伯固手持乳香婴儿示予，觉而思之，盖南华赐物也。岂复与伯固相见于此耶？今得来书，知已在南华相待数日矣。感叹不已，故先寄此诗。"可见其喜爱雪浪之情。

苏轼欣赏雪浪石，并非由于雪浪石在质地外观上胜于它石，而是因为其"天工不见雷斧痕"的天然之态。由雪浪石，苏轼在诗的结尾宕开一笔，想到故园山水。苏轼知定州时，虽有备边拒乱之举，但因心情抑郁，加之每办一事朝廷多所掣肘，所以常常寄情山水之间，在赏玩之际每每忆起"山不高而秀，水不深而清"的故园山水，还蜀归里之情油然而生。全诗不仅笔力矫健，气势磅礴，而且纵横变化，想象丰富，寄意深远。苏辙、李之仪、秦观、张耒、晁补之、道潜等皆有和诗，成为诗坛一时之佳话。元符中，张舜民守中山，重新安置雪浪石盆石，正欲作诗寄给苏轼，不料听到苏轼去世的消息，于是写下："石与人俱贬，人亡石尚存。却怜坚重质，不减浪花痕。满酌山中酒，重添丈八盆。公兮不归北，万里一招魂。"(《画墁集·苏子瞻哀辞》)元人刘因撰有《雪浪石》：

邵家水陆说影象，一物自可涵无垠。沧浪仙人歌感应，石中固有此理存。老坡胸中如此几，磈磊须得银河喷。嘲嵩唾华天不嗔，武夷赫怒张吾军。偶从北海得生气，竹石也爱风姿新。我来正当秋雨霁，一杯冥漠玄都门。小玙好事如先臣，坐令平地石生根。渠家儿戏解忘国，作诗一笑君应闻。

此后，明人白胤谦有《定州元日观东坡先生雪浪石续之以铭》，清人周亮工有《题胡元润画定州雪浪石》，钱大昕有《寄题雪浪石用东坡韵》《雪浪石和东坡韵》《雪浪石二首》，阮元有《大理雪浪石屏用苏公雪浪石诗韵》《再用坡公雪浪石七律韵》，汪师韩有《闻重得雪浪石于临城辇致定州众春园》，魏裔介有《过定州观雪浪石》……今人于觉庐辑有《雪浪石题咏》，有民国六年（1917）铅印本。可见，雪浪石已成为后人吟咏和欣赏的文化艺术遗产，东坡雪浪斋也随之成为定州历史文化遗迹。1952 年 11 月初，毛泽东来定县视察，下车便直奔雪浪斋，观赏雪浪石及苏轼题诗，并对沿着盆唇的苏轼诗加以断句。苏轼曾说"凡物皆有可观，皆有可乐"，这首诗可为注脚。

恰如前后《赤壁赋》，又似宜昌三游洞有前三游（元稹、白居易、白行简）、后三游（苏洵、苏轼、苏辙），雪浪石亦分前雪浪石和后雪浪石。前雪浪石是苏轼发现的。杜绾《云林石谱》载："中山府土中出石，色灰黑，燥而无声，混然成质。其纹多白脉笼络，如披麻旋绕委曲之势。东坡顷帅中山，置一石置于燕处，目之为雪浪石。"宋哲宗元祐八年（1093），到定州任知州的苏轼，在后花园中觅得一方奇石，经过观察欣赏，他见该石通体黑色，上有白色细纹如水面上的层层涟漪（后经人考察为陨石），甚是喜爱，便从曲阳运来汉白玉，琢成芙蓉盆盛之，命名为雪浪石，并作《雪浪斋铭》，环芙蓉盆唇刻之。其铭曰：

> 尽水之变蜀两孙，与不传者归九原。异哉驳石雪浪翻，石中乃有此理存。玉井芙蓉丈八盆，伏流飞空漱其根。东坡作铭岂多言，四月辛酉绍圣元。

大意是：这块青底石，间有流浪形的白纹，宛若当时蜀地画家孙位、孙知微所画的山水画，又如"石间奔流"和"尽水之变"那样气势宏大，而世人却不识其斑斓奇特之美，致使长期埋于地下，湛青的石面，洁白的花纹，多么像碧绿江面上翻卷着雪白的浪花，其中好像蕴含着深刻的哲理。丈八之围的芙蓉盆雕刻着美丽的芙蓉花，多像一口玉井，飞流之下，从石顶冲刷到盆底，激起一层层水雾，显得更加扑朔迷离，东坡我就此作铭，但还有许多心思是不能说出来的。时在绍圣元年四月辛酉。[①] 其前《雪浪斋铭引》云："予于中山后圃，得黑石，白脉，如蜀孙位、孙知微所画石间奔流，尽水之变。又得白石曲阳，为大盆以盛之，激水其上，名其室曰雪浪斋云。"苏轼对雪浪石虽然喜爱，但与牛僧孺和李德裕不同，只愿曾经拥有，不求永远占有。所以，又在《雪浪石》其二中说："履道凿池虽可致，玉川卷地若为收。洛阳泉石今谁主？莫学痴人李与牛。"

---

① 关于雪浪斋碑石图的历代著录，可参见水赉佑《苏轼雪浪斋铭刻石考》，《书法》2019 年第 11 期；冯小夏《故宫博物院藏明拓〈苏轼杂诗帖〉册考析》，收入故宫博物院编《千古风流人物——故宫博物院藏苏轼主题书画特展》，故宫出版社 2020 年版，第 64—66 页。

雪浪石盆铭

　　后雪浪石为清乾隆三十一年（1766），赵州刺史李文耀掘得的一块乳白色的太湖石，乾隆为此写下《御制雪浪石记》，差人将石移至定州众春园，两石从此相映成趣，并被御题为前雪浪石和后雪浪石。钱陈群（1686—1774）撰《恭跋御制雪浪石记后》："臣惟石之在人间，其受形奇伟者，未有不转移迁徙，不翼而翔者也。至其传不传，则又视其人焉。李德裕、牛僧孺皆好聚石，而传世者绝少。白居易、米芾、僧维则亦有是癖，其人较牛、李稍胜，世犹有称之者。惟苏轼一生忠直，去今六七百年，幸遇我皇上重其人品，赏其诗文，即其平生所爱石，亦流连往复，形于歌咏，绘于图画。兹恭读御制《雪浪石记》，持论和平，引据详晰，分见各路，异形同名，而仰邀睿赏则一也。语云：'人重官，非官重人。'臣又曰：'石以人重，非人以石重也。'"钱维城（1720—1772）为前后雪浪石分别绘画，又专门模仿苏体字风格书写乾隆《御制雪浪石记》，并撰《御制雪浪石记恭跋》："考证之道，期于精详。神而明之，要于参互。若乃因言见道，即物穷理，不着迹象，自然宏通。斯得俯视群言，咸尊制作。我皇上多能天纵，富有日新，发挥天文，涌括万汇，无体不备，无美不臻。兹宋臣苏轼雪浪石先后出，大吏以状告，皇上几余考镜，挥翰为记。尺幅之中，灝气流转，千变万化，不可端倪。古所谓'绛云在霄，舒卷自如'者，又不足以尽之矣。郑樵之考校石经，欧阳修之论辨石鼓，夫安足云。臣忝侍禁廷，景星庆云，先睹为幸，不胜钦仰。恭录圣制本文，并绘二石于题前，以志缘起。臣钱维城谨跋。"乾隆则专门为此卷题写了"超以象外"的引首。陶澍（1779—1839）撰有《用东坡韵题雪浪石铭》，中云："定州临城屡移置，古色不改苍山根。多君好古手临缩，纸上幻出云涛痕。一拳倏睹千亿本，百东坡化哈同论。壶天底用袖东海，仇池已落青铜盆。铭辞读罢一回首，细推物理薪传存。"

抱着"细推物理薪传存"的心境，大家观赏着雪浪石，用手拂拭盆唇上的石刻，玩味着诗中涵义。那些曾经飘落在雪浪石盆唇上的雨滴，早已追着历史的风烟消逝无痕了，而历代苏东坡的追慕者在众春园遗址有过的兴奋与感触，却依然在年复一年的秋风中轻轻呜咽着。前雪浪石和后雪浪石，诚可谓苏海里凝定和固化了的两朵美丽的浪花，值得后世在此因之而思苏，由之而醉苏尊苏崇苏追苏景苏仰苏敬苏爱苏慕苏效苏仿苏拟苏沿苏袭苏摹苏学苏酬苏和苏祖苏法苏式苏宗苏友苏师苏……

苏轼在定州，虽然只有短短六七个月，从《东府雨中别子由》算起，作诗32首，词1首，散文（包括赋、铭与书信等）48篇，在苏轼全部创作中是很小的数字，但从这些作品中，可以真切地感受到诗人的心声。这些作品随着苏轼在定州的业绩和活动，为定州的一草一木注入了灵气，成就了定州一方文气。苏轼当年踏访过的地方，以及写的、说的、唱的、吃的、用的，都已成为定州宝贵的文化遗产，世代传扬，他在定州的雪泥鸿爪，也已汇入定州演进的历史长河之中；而定州也成就了苏轼，千百年来，他一直是定州人民仰慕和纪念的先贤。

结　语

　　除了文字和书画，苏轼在华夏大地留给我们大量实实在在的物质性遗迹，除了上面提到的定州料敌塔和雪浪石之外，还有眉山三苏祠、青神中岩寺、凤翔喜雨亭、诸城超然台、徐州黄楼、蓬莱苏公祠、扬州谷林堂、杭州白苏二公祠、阜阳西湖苏堤、黄冈赤壁、惠州白鹤峰东坡故居、湛江苏公亭、海口五公祠、儋州东坡书院、常州舣舟亭……沿着他的足迹，再走一遍，就能够勾联起连绵不断的历史脉络，还有那个时代的广阔画卷。时间变化了，千百年已经过去；空间可能大致未变，山川变化毕竟还小。站在那儿，就会生发一种感慨，也会像苏东坡，去感慨前面他景仰的前贤，彼时彼地地感慨——"子在川上曰：逝者如斯夫"。到了那个地方，在那个现场，你就会有一种归属感。你不是你，你不仅是你父母的孩子，同时，在文化上，你还是苏东坡等前贤诗词和文化滋养下的中国人——生物基因之外，也传承着文化基因。那么，这种自豪，就会油然而生，化为你不沉沦、不厌世、不颓废的一种原动力。

"胜地以一人兴，先贤为来者重，固当相勉而无倦也。"（《唐才子传·徐凝传》）千古风流的苏东坡，以其佳篇名作与祖国的山川胜地彼此互美与加持。胜地藉其诗文而兴，其诗文亦为名胜增彩。在某种意义上讲，文学名篇的生命力，比耳目足履更鲜明，比自然地理更长久，足令胜迹不朽，足使江山常新，正所谓"碑坏诗无敌"①。华夏大地的山川名胜，不仅因东坡诗词文赋之吟咏而流芳至今，更因仰慕和醉心其为人为文的后世文人的接踵书写而魅力倍增。这些遗迹，既有距离美，同时还有亲切感，和我们的今天存在着各种各样的联系，如何激活久远的亡灵，唤醒沉睡的文明，把湮没在历史尘埃中的诗性智慧薪火相传，沟通历史和明天，还需要沉潜文本、田野调查并重，五官头脑、四肢心灵兼顾。衷心祝愿有心的读者，也可以走近苏海，再走入或走进苏海，找到自己与这位千年英雄的共鸣点，享受这位一代文豪带给我们的诗性智慧。

值得留意的是，在地域文学日益成为研究热点的今天，在苏轼研究领域，地方学者的成果日益凸显，尽管在水准上可能与学院派无法相提并论，但其作用和特色毋庸置疑。同职业性作业性的论文

---

① 苏轼去世十多年后，被贬惠州的同乡"小东坡"唐庚（1071—1120）遍访苏轼遗迹，在《水东感怀》中写道："碑坏诗无敌"（唐玲《唐庚诗集校注》卷二，中华书局 2016 年版，第 78 页），感叹苏轼诗歌的生命力比碑石长久。

作者相比，大量因为地域、家族等地缘、血缘关系而走进苏海，投入苏学的地方学者，拥有一份做事业（乃至志业）的心怀。这种心怀，与高校科研院所及专门的苏轼研究学会、研究团体相比，在爱苏景苏的热度厚度深度方面，有过之而无不及。因此，我认为，应该兼容并包地缘、血缘与业缘，充分融合、汇通各路苏轼研究队伍；既要发上等志，也要寻平处论，还要向宽处展。愿与同道者共勉，同渡苏海，共铸苏学新篇章。

苏轼是文化史上罕见的全才、通才和天才。对这位来自祖国西南的大文豪，作为东北人，我由衷喜爱，十分景仰。从做硕士论文开始，就希望可以由喜爱、景仰，转向深入了解和研究。转眼已经二十余载，回首向来萧瑟处，也有风雨也有晴。2020 年年末，笔者应邀参加海南人民广播电台"但愿人长久——解读苏轼传承经典"跨年特别直播，和几位同道一起，相约东坡一起跨年，趁机也回顾了自己走过的苏轼研究之路。

值得一提的是，苏东坡的生日也是"跨年"的，怎么讲呢？因为从公历讲，他是出生在公元 1037 年 1 月 8 日，但是，按农历，则是在宋仁宗景祐三年（1036）十二月十九。从苏轼生日的"跨年"，我不觉得联想到，他的身份也是跨领域的。为什么呢？因为正如前面的"入话"所言，在苏东坡的身上，既有朝臣的身份、文人的气质，同时他也有学者的厚重。

察古知今，尚友东坡；与东坡结缘，就是与快乐相伴。在坎坷的处境中如何淡定地生活，苏东坡提供了非常宝贵的经验，这是他在文学遗产之外，留给我们的更为珍贵的精神遗产。面对中国文化史上这位罕见的全才、通才和天才，人们不免感慨"说不全的苏东坡"，"说不尽的苏东坡"，"说不透的苏东坡"，确实，苏海浩瀚，然渡海可期，泛舟有方，就像苏轼《日喻》所说的那样，要想学会游泳，就要"日与水居"，这样才能"得其道"，才能从心所欲，自由地泛航苏海。

当然，海外有海，天外有天，"诗歌的世界是无边无际的"（钱锺书《宋诗选注序》），茫无涯际，而时间有限；恰如宇宙无穷，而盈虚有数。好在前有先贤，今有同道。大家因苏海而结缘，吾道不孤，共渡苏海，行无寂寞。虽研究路数不尽相同，学术风格亦有学院派和非学院派之别，但仰苏爱苏之心相似，眷苏慕苏之意相同。

举个例子，苏轼诞辰980周年那一年，2017年，清华附小的小学生在老师、家长帮助下，完成了23份苏轼研究报告，题目有《大数据帮你进一步认识苏轼》《今人对苏轼的评价及苏轼的影响力》《人杰地灵——苏轼的旅游品牌价值》《行走的苏轼》《苏轼的朋友圈》《苏轼的心情曲线》《苏轼 vs 李白》……同一年，我在眉山听到东坡小学的童声合唱，歌名叫作《我爱苏东坡》，歌中唱道：

> 我要唱支歌，唱给苏东坡。从小立大志，瑞莲吐新荷。徐州抗洪涛，西湖荡清波。一心为百姓，何惧苦难多。我爱苏东坡，为你把墨磨。一撇又一捺，一生都快乐。我要唱支歌，唱给苏东坡。最爱松竹梅，胸襟比海阔。诗赋留人间，文化传薪火。日月不知老，至今说东坡。我爱苏东坡，为你把墨磨。一撇又一捺，一生都快乐。

歌中点到的快乐，正是苏东坡从苦难人生和诗性智慧中升华出来的中国传统文人的最富有代表性的性格。他不是圆滑或者老辣，而是不忘初心。因为，在年轻人的身上，不仅有我们的未来，更有一种蓬勃向上的朝气，有了这种朝气，我们才不会由于世俗的约束而过于保守，甚至畏葸不前。苏轼的母亲所给与他的童蒙教育，曾让我想起林庚先生的名言："诗的本质是发现，诗人要永远像婴儿一样睁大好奇的眼睛，去看周围的世界，发现世界新的美。"

不妨回顾一下苏轼笔下的儿童，其中既有"论画以形似，见与儿童邻"（《书鄢陵王主簿所画折枝二首》其一）这样的调侃，也有"儿童误喜朱颜在，一笑那知是酒红"（《纵笔三首》其一）这样的玩笑，"赢得儿童语音好，一年强半在城中"（《山村五绝》其四）这样的揶揄。虽然他曾经在《洗儿戏作》说过：

人皆养子望聪明，我被聪明误一生。惟愿孩儿愚且鲁，无灾无难到公卿。

但也只是"戏作"而已，承继的是他所仰慕的前贤白乐天《哭皇甫七郎中》的诗句——"多才非福禄，薄命是聪明。"这种"戏作"的背后，是苏轼对人生无常感的一种体悟。无常感，是对一切变化事物的敏感。在中国古代的文学作品中，从《诗经》《楚辞》，直到《古诗十九首》里，无常感一直是绵延未绝的描写内容，但这种无常感，还不能等同于佛教"诸行无常"的世界观，而只是一种常见而普遍的人生感受，其最后的重点是在对抗绝望，超越无常。

苏轼极善于思考人生，"苏氏之道，最深于性命自得之际"（秦观《答傅彬老简》）。他对无常的体验和表达，尤其深刻而丰富。在苏轼诗词文赋等各类作品里，有着浩浩荡荡的无常感，比如年轻时候，苏轼乘船由蜀入楚，行舟水上，观江水悠悠，船来船往，就曾陷入对时间与生命、有限与永恒关系的思考——

可怜千古长如昨，船去船来自不停。浩浩长江赴沧海，纷纷过客似浮萍。（《望夫台》）

江水浩荡，船去船来，千古以来，未曾易改，而过客纷纷，就像浮萍一样，聚散无常，诗人从眼前的景象跳开去，感受到了时空的变幻易逝，与个体生命存在的短暂。又比如，他的名句"人生到处知何似，应似飞鸿踏雪泥""人有悲欢离合，月有阴晴圆缺，此事古难全""此心安处是吾乡""人似秋鸿来有信，事如春梦了无痕""人间何者非梦幻，南来万里真良图""自其变者而观之，则天地曾不能以一瞬。自其不变者而观之，则物与我皆无尽也"等等，都可彼此参看。万里明月，千年风流。正因为有如此无常感作为底色，所以，当苏轼终究展现出豪迈、旷达的人生境界时，才显得更为珍贵、更为感人。

川广自源，成人在始。在一个人的成长过程中，童蒙教育最重要、最关键。在正式场合，苏轼对童蒙教育非常重视，曾在自己的学术

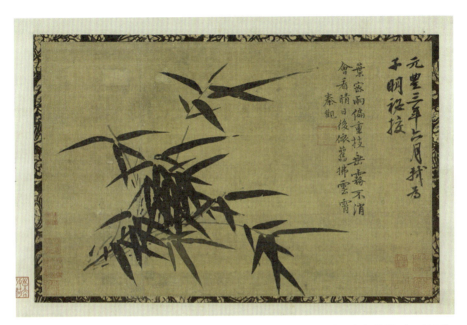

〔北宋〕苏轼 《雨竹图》

专著《东坡易传》蒙卦里，详细阐述过以育德为先、养其正心的教育理念。苏轼认为，启蒙教育，育德为先，重要的是，要使童蒙有一颗持正尚真的心，这样，即使有蒙蔽，有疑惑，也不足畏惧。从《东坡易传》对"蒙卦·九二"的解释还可以看出，苏轼重视以中正的思想进行童蒙教育，他认为，教师也应以持中守正的思想，来对待儿童，教育少年，培养青年。

　　苏轼在教育学理念和实践上的贡献都非常巨大，影响深远。用视之如兄若师的李之仪《东坡先生赞·其二》的话说，即"载瞻载仰，百世之师"。苏轼对教育问题十分关注，他倡导兴学设教，注重教化的作用，但并不过分夸大学校的功能；论证学与道的关系，强调实践的重要性；主张学校教育应通过严格有序的教学，保障人才的规格质量，以此为选拔人才提供资源，并就科举考试提出具体的标准。苏轼丰富而独到的教育思想所蕴涵的理念精神，不仅充实了古代教育理论素材，而且对现代教育仍然具有启迪作用。苏轼对教育的贡献不仅有思想，有理念，也有实践；不仅惠泽润于当时，而且影响垂范今世。他的教育主张和建议，涉及学校功能、学习方法、考试改革和教育管理等方方面面，很多教育改革思想为朝廷采纳并推行，为北宋教育的繁荣发展产生积极的推动作用。

苏东坡虽天才超逸，但正如天才的"诗仙"李白曾三拟《文选》，苏轼曾手抄《汉书》三遍，直抄到任选书中一处考问，都能对答如流的程度。可见苏轼作为师长，以身作则，为弟子树立起为人为政的榜样，同时因材施教，以"文章盟主"为鼓励，对其门人在学术上 给以寄望与重托，给予弟子公允评价。此外，从仕途、学业到生活，对弟子全面关心，体贴细微，用心良苦，创造出自由平等的学术氛围，使门人受益匪浅。《皇朝仕学规范》卷三十三《作文》引《方叔文集》：

> 东坡教人读《战国策》，学说利害；读贾谊、晁错、赵充国章疏，学论事；读《庄子》，学论理性。又须熟读《论语》《孟子》《檀弓》，要志趣正当；读韩、柳文，令记得数百篇，要知作文体面。

这段话不见于今本《济南集》，但全面记述了苏轼的典籍学习心得，堪当教学方案。与苏辙《亡兄子瞻端明墓志铭》所云"初好贾谊、陆贽书，论古今治乱，不为空言。既而读《庄子》，喟然叹息曰:'吾昔有见于中，口未能言，今见《庄子》，得吾心矣。'乃出《中庸论》，其言微妙，皆古人所未喻……既而谪居于黄，杜门深居，驰骋翰墨，其文一变，如川之方至，而辙瞠然不能及矣。后读释氏书，深悟实相，参之孔、老，博辩无碍，浩然不见其涯也"，亦可互参。

　　具体到科举考试，元祐三年（1088），苏轼为翰林学士、知制诰兼侍读，权知礼部贡举。在主持科举考试过程中，处处为考生着想。开考之前，突降暴雪，大雪方数千里，赴试生员按期到达的不足三分之二，有三五百人来不及参加考试。苏轼担忧孤寒士子丧失宝贵的进取机会，同时为保证国家在更大范围内挑选人才，他立即呈上《大雪乞省试展限兼乞御试不分初覆考札子》，奏请朝廷延期半月开考，为避免拖延发榜时间，建议压缩不必要的阅卷环节，不分初考、覆考，待卷子交齐后，由所有主考官共同审定等级。既照顾到路途遥远的考生，又保证了三月份及时发榜。考试过程中，由于以往主考官对应试举人无理凌辱，曾引起士子喧闹不止；此次开考，又增派巡铺内臣和兵士，检举考试作弊行为并许以重赏。此举却致使一些贪图功利的巡铺人员互相勾结，对考生严加搜寻，不惜捏造证据，罗织罪名，冤枉的事情时有发生。考生王太初、王博雅被巡铺官检举私自传抄考试内容，将被逐出考场，苏轼仔细对照他们的卷子，只有 19 字相同，且不属于同一片段，知道是被冤屈，就批准他们继续考试，并上报朝廷，撤换陷害他们的巡铺官，并建议裁减巡铺兵士赏赐。巡铺内臣陈恺狂妄无礼，每当巡铺官捉到作弊考生并要将其逐出考场时，就私自令兵士高声喊叫，有时是三五十人齐声大叫，侮辱这些考生，贡院官吏和服务人员无不吃惊，应试考生恐惧不安。苏轼专门上章弹劾，要求予以治罪。考试结束后，苏轼坚持采取公正合理的办法阅卷评判，撰写《乞不分经取士》《乞不分差经义诗赋试官》等奏章，主张不再采用分经取士的办法，而是以成绩高低作为取用标准。差派主考官也不受曾经经义中举或诗赋中举背景的限制，只要有学问有水平，都可以担任。当时，采取法外推恩的特奏名举人有上千人之多，多为滥竽充数者。为维护贡举的严肃性，维系公平公正的选人用人原则，苏轼主张限定特奏名人的数量，由皇帝下诏殿试主考官仔细审定，斟酌选取一二十人，录取确有才能者，授差遣官，其余则充补文学、长史等。

具体到地方教育，苏轼知杭州时，考察州学，得知学校要在五年内偿还购买朝廷书版的钱一千四百零六贯九百八十三文，平均每年缴纳二百八十贯三百九十七文，致使学校办学经费短缺，学生口粮供应不上，纷纷退学，苏轼当即写下《乞赐州学书板状》，建议将官府保存的书版赐给州学，免除书版钱："尽以市易书板赐与州学，更不估价收钱，所贵稍服士心以全国体。"此举推动了刻版印书业和教育文化业的发展，使后来杭州成为全国三大刻版印书中心之一。为增强说服力，他在末尾补充道："臣堪会市易务元造书板，用钱一千九百五十一贯四百六十九文，自今日以前所收净利，已计一千八百八十九贯九百五十七文。今若赐与州学，除已收净利外，只是实破官本六十一贯五百一十二文，伏乞详酌施行。"①他算了一笔账：赐书版给学校，朝廷只是小小破费，却能为地方教育做一件大好事，收揽读书人的心，彰显朝廷恩德，社会影响深远。从实际出发，求真务实，苏轼是朝臣中少有的实干家。

具体到文学教育，苏轼自己的为文，在写作方法上，强调"实用"，力求"辞达"，"臣闻有意而言，意尽而言止者，天下之至言也"，讲求"随物赋形""文理自然"，他自称"吾文如万斛泉源，不择地皆可出，在平地滔滔汩汩，虽一日千里无难。及其与山石曲折，随物赋形，而不可知也。所可知者，常行于所当行，常止于不可不止"，"大略如行云流水，初无定质，但常行于所当行，常止于所不可不止，文理自然，姿态横生"。但在求学方面，苏轼认为，读书、学习要态度严谨、踏踏实实，以华采为末，而以体用为先。他曾给青年士子传授过"八面受敌"的读书学习方法，他说：

　　卑意欲少年为学者，每一书，皆作数过尽之。书富如入海，百货皆有之，人之精力，不能兼收尽取，但得其所欲求者耳。故愿学者，每次作一意求之。如欲求古人兴亡治乱圣贤作用，但作此意求之，勿生余念。又别作一次求事迹、故实、典章、文物之类，亦如之。他皆仿此。此虽迂钝，而他日学成，八面受敌，与涉猎者不可同日而语也。②

①《苏轼全集校注》，第14册，第3247页。
②《苏轼文集》，第5册，第1821页。

也就是说，要厚积而博发，正如他在《答张嘉父》的书信中所说："博观而约取，如富人之筑大第，储其材用，既足而后成之，然后为得也。"对此，毛泽东给予肯定："古人说'文章之道，有开有合'，这个说法是对的。苏东坡用'八面受敌'法研究历史，用'八面受敌'法研究宋朝，也是对的。今天我们研究中国社会，也要用个'四面受敌'法，把它分成政治的、经济的、文化的、军事的四个部分来研究，得出中国革命的结论。"（《关于农村调查》）

苏轼曾八典名郡，每到一州，作为新任主官，他都要率领州府僚属和州学学子去文庙拜谒孔子、祭祀先贤，既问政于先贤，又教化民众。即使被贬谪编管，苏轼亦有重教兴学之功。譬如被贬儋州，琼崖学子姜唐佐、吴子野、王霄、符林、符确、黎子云兄弟等纷纷聚集左右。苏轼北归后不久，姜唐佐举乡贡，实现"破天荒"；符确举进士，实现零的突破。清人戴肇辰《重建东坡书院并修洞酌亭记》说："宋苏文忠公之谪居儋耳，讲学明道，教化日兴，琼州人文之盛，实自公启之。"[1]苏轼讲学的儋州东坡书院，影响了一代又一代的儋州人。据载，科举时代凡有人考中秀才，州里都要红榜公布；凡有人考中举人，州里都要在其家门口搭一座牌坊。时至今日，每年凡考上高中的，当地政府都以红榜公布；凡是考上大学的，也要在其家门外搭一座牌坊。所以，走在儋州旧城的街道上，新旧牌坊比比皆是。

两宋是眉山教育的鼎盛时期。嘉祐二年（1057），眉山有四五十

---

[1] 戴肇辰：《从公录》续录卷二，清戴氏杂著本。

人参加礼部考试，考中者包括苏轼兄弟在内共 13 人，占当年进士总数 388 人的 3.4%。仁宗皇帝惊叹："天下好学之士皆出眉山。"两宋时期平均每县考中进士 28—40 人。在苏轼兄弟影响下，两宋眉山县却有进士 900 多名，堪称奇迹。如今眉山诗书之风犹存，文化繁荣、教育发达、学校众多，尤其是东坡学校颇有特色。东坡学校是以东坡文化作为学校的校园文化建设重点、主体和主题的学校。全国苏轼遗址遗迹地共有东坡学校 50 多所，眉山已有东坡小学、苏辙小学、眉师附小、东坡中学、苏祠中学。

　　上面《我爱苏东坡》这首东坡小学的校歌里，提到"从小立大志"，苏轼不仅自己是这样，他教育晚辈后生士子也是这样，他说："某闻人才以智术为后，而以识度为先。"（《答乔舍人启》）要有器识，树大志。"礼义君子"有才有德，但对于一个要为国为民作出贡献的人来说，这却是不够的，还必须有器识。《新唐书·裴行俭传》所谓"士之致远，先器识而后文艺"，《宋史·苏轼传》所谓"器识之闳伟，议论之卓荦，文章之雄隽，政事之精明，四者皆能以特立之志为之主，而以迈往之气辅之"，苏轼弟子秦观《答傅彬老简》所谓"苏氏之道，最深于性命自得之际；其次则器足以任重，识足以致远"，"'器'是处理事物的才能，'识'是认识事物的才能，综合起来看，是本其所学而以天下为己任的意思"①。苏轼常以"才器"连用来评价人才与士子，他认为，人有才华只是一方面，另一方面，应该具备高远的志向、

---

① 朱刚：《唐宋四大家的道论与文学》，东方出版社 1997 年版，第 113 页。毛先舒《览古词》其八："士先器识，此语良非激。"参见《何义门集》卷二、《士先器识而后文艺论》、《归愚文续》卷四、《裴行俭知人论》、《西溟文钞》卷一、《士先器识而后文艺论》、《明文授读》卷十，郑溱《士先器识而后才艺论》。

不俗的器识，力去浮华、浮名，实实在在做人。

苏轼从大量的历史人物身上发现，"器识"与"志向"是做大事者必不可少的品格或品质，在《留侯论》的开篇，他有一段著名的论述：

> 古之所谓豪杰之士者，必有过人之节。人情有所不能忍者，匹夫见辱，拔剑而起，挺身而斗，此不足为勇也。天下有大勇者，卒然临之而不惊，无故加之而不怒。此其所挟持者甚大，而其志甚远也。

见识远，器量大，重视大节，心怀天下，顺势而动，随境而迁，这样，才称得上是大智大勇，称得上是真英雄。苏家三父子共有的仁政思想和慷慨好义品德，不能不说是其家门修行的结果。就苏轼而言，能够在海南渡过困厄，得以北归，这样的结果，既要上溯黄州和惠州的过渡，更要追源至眉州家庭教育的起点。在这位千年英雄的成长道路上，是眉山种下的种子，在开封、杭州等地得以开花，在黄州、惠州和儋州得以结果。苏轼的例子告诉我们，有心教子，是古今父母共同的起点；但是善于教子，却是天下父母普遍不太容易达到的目标。愿我们能从苏轼身上，获得教育理念和实践上的启发，做一个既有心又有力的优秀家长！

综上，走进如海的苏东坡世界，就会发现，苏轼传承家风的经验，以及教育学理念和实践上的贡献，有来处，有去处，不仅扎根传统，立足当代，而且面向未来，影响深远，值得深思。可以说，世运之兴衰，其表在政治，其里在人才，其根在教育。教育所关，涵盖家国情怀与治国理政。家庭是社会的细胞。中国的传统文化思想一向强调将个体、家庭与国家、社会融为一体。一门父子三词客，千古文章四大家。四大家的后面，是唐宋八大家，而三苏父子，一门占三家。韩之雄奇，柳之峻洁，欧之婉曲，曾之醇厚，王之劲峭，老苏之纵肆，大苏之豪放，小苏之淡泊，各树一帜，面目各异。可以说，面目各异、各具特色的八大家，也正是中国优秀传统文化的心灵之家。家风关乎国风，家事关系国事。家国情怀，以修身自律为起点，以经世济民为目标，以天下太平为理想。天之本在国，国之本在家。家国一体，荣辱与共。修齐治平，修身是起点。有此内美，重以修能。个人修养的好坏，关系家族荣耀，关系国家盛衰，更关系天下兴亡。习近平总书记在四川眉山三苏祠考察调研时指出，家风家教是一个家庭最宝贵的财富，是留给子孙后代最好的遗产。苏轼之所以能够成为流芳千古的文化巨人，被视为道德高尚的千年英雄，与他从小耳闻目濡接受的家庭教育密切相关。一沙一世界，一滴水也可以见大海，苏轼就像大海一样。海由江汇，国因家成。从家到国，恰如自江而海。从长江源头走出，经长江中游黄州，走到大海之南的苏轼，无意之中以"身行万里半天下"的人生轨迹，践行印证了家国与江海的有机联系。

权以一联收束，联曰：

诗称宋冠、词开苏辛、文追韩柳、书首四家、画擅三绝，问神州千载才人，谁堪伯仲？

扶风喜雨、西子长堤、赤壁两赋、惠州浮桥、儋耳投荒，行逐客万里宦迹，我怀先生！

参考书目

1.《东坡集》，北京图书馆出版社 2003 年版，中华再造善本。

2.《施注苏诗》，施元之注，浙江大学出版社 2019 年版。

3.《集注分类东坡先生诗》，王十朋注，《四部丛刊初编》集部，上海书店 1989 年版。

4.《明成化本东坡七集》，国家图书馆出版社 2019 年版。

5.《苏轼诗集》，王文诰辑注，孔凡礼点校，中华书局 1982 年版。

6.《苏轼文集》，茅维纂集，孔凡礼点校，中华书局 1986 年版。

7.《苏文忠公诗编注集成总案》，王文诰撰，巴蜀书社 1985 年版。

8.《苏东坡全集》，中国书店 1986 年版，据世界书局 1936 年版影印。

9.《苏轼诗集合注》，冯应榴辑注，黄任轲、朱怀春校点，上海古籍出版社 2001 年版。

10.《苏诗补注》，查慎行撰，范道济点校，中华书局 2019 年版。

11.《三苏全书》，曾枣庄、舒大刚主编，语文出版社 2001 年版。

12.《苏轼全集校注》，张志烈、马德富、周裕锴主编，河北人民出版社 2010 年版。

13.《东坡乐府》，陈允吉校点，上海古籍出版社 1979 年版。

14.《东坡乐府编年笺注》，石声淮、唐玲玲笺注，华中师范大学出版社 1990 年版。

15.《傅幹注坡词》，刘尚荣校证，巴蜀书社 1993 年版。

16.《东坡词编年笺证》，薛瑞生笺证，三秦出版社 1998 年版。

17.《苏轼词编年校注》，邹同庆、王宗堂著，中华书局 2002 年版。

18.《东坡志林》，王松龄点校，中华书局 1981 年版。

19.《东坡志林·仇池笔记》，华东师大古籍研究所点校注释，华东师范大学出版社 1983 年版。

20.《苏诗汇评》，曾枣庄主编，四川文艺出版社 2000 年版。

21.《苏文汇评》，曾枣庄主编，四川文艺出版社 2000 年版。

22.《苏词汇评》，曾枣庄主编，四川文艺出版社 2001 年版。

23.《苏轼诗文汇评》，樊庆彦辑著，凤凰出版社 2022 年版。

24.《苏轼选集》，王水照选注，上海古籍出版社 1984 年版。

25.《东坡选集》，曹慕樊、徐永年主编，四川人民出版社 1987 年版。

26.《苏东坡诗词文译释》，郑孟彤、王春煜、李儒炯编著，黑龙江人民出版社 1984 年版。

27.《苏东坡诗词精华》，伍峰、李研尘编，贵州人民出版社1993年版。

28.《苏轼诗选》，陈迩冬选注，人民文学出版社1984年版。

29.《苏轼诗选注》，吴鹭山、夏承焘、萧循合编，百花文艺出版社1982年版。

30.《苏轼诗选》，徐续选注，广东人民出版社1987年版。

31.《苏东坡民俗诗解》，程伯安编，中国书籍出版社1994年版。

32.《苏轼凤翔诗文赏析》，祁念曾著，陕西人民出版社1990年版。

33.《经进东坡文集事略》，〔宋〕郎晔选注，庞石帚校订，文学古籍刊行社1957年版。

34.《苏轼文选》，石声淮、唐玲玲选注，上海古籍出版社1989年版。

35.《苏轼散文选集》，崔承运选注，百花文艺出版社1994年版。

36.《苏轼散文赏析集》，周先慎主编，巴蜀书社1994年版。

37.《苏轼散文精品选》，姜光斗编著，陕西人民出版社1995年版。

38.《宋人所撰三苏年谱汇刊》，王水照编，上海古籍出版社1989年版。

39.《苏轼年谱》，孔凡礼撰，中华书局1998年版。

40.《三苏年谱》，孔凡礼撰，北京古籍出版社2004年版。

41.《苏东坡传》，林语堂著，张振玉译，时代文艺出版社1988年版。

42.《苏轼评传》（修订本），曾枣庄著，四川人民出版社 1984 年版。

43.《放逐与回归——苏东坡及其同时代人》，洪亮著，百花文艺出版社 1993 年版。

44.《浪迹东坡路》，史良昭著，江苏古籍出版社 1991 年版。

45.《苏东坡轶事汇编》，颜中其编注，岳麓书社 1984 年版。

46.《苏东坡演义》，宁业高、宁耘编著，东方出版社 1995 年版。

47.《苏轼传：智者在苦难中的超越》，王永照、崔铭著，人民出版社 2019 年版。

48.《苏轼评传》，王水照、朱刚著，南京大学出版社 2004 年版。

49.《千年英雄——苏东坡图传》，苏灿主编，四川人民出版社 2007 年版。

50.《天涯守望——苏东坡晚年的海南岁月》，阮忠著，海南出版社 2008 年版。

51.《遗爱千载苏徐州——苏轼徐州文化遗存价值研究》，蔡世华、管仁福编著，中国矿业大学出版社 2018 年版。

52.《苏东坡新传》，李一冰著，四川人民出版社 2020 年版。

53.《苏轼书法史料集》，水赍佑编，上海书画出版社 2017 年版。

54.《苏东坡法书石刻目录》，顾廷龙编，上海辞书出版社 2017 年版。

55.《东坡书艺》，衣若芬著，上海古籍出版社 2019 年版。

56.《千古风流人物——故宫博物院藏苏轼主题书画特展》，故宫博物院编，故宫出版社 2020 年版。

57.《东坡诗论丛》，苏轼研究学会编，四川人民出版社 1983 年版。

58.《东坡研究论丛》，苏轼研究学会编，四川文艺出版社 1986 年版。

59.《论苏轼岭南诗及其他》，苏轼研究学会编，广东人民出版社 1986 年版。

60.《纪念苏轼贬儋八百九十年学术讨论集》，苏轼研究学会、儋县人民政府编，四川大学出版社 1991 年版。

61.《苏诗研究史稿》，王友胜著，中华书局 2010 年修订版。

62.《苏轼研究史》，曾枣庄等著，江苏教育出版社 2001 年版。

63.《苏词接受史研究》，张璟著，光明日报出版社 2009 年版。

64.《明代苏文研究史》，江枰著，江西人民出版社 2010 年版。

65.《苏轼散文研究史稿》，江枰著，复旦大学出版社 2020 年版。

66.《美国汉学界的苏轼研究》，万燚著，中国社会科学出版社 2016 年版。

67.《苏东坡论文艺》，颜中其著，北京出版社 1985 年版。

68.《苏轼资料汇编》，四川大学中文系唐宋文学研究室编，中华书局 1994 年版。

69.《苏诗评点资料汇编》，樊庆彦著，山东人民出版社 2019 年版。

70.《三苏文化研究资料索引（1911—2017）》，乐山师范学院图书馆编，国家图书馆出版社 2020 年版。

71.《论苏轼的创作经验》，徐中玉著，华东师范大学出版社

1981 年版。

72.《苏轼文学论集》，刘乃昌著，齐鲁书社 1982 年版。

73.《苏轼新论》，朱靖华著，齐鲁书社 1983 年版。

74.《苏轼文艺理论研究》，刘国珺著，南开大学出版社 1984 年版。

75.《论苏轼的文艺心理观》，黄鸣奋著，海峡文艺出版社 1987 年版。

76.《苏轼诗研究》，谢桃坊著，巴蜀书社 1987 年版。

77.《苏轼著作版本论丛》，刘尚荣著，巴蜀书社 1988 年版。

78.《苏文系年考略》，吴雪涛著，内蒙古教育出版社 1990 年版。

79.《苏轼新评》，朱靖华著，中国文学出版社 1993 年版。

80.《苏轼诗歌研究》，王洪著，朝华出版社 1993 年版。

81.《苏轼禅诗研究》，朴永焕著，中国社会科学出版社 1995 年版。

82.《苏轼论》，朱靖华著，京华出版社 1997 年版。

83.《苏东坡研究》，木斋著，广西师范大学出版社 1998 年版。

84.《苏轼研究》，王水照著，河北教育出版社 1999 年版。

85.《三苏研究》，曾枣庄著，巴蜀书社 1999 年版。

86.《苏轼诗词艺术论》，陶文鹏著，上海古籍出版社 2001 年版。

87.《苏轼书画艺术与佛教》，陈中渐著，商务印书馆 2004 年版。

88.《苏门六君子研究》，马东瑶著，北京大学出版社 2005 年版。

89.《传媒与真相：苏轼及其周围士大夫的文学》，内山精也著，朱刚等译，上海古籍出版社 2005 年版。

90.《漫话东坡》，莫砺锋著，凤凰出版社 2008 年版。

91.《苏轼与苏门文人集团研究》，杨胜宽著，四川人民出版社 2010 年版。

92.《苏轼研究论稿》，王文龙著，南京大学出版社 2010 年版。

93.《苏轼著述考》，卿三祥、李景焉编著，四川大学出版社 2016 年版。

94.《在故宫寻找苏东坡》，祝勇著，湖南美术出版社 2017 年版；人民文学出版社 2020 年版。

95.《"自然"之辩：苏轼的有限与不朽》，杨治宜著，生活·读书·新知三联书店 2018 年版。

96.《苏轼苏辙研究》，朱刚著，复旦大学出版社 2019 年版。

97.《苏轼十讲》，朱刚著，上海三联书店，2019 年 7 月。

98.《峻灵独立秀且雄：苏东坡昌化江遗踪考论》，李公羽著，上海古籍出版社 2020 年版。

99.《斑斓志》，张炜著，人民文学出版社 2020 年版。

100.《苏轼的自我认识与文学书写》，宁雯著，中国社会科学出版社 2020 年版。

101.《苏轼谐趣诗整理与研究》，李恒著，中国社会科学出版社 2020 年版。

102.《苏轼研究论稿》，庆振轩著，中国社会科学出版社 2022 年版。